4차 산업혁명과
한국의 미래전략

4차 산업혁명과
한국의 미래전략

2017년 10월 20일 1판 1쇄 펴냄
2018년 10월 20일 1판 2쇄 펴냄

엮은이 김상배
편집 김천희
디자인 김진운
본문조판 아바 프레이즈
마케팅 최민규
펴낸곳 (주)사회평론아카데미
펴낸이 윤철호, 김천희
등록번호 2013-000247(2013년 8월 23일)
전화 02-2191-1128
팩스 02-326-1626
주소 03978 서울특별시 마포구 월드컵북로12길 17
이메일 academy@sapyoung.com
홈페이지 www.sapyoung.com

4차 산업혁명과 한국의 미래전략

김상배 엮음

사회평론

책머리에

최근 기술발달에 대한 논의들이 난무하고 있다. 컴퓨터, 인터넷, 모바일, SNS 등에서 시작해서 빅데이터, 사물인터넷, 클라우드 컴퓨팅, 가상현실(VR) 또는 증강현실(AR), 3D 프린팅, 인공지능, 로봇, 자율주행차, 드론, 블록체인, 양자컴퓨터, 유전자가위, 스마트 팩토리, 사이버물리 시스템(CPS) 등에 이르기까지 매우 다양하다. 그런데 언제부터인가 이러한 기술발달을 통틀어 '4차 산업혁명'이라는 말로 부르기 시작했다. 아마도 2016년 1월 스위스 다보스에서 열린 세계경제포럼(일명 다보스 포럼)에서 문제제기를 한 이후인 것 같다. 2016년 10월 클라우스 슈밥(Klaus Schwab) 다보스 포럼 회장이 내한하여 속도, 범위와 깊이, 시스템 충격을 화두로 4차 산업혁명의 도래를 '전도'하면서 국내적 관심이 더욱 증폭되었다. 최근에는 연일 4차 산업혁명이라는 제목을 내건 다양한 행사들이 열리는 것 같다.

해외 주요국들에 비해 한국이 유독 4차 산업혁명이라는 말에 열광하는 것을 보면, 그 담론 안에 우리의 DNA에 맞는 무언가가 있는지도 모르겠다. 사실 단순한 수사적 슬로건이 아닌 사회과학의 개념으로 보면, 4차 산업혁명이라는 말은 논란거리를 안고 있다. 그 변화가 '혁명'이라고 부를 정도로 대단한 것인지, 그 이전의 1-2-3차 산업혁명과는 얼마나 다른지, 3차 산업혁명론의 흥분이 가시기도 않았는데 벌써 4차 산업혁명을 논할 정도인지, 더 나아가 왜 작금의 변화를 기술혁명이나 생산혁명, 정보혁명, 커뮤니케이션 혁명 등이 아니고 산업혁명이라고 불러야 하는지 등에 대한 검토가 필요하다. 그럼에도 최근 4차 산업혁명이라는 말이 이토록 유행하는 현상의 이면에는 산업혁명의 연속선상에서 최근의 기술발달을 해석하고 싶은 우리의 속내가 깔려 있는 것 같다. 이리 보면 한국의 4차 산업혁명 담론 자체가 사회과학적, 특히 국제정치학적 탐구의 대상이다.

사실 4차 산업혁명은 단순한 기술공학이나 경제·경영학적 현상이 아니라 국제정치학적 현상이다. 주로 기술과 사람의 대결을 논하지만 사실은 기술을 내세워 사람과 사람, 집단과 집단이 다투는 사회적 이익의 갈등이 발생하고 있다. 이러한 갈등은 일국 단위에서만 벌어지지 않고 국가와 국가가 경쟁하고, 그리고 국가의 경계를 넘어서 민간 행위자들이 경쟁하는 양상으로 나타나고 있다. 기술, 정보, 지식 등과 같은 변수들이 새로운 권력자원으로 부상하고, 이를 획득하기 위한 경쟁에서 살아남은 혁신적인 행위자들이 새로이 부상하는 가운데, 새로운 변화에 적응하지 못한 기성 행위자들은 도태되며, 그 결과로 권력구조와 사회질서가 재편되는 게임이 국내외적 차원에서 벌어지고 있다. 이러한 과정에서 특히 주목해야 할 것은 경쟁의 양식 자체도 변하고 있다는 사실이다. 예를 들어, 4차 산업혁명이 창출하는 신흥 선도부문에서는 단순히 값싼 제품과 더 좋은 기술을 만드는 경쟁의 차원을 넘어서 '게임의 규칙' 자체를 놓고 벌이는 좀 더 복합적인 경쟁이 벌어지고 있다.

이 책은 4차 산업혁명이 야기하고 있는 변화를 국제정치학의 시각에서 살펴보았다. 기술발달이 세계정치에 미치는 영향에 대한 연구의제를 발굴하여 방향을 제시하고, 기술공학과 경제·경영학이 주도하고 있는 기존의 4차 산업혁명 담론에 국제정치학적 시각의 색채를 가미하고자 시도하였다. 이러한 이유로 이 책에 담긴 글들은 언뜻 보기에는 여타 전공과 동일한 주제를 다루고 있는 것 같지만, 그 저변에는 모두 국제정치학의 시각을 깔고 있다. 예를 들어, 4차 산업혁명의 개념과 의미를 파악하는 방식도 국제정치학의 고유한 문제의식을 담고자 노력했다. 또한 산업과 무역, 금융의 문제를 보더라도 경제·경영학이 간과하고 있는 정치적 변수를 부각시키고자 했다. 4차 산업혁명이 안보와 외교에 미치는 영향에 대한 논의는 국제정치학의 고유한 논제일 것이다. 4차 산업혁명의 시대에는 전쟁과 평화의 문제는 어떻게 변할 것이며, 새로운 기술환경의 부상에 대응하여 외교의 양식과 주체는 어떠한 변화를 겪고 있을까?

새로운 기술환경의 변화와 그 와중에 발생하는 새로운 경쟁양식의 부상에 적응하여 살아남는 데 있어서 국내적 차원에서 적합한 정책과 제도를 마련하는 것은 중요한 변수가 아닐 수 없다. 그러나 기존의 기술과 산업의 패러다임에 기반을 둔 정책과 제도로는 안 된다는 것이 중론이다. 최근 부쩍 4차 산업혁명의 새로운 패러다임에 적합한 시스템 개혁의 필요성이 강조되는 것은 바로 이러한 이유 때문이다. 4차 산업혁명 게임에서의 성공 여부는 기술공학적 차원에서 본 혁신만큼이나 이미 개발된 기술을 다양하게 융합하고 적절하게 응용하며, 더 나아가 이를 가능케 하는 사회시스템과 의식의 변화를 유도하는 데 달려 있다. 이를 위해서는 새로운 국가전략과 이를 뒷받침하는 미래 국가모델에 대한 진지하고 냉철한 고민이 필요하다. 이 대목에 오면 4차 산업혁명은 그야말로 가장 거시적인 차원에서 본 국제정치학의 미래전략적 논제가 된다.

이 책이 나오기까지 많은 분들의 도움을 얻었다. 무엇보다도 짧은 시간 내에 쉽지 않은 주제의 탐구 작업에 참여해 주신 여덟 분의 필자 선생님들께 무한한 감사를 드린다. 그 배경에는 '미래전략네트워크(일명 미전네)'라는 이름으로 3년여의 시간을 같이 해 온 공부모임이 있다. 단기적 결과도출에 연연하지 않고 중장기적 안목개발을 지향하는 공부모임으로 출발했지만, 공부모임의 좌표를 주기적으로 점검하고 스스로의 동기부여를 위해서 매년 고민의 흔적을 책으로 묶어 내고 있다. 그 일환으로『한국의 중장기 미래전략: 국가안보의 새로운 방향 모색』(2015)과『신흥안보의 미래전략: 비전통 안보론을 넘어서』(2016)를 펴냈으며, 이번에는 4차 산업혁명에 대한 국제정치학적 고민들을 담아서 중간보고의 기록삼아 묶어 보았다. 이러한 시도는 계속 이어져 아마도 내년쯤에는 그 동안 던졌던 화두들을 좀 더 구체적으로 남북한 관계의 맥락에 투영해 보는 네 번째 작업을 선보이게 될 것 같다.

이밖에도 이 책을 준비하는 과정에서 '제4차 산업혁명과 한국의 미래전략: 국제정치학의 시각'이라는 제목으로 2017년 5월 24일에 열린 학술회의에 사회자와 토론자로 참여해 주신 선생님들께 감사드리고 싶다. 당일 회의에서 사회를 맡아 주신 임종인(고려대학교), 김유향(국회입법조사처), 강하연(정보통신정책연구원) 등 세 분 선생님께 특별히 고마운 마음을 전한다. 그리고 토론을 맡아 주신 류석진(서강대학교), 김준연(소프트웨어정책연구소), 이현재(배달의민족), 유인태(연세대학교), 조현석(서울과학기술대학교), 박병원(과학기술정책연구원), 차정미(연세대학교), 김주희(경희대학교), 이왕휘(아주대학교) 등 아홉 분의 선생님들께도 감사드린다. 당일 행사 진행에 도움을 준 서울대학교 정치외교학부 외교학 전공 대학원생들에게도 감사한다. 특히 학술회의 진행과 이 책의 원고 교정 작업을 총괄해 준 박사과정 최은실의 헌신이 고맙다. 끝으로 성심껏 이 책의 출판을 맡아주신 사회평론아카데미 관계자들께도 감사의 말씀을 전한다.

2017년 7월 14일
김상배

**4차 산업혁명과
사회통합** 227

3부 **4차 산업혁명과 정치외교의 변환**

**4차 산업혁명과
미래 정부의 역할** 255

4차 산업혁명과
정치의 미래 289

4차 산업혁명과
외교의 변환 321

4IR

4차 산업혁명과
한국의 미래전략

김상배 서울대학교

이 글은 국제정치학의 시각에서 4차 산업혁명 시대의
세계정치의 변환과 그 연속선상에서 본 한국의 미래전략에
대한 논의를 개괄적으로 펼쳤다. 먼저, '4차 산업혁명의 개념적
이해'를 위해서 4차 산업혁명의 개념을 보는 국제정치학
시각의 특성을 살펴보았으며, 이를 바탕으로 4차 산업혁명의
세계정치와 한국의 미래전략에 대한 논의를 검토하였다.
둘째, '4차 산업혁명과 세계정치의 변환'을 탐구하는 차원에서
주요국들의 4차 산업혁명에 대한 담론과 전략을 살펴보았으며,
이들 국가들이 신흥 선도부문에서 벌이는 새로운 경쟁의
성격과 세계질서의 양상을 고찰하였다. 셋째, '4차 산업혁명
시대 미래전략의 과제'를 규명하는 차원에서 현재 한국이
맞닥뜨리고 있는 전략적 과제를 살펴보았으며, 더 나아가 4차
산업혁명 시대를 맞이하여 한국이 풀어가야 할 시스템 개혁의
과제에 대해서 짚어 보았다.

· 4차 산업혁명을 왜 국제정치학의 시각에서 보아야 하는가
· 4차 산업혁명의 개념을 어떻게 이해할 것인가
· 주요국은 4차 산업혁명에 어떻게 대응하고 있는가
· 신흥 선도부문의 혁신과 경쟁을 누가 주도하는가
· 4차 산업혁명 시대의 국제규범은 어떻게 모색되는가
· 한국형 4차 산업혁명 담론과 전략은 있는가
· 인터넷 무역규범 형성에 어떻게 참여할 것인가
· 4차 산업혁명이 안보 분야에 미치는 영향은 무엇인가
· 4차 산업혁명 시대 지식·공공외교의 과제는 무엇인가
· 4차 산업혁명을 위한 시스템 개혁은 어떻게 할 것인가

4차 산업혁명을 왜 국제정치학의
시각에서 보아야 하는가?

2016년 1월 다보스 포럼에서 문제제기를 한 후, 최근 국내에서는 4차 산업혁명에 대한 논의가 붐을 이루고 있다. 2016년 3월 인공지능 알파고와 프로 바둑기사 이세돌 9단이 벌인 바둑 대결은 이러한 붐을 더욱 부추겼다. 수년 전부터 SNS(social networking service), 빅데이터, 사물인터넷, 클라우드 컴퓨팅, 가상현실(VR) 또는 증강현실(AR), 3D 프린팅, 로봇, 자율주행차, 드론 등 각기 다른 이름으로 기술 발달이 창출하는 사회 변화에 대한 얘기들이 한창 진행되었지만, 2016년에 들어서 관심을 끈 4차 산업혁명과 인공지능에 대한 논의는 기술 환경의 변화에 대한 담론에 정점을 찍은 듯하다. 게다가 바이오·나노기술까지 가세하면서 소재과학, 유전자가위, 양자컴퓨터, 블록체인 등의 기술에 대한 관심도 부쩍 커지고 있다. 이러한 기술들이 발전, 융합, 확산되면서 현재와 미래의 모든 산업과 비즈니스 모델의 혁신이 이루어질 것으로 예견되고 있다. 정치, 경제, 사회 전반을 크게 변화시키고 더 나아가 우리의 삶에 전례 없는 변화를 야기할 가능성이 크다.

통상적으로는 주로 자연과학과 공학, 그리고 경제학이나 경영학 등에서 다루는 단골주제처럼 인식되는 4차 산업혁명을 국제정치학의 시각에서 살펴보아야 하는 이유는 무엇일까? 다른 분야의 경우와 마찬가지로 국제정치학의 시각에서 볼 때도 4차 산업혁명으로 대변되는 최근의 변화는 가장 넓은 의미에서 보면 우리 삶의 물적·지적 조건의 변화를 의미한다. 지난날의 국제정치가 산업기술을 바탕으로 한 군함과 대포, 기차와 자동차를 떠올리게 한다면, 오늘날의 세계정치는 IT를 기반으로 한 초고속 제트기와 항공모함, 우주무기와 스마트 무기, 그리고 드론과 킬러로봇 등을 연상케 한다. 지난날의 국제정치가 인쇄혁명이나 전기통신혁명을 바탕으로 하여 문서를 보내고 전보를 치고 전화를 거는 시대적 환경에서 펼쳐졌다면, 오늘날의 세계정치는 디지털 IT혁명을 바탕으로 하여 인터넷과 인공위성, 그리고 스마트폰을 통해서 소통하고 클라우드 컴퓨팅과 사물인터넷을 활용해서 빅데이터를 처리하는 세상에서 이루어진다. 이러한 변화는 새로운 기술혁신과 정보처리 및 커뮤니케이션 역량의 증대, 그리고 더 나아가 이를 활용하는 인류의 능력 향상에서 기인한다.

기술발달이 야기하고 있는 세계정치 현실의 현란함에 비해서 이

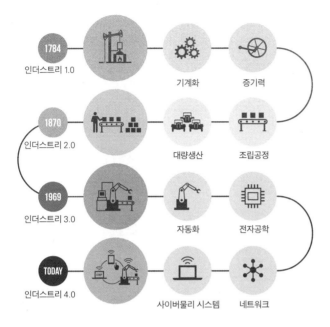

산업혁명
산업의 변환과 혁신

1784
인더스트리 1.0
기계화　증기력

1870
인더스트리 2.0
대량생산　조립공정

1969
인더스트리 3.0
자동화　전자공학

TODAY
인더스트리 4.0
사이버물리 시스템　네트워크

그림 1 다른 분야의 경우와 마찬가지로 국제정치학의 시각에서 볼 때도 4차 산업혁명으로 대변되는 최근의 변화는 가장 넓은 의미에서 보면 우리 삶의 물적·지적 조건의 변화를 의미한다.

러한 변환을 탐구할 과제를 안고 있는 학문분과로서 국제정치학은 지난 수십 년 동안 그리 민첩하게 대응하지 못했다. 사실 태생적으로 국제정치학은 이러한 물적·지적 조건의 변화에 매우 둔감했다. 그러나 최근 다양한 기술 변화가 미치는 영향이 '혁명'을 거론할 정도로 큰 파급력을 가지게 되면서 국제정치학도 그러한 변화로부터 자유로울 수 없게 되었다. 오늘날 이러한 변화에 둔감하고서는 세계정치의 미래를 전망하는 것은 고사하고 현재 돌아가고 있는 세계정치의 판세도 제대로 읽어낼 수 없게 되었기 때문이다. 기존의 국제정치학에서는 일종의 블랙박스에 숨겨 놓았던 기술 변화에 대한 탐구를 이제는 공개된 공간에 꺼내 놓고 좀 더 적극적으로 진행해야 한다. 그리고 그러한 기술 변화에 영향을 받아 변화하고 있는 세계정치의 미래를 읽어내려는 노력을 펼쳐야 한다.

지금 우리가 4차 산업혁명이라고 부르는 것의 내용을 살펴보면, 기술발달이 세계정치의 물적·지적 조건을 변화시킴으로써 권력의 목표와 수단 및 성격의 변화에 영향을 미치고, 그리고 권력구조가 변화하는 계기를 제공하고 있음을 알 수 있다. 이런 점에서 기술 변화는 복합적인 의미에서 이해된 신흥권력(emerging power)의 부상을 추동한다. 여기서 신흥권력의 부상이라 함은 기본적으로 세계정치 권력의 성격이 군사력과 경제력과 같은 물질적 요소에서 기술, 정보, 지식, 그리고 사이버네틱 역량(cybernetic capability) 등으로 이동하는 권력변환(power transformation)을 의미한다. 또한 신흥권력의 부상은 세계정치 권력의 주체가 국가 행위자 이외에도 다국적 민간 기업이나 글로벌 시민사회단체 등과 같은 비국가 행위자들이 세계정치의 전면으로 나서는 권력분산(power diffusion)도 의미한다. 가장 넓은 의미에서 신흥권력의 부상은 국가들 간의 세력분포가 변화하는 권력이동(power shift)을 의미하는데, 가장 통상적으로는 중국의 부상에 따르는 미국과 중국의 세계패권 경쟁 가능성 및 여기서 파생되는 세계정치 권력구조의 변동 가능성과 관련된다.

이러한 세계정치의 다차원적 변환을 염두에 둘 때, 결국 4차 산업혁명의 국제정치학적 탐구는 새로운 권력론과 경쟁론 및 국가론 연구를 의미하며, 이러한 변환의 와중에 부상하는 세계질서의 모습을 그려내는 작업을 주요 내용으로 한다. 반복컨대, 4차 산업혁명은 이러한 세계정치의 변환을 가능케 하는 새로운 물적·지적 조건의 부상을 의미한다. 이렇듯 이 글에서 4차 산업혁명과 세계정치의 변환에 대한 연구의 필요성을 강조하는 궁극적인 목적은 21세기 한국의 미래전략을 모색하려는 실천적 문제의식과 맞닿아 있다. 실제로 최근 4차 산업혁명으로 대변되는 기술발달로 인해서 발생하는 세계정치의 변환은 한국으로 하여금 기존에는 경험하지 못했던 종류의 수많은 과제에 맞닥뜨리게 한다. 이 글은 이렇게 한국이 당면하고 있는 미래전략적 과제들을 산업, 경제, 군사, 안보, 외교 등의 분야를 중심으로 그 쟁점을 발굴하고 제한된 범위 내에서 해법을 모색해 보고자 한다.

4차 산업혁명의 개념을 어떻게 이해할 것인가?

최근 세간의 관심을 끌고 있는 4차 산업혁명론은 2016년 스위스 다보스에서 열린 세계경제포럼(WEF)이 던진 화두이다. 현재 논의되고 있는 4차 산업혁명의 개념은, 증기기관과 기계화로 대변되는 1차 산업혁명, 전기 에너지를 이용한 대량생산으로 드러난 2차 산업혁명, 전자공학을 바탕으로 컴퓨터와 인터넷이 이끈 3차 산업혁명을 넘어서는 새로운 변화가 발생하고 있다는 인식에 바탕으로 두고 있다. 그렇지만 기존의 1-2-3차 산업혁명에 대한 논의만큼 4차 산업혁명론은 아직까지 체계적이고 명확한 학술개념의 형태로 제시되지 못했다. 사실 최근 수십 년간 새로운 기술이 등장할 때마다 이른바 '혁명'의 시기가 도래했다는 수사적 슬로건이 회자되었으며, 4차 산업혁명론도 그러한 수사적 슬로건 중의 하나라는 의구심을 아직 털어내지 못하고 있다. 현재 거론되고 있는 내용을 보면, 4차 산업혁명은 정보기술이 제조업 등 다양한 산업들과 결합하며 지금까지는 볼 수 없던 새로운 형태의 제품과 서비스, 비즈니스를 만들어내는 변화로서 인공지능, 빅데이터, 사물인터넷, 바이오 기술 등 다양한 부문의 신기술들이 융합되는 현상 및 여기서 비롯되는 사회적 파급효과를 아우르는 개념이라고 보면 된다.

그럼에도 최근 국내외 미디어들은 4차 산업혁명은 기존의 3차 산업혁명의 연장선이 아니라, 그와는 현저히 구별되는 특징이 있다고 주장하여 세일즈하고 있는 중이다. 특히 4차 산업혁명의 차별성과 관련하여 제시되는 근거는 크게 세 가지이다. 첫째, 속도(velocity)이다. 1-2-3차 산업혁명과 달리 4차 산업혁명은 선형적 속도가 아닌 기하급수적 속도로 전개 중이다. 이는 우리가 살고 있는 세계가 다면적이고 서로 깊게 연결되어 있으며, 신기술이 그보다 더 새롭고 뛰어난 역량을 갖춘 기술을 만들어냄으로써 생긴 결과라는 것이다. 둘째, 범위와 깊이(breadth and depth)이다. 4차 산업혁명은 디지털 혁명을 기반으로 다양한 과학기술을 융합해 개개인뿐만 아니라 경제, 기업, 사회를 유례없는 패러다임 전환으로 유도한다는 것이다. '무엇을 어떻게' 하는 것의 문제뿐 아니라 우리가 '누구인가'에 대해서도 변화를 일으키고 있다고 한다. 끝으로, 시스템 충격(systems impact)이다. 4차 산업혁명은 국가 간, 기업 간, 산업 간, 그리고 사회 전체 시스템의 변화를 수반한다는 것이다(Schwab, 2016).

실제로 4차 산업혁명으로 불리는 기술발달이 우리 삶에 다양한 변화를 가져오고 있는 것은 부인할 수 없는 사실이다. 다보스 포럼이 말하는 4차 산업혁명론의 핵심적인 주장은 인간과 기계의 잠재력을 획기적으로 향상시키는 '사이버물리 시스템(Cyber-Physical System, CPS)'의 부상으로 요약할 수 있다. 사이버물리 시스템은 실재와 가상이 초연결 환경에서 통합되어 사물도 자동적, 지능적으로 제어할 수 있는 시스템이다. 사실 4차 산업혁명을 리드할 핵심 원천기술은 대부분 이미 개발이 완료되었으며, 따라서 관건은 이를 다양하게 융합하거나 제조업과 서비스업 등에 광범위하게 응용 또는 적용하는 것, 그리고 이를 가능케 하는 사회시스템과 의식의 변화를 유도하는 것이다. 이러한 점에서 4차 산업혁명에서는 기존의 산업혁명과는 달리 '생산

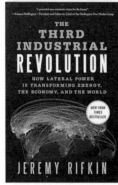

그림 2 3차 산업혁명과 질적으로 구분되는 새로운 산업혁명이 실제로 발생하고 있는지, 그리고 그러한 변화가 '4차'라고 새로운 차수를 붙일 정도로 새로운 것인지를 놓고 현재 논란 중이다.

성 고도화'가 더 이상 결정적인 숙제가 아니라는 주장이다. 이러한 맥락에서 4차 산업혁명론은 기술의 발전으로 인해 자연스럽게 진행됐던 기존 산업혁명에 비해서 사회구조 개편과 의식개혁을 강조하고 있다(『지디넷코리아』, 2016. 7. 13).

그런데 여기서 생각해 보아야 할 문제는 4차 산업혁명이라고 논할 경우, 그 이전의 1-2-3차 산업혁명과는 얼마나 다른지, 그리고 그 변화가 '혁명(革命, revolution)'이라고 부를 정도로 대단한 것인지를 묻는 것이다. 3차 산업혁명과 질적으로 구분되는 새로운 산업혁명이 실제로 발생하고 있는 것이냐, 그리고 그러한 변화가 '4차'라고 새로운 차수를 붙일 정도로 새로운 것이냐의 문제라고 할 수 있다. 4차 산업혁명에 대한 논의를 다소 회의적으로 보는 측에서는, 최근의 기술 변화를 다보스 포럼에서 굳이 '산업혁명'이라는 용어로 대체해서 부르는 의도가 무엇이냐고 묻는다. 또는 '혁명'이라고 강조하는 건 좋은데 그게 '산업혁명'이라고 하는 게 적절하냐를 묻기도 한다. 예를 들어, OECD에서 '차세대 생산혁명(Next Production Revolution)'이라 칭한 것에 빗대어, 오늘날의 변화를 '생산혁명'이라고 부를 수는 있겠지만, 단순히 생산 영역을 넘어서는 사회 전반의 혁명까지도 연상케 하는 '산업혁명'이라는 말을 쓰는 게 맞느냐는 회의론을 제기하기도 한다.

이전에는 정보혁명이나 디지털 혁명, 네트워크 혁명 등으로 불렀던 변화를 산업혁명의 새로운 버전으로 부는 것의 의미를 묻기도 한다. 지금 벌어지고 있는 변화는 전신(1차), 매스 미디어(2차), 인터넷(3차) 등에 이은 '4차 정보혁명'이라고 부를 수도 있다는 문제제기이다. 또한 '산업혁명'의 주장에 대한 좀 더 근본적인 문제제기는 새로운 에너지 패러다임의 등장 여부와 관련된다. 기존의 1-2-3차 산업혁명을 구분하는 큰 기준 중의 하나가 에너지 패러다임의 변환이었는데, 현재 4차 산업혁명에서 기존의 화석 에너지와 전기·전자 에너지를 넘어서는 새로운 대체 에너지 패러다임이 출현했냐는 것이다. 이러한 점에서 보면 4차 산업혁명을 독립적인 혁명으로 간주하기보다는 정보기술을 바탕으로 한 3차 산업혁명의 연장선에 위치한다고 보는 것이 적절할 수도 있다. 제레미 리프킨(Jeremy Rifkin)의 주장처럼, 기술적인 측면에서 볼 때 작금의 변화는 3차 산업혁명과 단절적이라고 할 수 있는 진보를 이룬 것은 아니기 때문에 별개의 산업혁명으로 칭하기에는 이른 감이 없지 않다는 말이 설득력이 있다(Rifkin, 2013).

사실 지금 우리가 4차 산업혁명이라고 부르는 변화의 소용돌이 속에서 이 변화의 성격이 무엇인지를 개념적으로 엄밀하게 정의한다는 것은 쉽지 않은 일이다. 과연 오늘날의 변화가 실제로 4차 산업혁명으로 기록될지는 미래의 시점에서만 파악할 수 있는 '역사'의 문제일 수도 있다. 그러나 적어도 현재 우리 주위에서는 유례없이 거대한 변화가 시작되었고 이를 4차 산업혁명이라고 부를 정도로 유의미한 영향을 미치고 있다는 것 또한 부인할 수 없는 사실이다. 따라서 관건은 거대한 변화를 이끄는 기술·산업 변화의 징후들을 제대로 읽어내고 이에 대응하거나 혹은 좀 더 앞서 나가 이러한 변화를 주도하는 데 있다. 또한 국제정치학의 시각에서 볼 때 오히려 더 중요한 문제는 각 행위자들이 이러한 변화를 어떻게 인식하고 개념화하여 전파하고 있는지를 제대로 파악하는 문제일 수도 있다. 이러한 담론에 대한 국제정치학적 각성이 중요한 이유는, 우리의 현실에 맞지 않는 담론의 수용으로 인해서 제한된 자원을 엉뚱한 곳에 투자하는 잘못을 피해갈 수 있을 것이기 때문이다(김상배, 2016).

주요국은 4차 산업혁명에
어떻게 대응하고 있는가?

최근 많은 국가들이 제조업의 중요성을 다시금 강조하는 정책을 추진하고 있으며, 이러한 맥락에서 4차 산업혁명에 대한 담론을 개발하고 전략을 추구하고 있다. 무엇보다도 현재 선진국들(또는 선도 기업들) 간에는 4차 산업혁명의 미래 기술담론을 선점하기 위한 경쟁이 벌어지고 있다. 이러한 과정에서 주목할 것은, 각국의 4차 산업혁명 담론과 전략은 동일하게 나타나지 않고 자신들이 처한 상황에 대한 고민을 반영하여 각기 집중 육성해야 하는 특정 분야를 강조하는 형태로 드러나고 있다는 사실이다. 다시 말해, 각국의 4차 산업혁명 담론 안에는 기존에 잘 하던 것을 바탕으로 앞으로 더 잘 할 수 있고 남과 차별화할 수 있으며 이를 바탕으로 자국의 경쟁력을 극대화할 수 있도록 하자는 야심이 담겨 있다. 이러한 문제의식을 가지고 보면, 독일, 미국, 일본, 중국 등 주요국들이 내세우고 있는 4차 산업혁명 담론과 전략이 단순히 중립적으로 그려지는 미래의 모습이 아니라 고도의 전략적인 고려가 담겨 있는 실천적 고민의 산물임을 알 수 있다(하원규·최남희, 2015).

4차 산업혁명의 담론과 전략에서 가장 앞서 가고 있는 나라는 독일이다. 독일은 인공지능과 같은 거대한 어젠다 대신 '인더스트리 4.0'의 제시를 통해서 지능 제조 생태계 선점을 강조한다. 자동차, 가전, 공장설비, 주택 등 다양한 사물을 인터넷에 연결하여 센서를 통하여 얻은 빅데이터를 분석하여 최적으로 제어하는 시스템의 구축을 지향한다. 제조현장의 생산설비와 로봇 등 현실 세계의 강점을 지렛대로 현장 데이터의 네트워크화를 통해 새로운 플랫폼 구축을 지향하는 전략이다. 독일 IT기업인 SAP 등을 중심으로 한 제조업 혁신 쪽에 초점을 맞추어 전통적인 제조 강국의 기반을 견고히 하는 한편, 자국의 제조 시스템을 표준화하여 세계로 확장하려 한다. '인더스트리 4.0'은 원래 일본의 미쯔비시전기가 10년 이상 전부터 'e팩토리'라는 이름으로 추구해 온 것이었다. 그러나 일본 기업의 이러한 방식은 자사 내에 국한되든가 특정 기업들과 연대하는 정도가 고작이었으나, '인더스트리 4.0'은 외부 개방이 전제로 된 '오픈 플랫폼'이라는 특징을 지닌다. 부품이나 생산 장치 등 모든 사물을 네트워크화하여 데이터를 수집함으로써 생산효율을 대폭적으로 높이겠다는 것이다(『프리미엄조선』, 2015. 5. 15).

미국도 최근 제조업 부흥을 목표로 4차 산업혁명의 대열에서 선두로 나서기 위한 노력을 벌이고 있다. '첨단 제조 파트너십' 등의 액션플랜과 더불어 셰일 혁명으로 인해 개선되고 있는 제조업 환경을 적극 활용하고 있다. 중국이나 동남아 등지에 진출한 기업들을 자국 혹은 인근 국가로 유턴시키는 '리쇼어링(reshoring)'을 추구하고 있다. 미국의 담론과 전략은 막강한 클라우드와 컴퓨팅 파워를 적극적으로 활용해 클라우드 생태계를 선점하여 글로벌 플랫폼을 추구하는 데 초점이 맞춰져 있다. 이는 네트워크 플랫폼 모델로서 검색, 광고, 상거래 등 서비스를 지렛대로 로봇과 자동차 같은 현실 세계의 사업 분야로 확장해 가는 담론과 전략을 내용으로 한다. 클라우드에서 전 세계의 공장이나 제품에 대한 데이터를 수집하고 클라우드 서버에 데이터를 축적하며 인공지능으로 처리하는 모델이다. 인터넷이나 전자상거래만으로는 시장이 확대되지 않으니 사물인터넷, 인공지능 등과 결합하여 데이터를 수집함으로써 비즈니스와 결합하여 가치를 창출하자는 인식을 반영한다(하원규·최남희, 2015, pp. 130-152).

일본의 경우 자동차 산업 등의 강점을 바탕으로 로봇 기반 인간 접점 시장 공략 전략을 취하고 있다. '아날로그 모노즈쿠리'에서 '디지털 모노즈쿠리'로 변신한다는 모토하에 기술만 중시하는 전통 제조업 강국이라는 이미지에서 탈피하여 소비자 수요에 초점을 둔다. 이를 위해서 일본이 강점을 갖고 있는 분야를 중심으로 일본형 4차 산업혁명 모델을 만들어가고 있는 것이다. 일본이 4차 산업혁명에서 강조하는 것은 로봇이다. 이렇게 로봇을 강조하는 이유를 살펴보면 흥미로운데, '국제로봇연맹' 보고서에 따르면, 일본은 근로자 1천 명당 로봇 사용 건수를 의미하는 로봇밀도 면에서 세계 최고를 자랑하고 있다. 일본 자동차 산업에서 근로자 1천 명당 로봇 숫자는 1,414대로 세계 최고를 차지하고 있으며, 독일 1,149대, 미국 1,141대, 영국 734대, 중국 305대, 인도 58대 등의 순이다. 자동차 산업 이외의 기타 산업에서도 일본은 211대로 1위를 차지하고 있으며, 독일 161대, 미국 89대, 영국

그림 3 중국은 '중국제조 2025' 전략 등을 추진하여, '제조대국'에서 '제조강국'으로의 위상 변화를 시도 중이다. 사진은 '中国制造2025' 전략을 홍보하는 중국정부 홈페이지.

31대, 중국 17대, 인도 1대 등의 순이다(『지디넷코리아』, 2016. 7. 14).

중국도 거대 자본과 시장을 전략적 자원으로 활용하며 인터넷 플러스 전략과 중국제조 2025 전략 및 일대일로 전략 등을 결합 추진하며, '제조대국'에서 '제조강국'으로의 위상 변화를 시도 중이다. 만년 하청공장의 이미지에서 벗어나 제조강국인 독일이나 일본을 따라잡겠다는 목표를 설정하고 있다. 인터넷 플러스 전략과 강력한 내수시장 연계를 통해서 사실상의 플랫폼을 장악하려는 전략을 추구하고 있는 것이다. 이를 위해서 중국 정부는 국무원에 '국가제조강국건설지도소조'를 설치하여 클라우드 컴퓨팅과 빅데이터 전략을 추진하는 인터넷 기업들과 연합을 주도하고 있다. 이러한 중국 정부 정책의 내용은 5대 기본 방침, 4대 기본 원칙, 3단계 전략에 의한 강력한 국가 주도 제조혁신전략 등에 담겨 있다. 방대한 내수 기반의 지혜 도시(스마트 시티)와 제13차 5개년 계획과 연계를 시도하고 있는 것이 주목할 만하다. 이러한 중국의 4차 산업혁명 담론과 전략은, 최근 미래전략의 차원에서 중국이 지향하는 세계질서의 비전과도 연결된다는 점에서 주목을 요한다(하원규·최남희, 2015, pp. 194-207).

이상에서 살펴본 주요국들의 4차 산업혁명 담론과 전략의 차이는 IT환경 전반의 네트워크 담론경쟁에서 나타나는 각국의 차이와 연관해서 이해할 필요가 있다. 예를 들어, 미국과 일본은 유선 및 무선 인터넷 시대, 그리고 유비쿼터스 담론 등에서 각기 상이한 담론과 비전을 추구했으며, 결과적으로는 미국 담론이 득세했던 바 있었다(김상배, 2016). 이러한 양상은 빅데이터와 클라우드 컴퓨팅, 인공지능 등이 연동된 사물인터넷 담론의 경우에도 나타나고 있다. 미국이 중심이 되어 생성하는 사물인터넷 담론은 중앙 서버를 둔 클라우딩 시스템과 빅데이터 활용 기반의 중앙제어적인 단허브형(mono-hub) 네트워크 모델을 취한다면, 독일이나 일본 등이 강조하는 이른바 M2M(Machine To Machine) 담론은 근접센서를 탑재한 기기들이 동일한 플랫폼을 기반으로 하여 통신하는 다허브형(multi-hub) 네트워크 모델의 모습을 하고 있다. 이러한 구도에서 최근 부상하는 중국이 향후 4차 산업혁명이나 인공지능, 사물인터넷, 빅데이터, 클라우드 컴퓨팅, 바이오 기술 등과 관련하여 어떠한 미래 산업생태계의 비전을 제시할 것인가가 향후 큰 관건이 될 것이다.

신흥 선도부문의 혁신과 경쟁을
누가 주도하는가?

신흥 선도부문(emerging leading sector)으로서 4차 산업혁명 분야에 대응하는 것은 각국의 입장에서는 미래 국가전략의 중요한 사안일 수밖에 없다. 앞서 언급한 바와 같이, 국제정치학의 시각에서 4차 산업혁명의 내용을 살펴보면, 21세기 세계정치에서 권력의 목표와 수단 및 성격이 변화하고, 그 과정에서 발생하는 권력구조의 변환을 의미하기 때문이다. 무엇보다도 4차 산업혁명의 시대를 맞이하여 경쟁력의 내용이 변하고 있다. 다시 말해, 경쟁력의 핵심이 자본, 노동, 토지와 같은 물질적 생산요소에서 기술, 정보, 지식 등으로 이동하고 있으며, 그 중에서도 하드웨어의 연산능력을 높이는 혁신능력을 넘어서 알고리즘과 빅데이터를 생성 및 활용하는 사이버네틱 역량의 구비가 중요하다는 것이다. 게다가 4차 산업혁명을 이끄는 혁신기술들은 단순히 특정한 제품이나 서비스에 한정되어 적용되는 기술이 아니라 미래 비즈니스에서 핵심적인 역할을 담당하게 되는 범용기술의 성격을 갖는다(최계영, 2016).

최근의 양상을 보면, 이러한 신흥 선도부문의 경쟁은 해당 산업 분야에서 벌어지는 기업 간 경쟁인 동시에 좀 더 넓은 의미에서 본 국가 간 경쟁으로 나타나고 있다. 이러한 국가 간 경쟁은 개별 부문의 기술경쟁을 넘어서 4차 산업혁명의 여러 분야를 아우르는 기술 패러다

그림 4 인공지능 분야에서는 최근 국가 간 경쟁과 협력이 복합적으로 발생하고 있다.

임 전반을 주도하기 위한 경쟁의 양상으로 나타난다. 게다가 여기서 특히 더 주목할 점은, 4차 산업혁명의 특성상 기술혁신을 위한 경쟁과 함께 이 부문의 표준과 규범을 장악하기 위한 플랫폼 경쟁이 벌어지고 있다는 사실이다. 다시 말해, 신흥 선도부문은 규모의 경제를 바탕으로 투자, 인수, 합병, 합작, 매입 등을 통한 기술획득의 메커니즘이 작동하는 영역이기도 하다. 또한 신흥 선도부문의 경쟁은 '게임의 규칙'에 해당하는 표준을 지배하여 더 많은 세(勢)를 확보함으로써 플랫폼을 장악하는 양상을 내보이고 이러한 과정에서 새로이 부상하는 경쟁의 양식에 적합한 정책과 제도를 마련하려는 좀 더 넓은 의미의 국가 간 경쟁이 벌어지기도 한다. 그렇다면 이러한 신흥 선도부문의 혁신과 경쟁을 누가 주도하는가?

예를 들어, 인공지능 분야를 보면, 최근 국가 간 경쟁과 협력이 복합적으로 발생하고 있다. 미국은 2013년 세운 '브레인 이니셔티브(BRAIN Initiative)' 전략하에 매년 30억 달러(약 3조 5,000억 원)를 인공지능 부문에 투자하고 있다(『시사IN』, 2016. 8. 5). 일본은 인공지능 기반 로봇혁명 프로젝트의 일환으로 2015년부터 1,000억 엔(약 1조 500억 원)을 인공지능 분야에 투입하고 있다. 국가 차원에서 인공지능 관련 기술역량 개발과 인재양성 지원을 위한 효과적인 국내 제도의 지원 경쟁도 벌어지고 있다. 그런데 인공지능 분야의 기술경쟁을 이끌어 가는 행위자들의 면면을 살펴보면, 그들은 전통적인 국가 행위자들이라기보다는 글로벌 다국적 기업들과 같은 민간 행위자들이다. 실제로 인공지능을 포함한 4차 산업혁명 분야의 선두주자들은 구글, 도요타, 소프트뱅크, 바이두 등과 같은 다국적 기업들이다. 예를 들어, 미국의 경우, 구글은 2001년부터 인공지능 및 관련 분야에 280억 달러(약 33조 원)를 투자하였다(『시사IN』, 2016. 8. 5). 일본 도요타 역시 10억 달러로 인공지능연구소를 설립하였으며, 일본 소프트뱅크는 이미 인공지능 로봇을 상용화해서 백화점 등에 배치한 상태이다. 중국에서는 인터넷 포털 회사인 바이두가 3억 달러를 투자해서 미국 실리콘밸리에 연구소를 설립하기도 했다.

다시 강조컨대, 이러한 신흥 선도부문의 경쟁은 단순한 제품경쟁이나 기술경쟁이 아니라 플랫폼 경쟁의 형태로 나타나고 있음에 유의해야 한다. 4차 산업혁명의 시대에는 수많은 산업이 플랫폼화되면서 시장경쟁의 양상이 변화하고 있다. 다양한 제품과 서비스가 결합된 플랫폼은 장기간 경쟁우위 지속이 가능하다. 컴퓨터 산업이나 스마트폰 산업에서 나타났던 바와 같이 운영체계(OS)를 장악한 사업자를 중심으로 형성되는 플랫폼 권력 또는 네트워크 권력의 게임이다. 다시 말해 하드웨어보다는 소프트웨어와 알고리즘을 장악하는 것이 핵심이 되는 게임이다. 4차 산업혁명의 시대에도 경쟁자보다 더 많은 데이터와 더 우월한 알고리즘을 보유한 업체가 지속적으로 경쟁우위를 유지할 수 있고, 그 과정에서 경쟁우위 요소인 데이터를 더 많이 확보하여야 다시 더 많은 플랫폼 참여자를 확보하는 것이 가능하다(최계영, 2016). 이러한 게임의 기본적 성격은 물량과 품질의 게임이 아닌 그야말로 승자가 독식하는 규모의 권력 게임이 될 가능성이 크다. 그 결과 네트워크 효과에 따르는 일정 수준의 시장 지배력을 가진 몇몇 플랫폼 간의 경쟁이 각 산업별로 일반화할 가능성이 있다. 4차 산업혁명 분야에서 발생하는 이러한 경쟁 양식의 변환은 21세기 세계정치 전반에도 투영될 가능성이 있다(김상배, 2017).

4차 산업혁명 시대의 국제규범은 어떻게 모색되는가?

4차 산업혁명이 진전되면서 제조업 분야를 중심으로 이른바 리쇼어링 현상이 발생하고, 이에 편승하여 보호무역주의가 대두될 것이라는 우려가 나오고 있다. 4차 산업혁명 시대가 되면 인간이 하는 거의 대부분의 일이 제조기술의 혁신으로 대체되면서 제품 원가에서 인건비가 차지하는 비중이 미미해질 가능성이 있다. 따라서 선진국 기업들은 굳이 제품의 제조 원가를 줄이기 위해 노동력이 싼 개도국들을 찾아서 생산 공장을 이전할 필요가 없어진다. 특정 제품을 제외하곤 자국 내에서도 얼마든지 저렴한 비용으로 제조 및 생산이 가능하므로 국제분업이 줄어들고, 그 결과 무역량이 급속히 감소하게 되는 것이다. 이렇게 되면 당연히 세계 각국은 국경을 닫아걸고 보호무역주의를 강화하는 쪽으로 정책을 전환할 가능성이 높아진다. 이는 4차 산업혁명의 시대를 맞이하여 발생하게 될 글로벌 생산체제와 국제무역 분야에서 예상되는 통상적인 시나리오이다.

이렇듯 제품의 초국적 유통의 감소 가능성에 비해서 데이터와 정보의 초국적 유통은 증가할 가능성이 있다. 빅데이터나 클라우드 컴퓨팅, 인공지능 등을 활용하여 초국적으로 활동하는 다국적 기업들의 비즈니스는 더욱 늘어날 가능성이 있기 때문이다. 그런데 다국적 기업들이 수집하는 개인정보의 국적과 그 개인정보를 저장한 기업의 국적 사이에서 갈등이 발생할 소지가 있다. 예를 들어, 구글이나 페이스북 내에서 한국인이 생성하는 개인정보가 국외의 서버로 가면서 개인정보 피해와 관할권 문제가 발생한다. 그런데 한국인들의 개인정보가 담긴 구글이나 페이스북의 서버에는 이들 업체와 미국 정부만이 접근할 수 있다는 데 갈등의 소지가 더 있다. 미국은 도·감청과 데이터 수집이 테러 방지를 위한 것이라고 주장하지만 이를 어떻게 믿을 것인가라는 문제가 발생한다. 또한 빅데이터를 둘러싼 경쟁이 벌어지는 시대에 결국 경쟁력의 핵심인 빅데이터를 미국 업체들에게 통째로 넘겨준다는 우려가 제기된다. 그러나 주로 미국의 초국적 인터넷 기업들이 장악한 빅데이터 권력을 개별 영토국가의 '국가주권'이라는 시각에서 통제하는 것이 어렵다.

이러한 문제가 발생하는 것은 일차적으로는 빅데이터 자체의 특성 때문이다. 빅데이터는 '축적과 소유'의 개념이 아닌 '관계와 흐름'의 개념으로 봐야 하는 문제이다. 최근 이루어진 빅데이터 분석기술의 발달에 힘입어 전 세계 데이터의 80퍼센트 이상을 차지하는 것으로 알려진 비정형 데이터들로부터 새로운 통찰을 추출하고 더 나아가 새로운 가치를 창출하는 문제이다. 이러한 과정에서 발생하는 빅데이터 권력은 데이터·정보 간의 '패턴,' 즉 보이지 않는 구조를 읽어내는 힘이 논란거리이다. 다시 말해, 빅데이터 권력은 개별 정보들이 제공하지 못했던 개인의 행위패턴을 읽는 과정에서 생성되기 때문이다. 이미 공개되어 있는 정보를 모아서 공개되지 않은 정보 간의 패턴을 읽어내는 과정에서 생성된다. 이러한 빅데이터 권력이 문제가 되는 것은 단순히 데이터·정보의 패턴을 읽는 차원을 넘어서 이를 바탕으로 감시 권력, 그것도 내 나라 기업이나 정부가 아닌 남의 나라 기업과 정부가 감시할 가능성을 증대시켰다는 사실 때문이다(김상배, 2015).

4차 산업혁명의 진전은 궁극적으로 근대적인 의미의 국가주권 전반을 다시 생각해야 하는 환경을 제공하고 있다. 글로벌화와 정보화 시대를 맞이하여 발생하고 있는 국가주권의 약화에 대한 논의는 최근 국제정치학의 중요한 화두 중의 하나이다. 근대 국제정치에서 누렸던 것과 같은 정도의 국가주권을 특권화할 수는 없는 것이 오늘날의 상황이다. 그러나 세상이 아무리 변했다 해도 국가주권이 완전히 사라져 버린다고 볼 수도 없는 상황이다. 특정 분야에서는 여전히 국가의 역할이 필요하다. 따라서 이러한 상황에서는 국가주권의 재조정 과정이 발생하고 있다고 보는 것이 맞다. 결국 사라지지 않고 있는 기존의 국가주권과 새로이 부상하고 있는 탈국가주권의 요소들을 하나의 틀 안에 엮어서 보아야 한다. 그런데 이러한 국가주권의 변화는 국가와 지역마다 다르게 나타나고, 4차 산업혁명과 관련된 분야에서도 하나의 합의된 개념이 없이 계속 경합 중이다(김상배, 2015).

현재 초국적으로 유통되는 개인정보 및 빅데이터와 관련된 국가주권에 대한 논의는 크게 세 가지의 흐름으로 파악된다. 미국은 자본의 시각에서 초국경 정보의 자유로운 흐름을 옹호하는데, 다자간서비스협정(Trade in Services Agreement, 이하 TISA)의 사례를 보면 알 수 있다. 규제를 최소화하고 이에 맞는 글로벌 질서를 만들고 싶은 글로벌 패권국으로서 미국의 의도가 반영된다. 아주 민감한 분야를 제외하고는 국경 간 이동을 자유롭게 하자는 것이다. 이에 비해 유럽은 개인의 권리를 강조한다. 페이스북을 상대로 한 막스 슈렘스의 소송과 세이프하버협정의 무효화 사례를 볼 수 있듯이, 단순히 국가주권의 강화라는 차원을 넘어서 시민주권과 관련된 좀 더 복합적인 문제를 바탕에 깔고 있다. 중국과 러시아, 그리고 개도국들은 국가의 권리라는 시각에서 접근한다. 빅데이터의 자유로운 유통보다는 오히려 선진국 기업들의 침투에 의한 데이터 주권의 잠식을 우려한다. 빅데이터 기술역량과 분석능력을 보유하고 있는 선진국들이 이를 부당하게 활용하여 권력을 행사할 가능성이 있다는 것인데, 이는 '에드워드 스노든 사건'이 준 각성 효과이다.

게다가 빅데이터 관련 개인정보 보호레짐이 각국마다 다르다는 사실은 빅데이터 국제규범 담론과 빅데이터 주권 담론이 충돌하는 원인이 된다. 실제로 이데올로기, 안보 및 상업적 이해, 개인정보 보호 등의 차이로 각국은 빅데이터 규제에 대해 입장을 달리한다. 미국과 유럽의 개인정보 보호정책은 철학적·제도적 차이를 바탕에 깔고 있다. 중국은 좀 더 큰 차이를 보이는데, 국가안보를 이유로 정부의 '동의 없는' 개인정보 수집 및 감청이 정당화된다. 권위주의적 국내정치체제 변수가 작동한다. 각국마다 개인정보 주체의 동의권 행사방식에 대한 법해석과 제도운영도 다르다. 좀 더 근본적으로는 빅데이터의 중요성에 대한 각국의 인식과 제도, 언론의 자유와 개인정보의 우선순위 등에도 큰 차이가 있다. 미국이 언론의 자유를 더 중요시하는 반면, 유럽에서는 오히려 개인정보가 더 중요하다. 빅데이터 국제규범에 대한 논의가 진행되면서 빅데이터 관련 규제정책의 도입과 정책 및 관행의 표준화 필요성이 제기되는 것과 동시에 각국의 제도와 문화에 내재한 이러한 차이들이 수면 위로 떠오르고 있다.

한국형 4차 산업혁명 담론과 전략은 있는가?

4차 산업혁명에 대한 붐이 일기 전에도 국내에서는 '제조업 혁신 3.0'이라는 이름으로 2020년까지 중소기업 1만 개, 스마트 공장 시스템 보급을 목표로 하는 프로젝트가 있었다. 그러다가 4차 산업혁명 담론의 자극을 받아 제조업 분야의 새로운 전략에 대한 논의들이 더욱 가속화되었다. 제조업의 비중이 30%가 넘는 한국이 제조업 비중 12% 정도의 미국보다 새로운 제조업 전략을 마련하는 데서 뒤처지고 있다는 위기의식이 제기되었다(『경향신문』, 2016. 9. 13). 여태까지 4차 산업혁명에 대한 국가별 대응능력 순위를 보면 한국은 139개국 중 25위로 상대적으로 저평가를 받았는데, 말레이시아나 체코에게도 뒤지는 것으로 나타났다(『스카이데일리』, 2016. 10. 21). 그럼에도 4차 산업혁명의 담론은 제조업을 중심으로 하는 한국의 산업 DNA와의 궁합이 나쁘지 않다는 인식이다. 4차 산업혁명은 한국에게 큰 도전이지만, 그동안 쌓아온 강점을 살리고 경험을 충분히 활용하면 승산이 없는 게임은 아니라는 인식이다.

이러한 와중에 선진국들의 4차 산업혁명 담론을 한때의 유행처럼 그대로 따라갈 것이 아니라 한국의 실정에 맞는 이른바 '한국형 4차 산업혁명 담론'이 필요하다는 문제의식이 생성되고 있다. 4차 산업혁명이라는 변화를 맞이하며 이에 대응하기 위한 체질 개선을 명목으로 선진국과 같은 모양만을 따라하는 것은 의미 없는 노력이 될 것이라는 우려가 제기된다. 오히려 최근 한국의 상황은 단순한 모방과 추격의 전략을 탈피해서 자기만의 모델을 창출해야 한다는 인식이다. 4차 산업혁명이 야기하는 구조변동의 상황과 이에 대응하는 한국의 역량에 대한 면밀한 검토가 선행돼야 한다는 것이다. 독일, 미국, 일본, 중국 등 4차 산업혁명 담론과 전략을 제시하는 국가들의 맥락과 이익을 고려하고 이것이 한국의 맥락과 이익에 닿는지를 고민해야 한다는 것이기도 하다. 궁극적으로 '남이 하니까 우리도 하자는 식'의 접근을 넘어서 한국이 처한 존재론적 기반에 대한 고민에서부터 시작해야 한다는 지적이다(장필성, 2016).

2016년 6월 국회 차원에서도 '4차 산업혁명 포럼'을 통해서 6대 전략 과제를 제시하여 '한국형 모델'의 문제의식을 담아낸 바 있다(『지디넷코리아』, 2016. 6. 28). 전통산업과 ICT 융합구도, 신산업과 신

그림 5 한국 정부는 '알파고 충격' 직후, 인공지능 분야를 포함하는 지능정보 산업에 5년간 1조 원가량을 투자할 계획이라고 밝힌 바 있지만 이는 고작해야 선진국의 5분의 1에서 10분의 1 수준밖에 안 된다. 구글 알파고의 위력을 봤다고 한국도 덩달아 'K-알파고'를 개발한다는 것이 적절하냐는 우려가 제기되고 있다.

기술 활성화, 대기업과 중소기업 상생을 통한 스타트업 육성, 융합형 인재양성, 국가 기초과학 및 R&D 혁신을 위한 거버넌스 체제 등의 내용을 담았다. 2016년 정부가 내놓은 미래 신성장동력 사업 9개 프로젝트도 기존 제조업과 IT를 고도로 융합한 4차 산업혁명을 통해 산업 생태계를 근본적으로 혁신하고 경쟁력을 높여서 창조경제를 구현하는 목표를 내세웠다. 인공지능, 가상·증강현실, 자율주행차, 경량 소재,

스마트시티와 정밀 의료, 탄소 자원화, 미세먼지 저감·대응 기술, 바이오 신약 등을 프로젝트 후보 사업으로 꼽는다. 정부는 프로젝트 추진을 위해 향후 10년간 약 1조 6,000억 원을 투입할 계획이라고 밝혔다. 정부 투자와는 별도로 6,152억 원의 민간투자도 진행한다고 했다(『MK경제』, 2016. 9. 9).

이러한 전략을 실행함에 있어서 4차 산업혁명 분야에서 한국이 처한 경쟁력의 현주소를 파악하는 것이 중요하다. 한국은 IT제조업의 경쟁력과 인터넷 인프라의 확산에서 일정한 성과를 거두었다고 평가된다. 삼성의 고선명TV나 스마트폰의 성과, 세계 1위의 인터넷·모바일 속도 등이 거론된다. 그러나 최근 삼성 스마트폰은 고부가가치 제품과 저부가가치 제품 사이에서 샌드위치가 되어 가는 어려움에 봉착하고 있다. IT제조업과 인프라의 차원에서 보면, 한국은 상대적으로 미국발 클라우드 컴퓨팅과 빅데이터 담론보다는 독일발 인더스트리 4.0 담론에 친화적인 조건을 지니고 있는 것으로 파악된다. 이와 유사한 맥락에서 이상훈 ETRI 원장은 국회 '4차 산업혁명 포럼' 특별강연에서 "세계 최고 수준의 국민적 디지털 역량, 세계 최고 수준의 IT인프라, 그리고 거대 도시국가, 아파트 중심 주거 문화 등은 한국이 4차 산업혁명의 최적 테스트베드가 될 수 있는 조건"이라고 설파한 바 있다(『지디넷코리아』, 2016. 7. 14).

그렇다면 제조업 스마트화의 차원을 넘어서, 인공지능이나 클라우드 컴퓨팅, 빅데이터 등과 같은 SW와 정보·데이터 분야 자체에 얼마나 더 투자할 것인가? 이 분야들은 차세대 유망 기술이어서 당연히 국가적 차원에서 육성하고 지원해야 할 것이며, 글로벌 트렌드에 뒤처지지 않기 위해선 반드시 키워야 할 분야인 건 분명하다. 그리고 실제로 한국 정부는 '알파고 충격' 직후인 2016년 3월, 인공지능 분야를 포함하는 지능정보 산업에 5년간 1조 원가량을 투자할 계획이라고 밝힌 바 있다. 그러나 이는 고작해야 선진국의 5분의 1에서 10분의 1 수준밖에 안 된다. 인공지능이 아무리 대단한 분야라고 하더라도 지금 당장 그 곳에 무게중심을 두는 것이 한국의 현실에 맞는가라는 우려가 제기되고 있다. 구글 알파고의 위력을 봤다고 한국도 덩달아 'K-알파고'를 개발한다는 것이 적절하냐는 것이다. 이러한 시각에서 보면 한국이 4차 산업혁명 분야의 초일류 기술에 투자하는 것이 얼마나 의미가 있을까?

사실 이러한 문제제기는 단순 기술경쟁이나 제품경쟁이 아니라 플랫폼 경쟁의 형태로 진행되는 4차 산업혁명 분야에서 한국이 취할 미래전략의 방향과도 관련된다. 이는 페이스북과 같은 플랫폼이 세계를 지배한다고 '한국형 플랫폼'을 만들겠다고 나서는 게 현실적이냐는 지적과도 통한다. 한때 유망했던 싸이월드의 교훈을 떠올릴 필요가 있다. 이는 궁극적으로 한국 시장이 지닌 '규모'의 문제와 연관된다. 마찬가지로 사물인터넷에 투자해서 돈을 버는 구조와 규모가 한국에서는 형성되지 않는다는 지적에도 귀를 기울일 필요가 있다. 한때 많은 관심을 모았던 '한국형 OS'나 삼성의 '바다OS'의 교훈도 유사한 맥락에서 이해 가능하다. 기껏해야 한국은 '아래아한글'과 같은 응용 SW를 개발하는 정도였지 않느냐는 것이다. 4차 산업혁명은 글로벌 경제를 강타한 이슈이지만, 그에 대한 대비책은 처한 상황에 따라 다를 수밖에 없고, 한국의 역량에 맞는 경쟁전략을 고민해야 한다.

인터넷 무역규범 형성에 어떻게 참여할 것인가?

4차 산업혁명 시대를 맞이하여 글로벌화를 추진하는 동력이 약화될 가능성이 높아지는 가운데 인터넷 무역 분야에서 형성될 국제규범에 적극적으로 참여할 과제가 제기되고 있다. 특히 최근 초국적 정보의 흐름 문제를 해결하기 위한 다양한 국제협력이 모색되고 있는 가운데 이러한 지적이 더욱 힘을 얻고 있다. 예를 들어, OECD 차원에서도 공공정보의 취급원칙을 천명한 바 있으며, 미·유럽 세이프 하버원칙, 미·일 ICT 무역원칙 등 다자 및 양자 차원에서 작업들이 진행 중이다. 최근 관심의 대상이 되고 있는 것은 앞서 언급한 TISA이다. TISA는 미국, EU, 호주, 캐나다, 일본, 뉴질랜드 등 선진국들과 이스라엘, 대만, 한국, 페루, 콜롬비아 등 개도국 그룹의 국가 등 총 22개 국가가 참여하고 있는 서비스무역 관련 지역무역협정이다. TISA는 WTO 분야의 서비스 논의가 부진하다 보니까 이를 구체화하기 위해서 진행하는 성격이 강하다. TISA에서 논의되는 '정보의 국경 간 이동 보장' 조항이 관철될 경우, 빅데이터 분석에 필요한 다량의 정보의 수집, 축적, 관리 및 유통을 제한하는 정부의 조치는 불허된다. 또한 정보의 수집과 축적을 위해 필요한 데이터센터를 자국 내에 둘 것을 요구하거나 정보의 이전과 관련하여 통상 차원에서 정당화할 수 없는 요건을 부여할 수 없게 된다(강하연, 2013).

　이러한 일련의 협상 과정에서 선진국들은 데이터의 자유로운 이동을 보장하는 개방 네트워크와 규제 없는 환경을 선호하고 있는 반면, 개도국들은 인터넷에 대한 국가 차원의 관할권을 고수하려는 입장의 차이를 보이고 있다. 이러한 개도국들의 입장은 최근 중국이 취하고 있는 입장과도 맥이 닿는다. 이렇게 선진국들과 개도국들의 입장이 교착상태를 보이고 있는 가운데, 최근 트럼프 행정부가 출범하면서 미국의 입장이 모호해지면서 협상은 일시 중단 상태이다. 초국적 데이터 흐름보다는 좀 더 넓은 의미에서 본 글로벌 인터넷 거버넌스 또는 글로벌 지식문화질서의 형성 문제도 향후 쟁점이 될 수 있는 분야로 지적되어 왔는데, 2016년 들어 이미 쟁점화된 바 있다. 글로벌 인터넷 거버넌스에서 미국 정부는 일단 IANA 기능을 이양하기로 결정했지만, 트럼프 행정부가 출범하면서 그 번복 가능성마저도 거론되고 있는 상황이다. 미국 주도의 ICANN 체제에 대항하는 중국이 세계인터넷대회 (World Internet Conference) 개최를 통해서 사이버 주권담론을 제시하는 행보에도 주목할 필요가 있다. 이는 사이버 안보의 국제규범 형성 문제에 있어서 러시아가 취하고 있는 행보와도 연결된다.

주요 국가들이 개인정보의 보호, 지적재산권의 존중, 자유무역의 증진 등과 같은 분야에서 인터넷 통상외교의 중요성을 인식하고 이에 대한 선제적인 대응을 하고 있다는 점을 감안하여, 한국도 이 분야의 무역협정 형성에 대한 체계적인 분석과 전략적 접근을 할 필요가 있다. 정부가 정보 유통을 언제, 어떻게 제한할 수 있고, 이러한 제한이 글로벌 차원의 인터넷 거버넌스에 긍정적 영향을 초래할 것인지 여부에 대한 보다 명확한 파악이 필요하다. 이와 관련하여 상호운용성, 표현의 자유, 공정한 사용, 법치, 적절한 과정 등에 대한 구속력 있는 규정을 제시할 필요가 있다. 이러한 규정이 포함될 경우, 무역협정은 정보 유통과 관련한 국제적 논의를 벌이는 장으로서 적합성을 갖는다고 할 수 있다. 그러나 이러한 무역협정은 초국적 정보 유통의 관리와 관련하여 미국 디지털 산업계의 이익을 우선하는 경향이 있다는 비판도 다수 제기되고 있다(강하연, 2013).

이러한 문제들을 고려하여 이 분야의 변화에 대응하는 한국의 국제규범 참여외교는 중견국으로서의 전략적 입장을 설정해야 하는 과제를 안고 있다. 예를 들어, 개인정보와 빅데이터 관련 분야에서 한국 외교는 선진국과 개도국 진영의 입장 중 어느 편을 지지해야 할까? 이는 단순히 국제협력과 규범 형성을 위한 협상 과정에 참여하는 문제를 넘어서 새로이 출현할 국제규범과 호환성을 갖는 국내규범을 어떻게 마련할 것이냐의 문제로 연결될 수밖에 없다. 예를 들어 개인정보의 공개나 공유 및 보호와 관련된 국내적 합의를 어떻게 가져갈 것이냐의 문제이다. 이는 최근 G20 정상회담에서 사이버 공간의 국제정치경제 이슈가 제기되면서 급속히 한국 외교의 현안으로 다가올 것이다. 이는 앞서 언급한 TISA 차원에서 온라인 전자무역질서를 구축하는 문제를 넘어서는 좀 더 광범위한 e-무역질서의 이슈가 될 가능성이 있다. 예상컨대, 여타 글로벌 거버넌스 분야에서 한국의 중견국 외교가 겪고 있는 고민이 빅데이터와 정보의 초국적 흐름의 분야에도 투영될 가능성이 크다.

4차 산업혁명이 안보 분야에 미치는 영향은 무엇인가?

4차 산업혁명으로 대변되는 기술변화는 전통 군사안보 영역에도 영향을 미친다. 인공지능 로봇을 내세운 대리전이나 하이브리드전의 부상은 국제안보의 불안정성을 증대시킬 요인으로 간주된다. 대표적인 사례 중의 하나가 인공지능을 탑재한 군사무기(AWS)의 개발 경쟁이다. 미국, 영국, 러시아, 중국 등 군사 강대국들을 포함해 세계 40여 개국이 인공지능을 접목한 무인 전투기와 살상·정찰용 로봇 개발에 열을 올리고 있다. 미국은 2015년 무인 무기 시스템 개발에 53억 달러(약 6조 원)를 지출하였다. 러시아는 2020년까지 기관총과 감시카

그림 6 인공지능 로봇을 내세운 대리전이나 하이브리드전의 부상은 국제안보의 불안정성을
증대시킬 요인으로 간주된다.

메라, 센서를 장착한 로봇을 만들어 미사일 기지에 배치할 계획이다.
이스라엘은 민간 기업이 개발한 '자폭용 드론'을 구입하는 시도를 벌
이고 있다고 알려졌다. 국가 차원에서 인공지능 관련 기술역량 개발과
인재양성 지원을 위한 효과적인 국내 제도의 지원 경쟁이 벌어지고 있
다. 이러한 상황에서 군사 목적의 드론 개발 등과 같은 경쟁에 한국이
어떻게 참여할 것이냐의 문제가 제기된다. 아울러 최근 구글의 한국
지도 반출 문제로 불거진 데이터 주권의 이슈도 군사안보 문제와 밀접
히 연관된 4차 산업혁명 시대 국가안보의 문제이다.

　이러한 군사안보 문제 중에서도 최근에는 사이버 안보가 중요한

국가안보의 사안으로 새롭게 조명받고 있다. 사이버 안보의 문제에 대한 세계 각국의 관심도 점점 더 커지고 있는 가운데, 한반도에서도 북한의 소행으로 추정되는 사이버 공격이 늘어나면서 사이버 위협이 일단 유사시에 재래식 전쟁이나 핵전쟁의 시나리오와 결합될 가능성에 대한 우려를 낳고 있다. 이러한 맥락에서 군사적인 차원에서 방어와 억지의 역량을 구비하고, 좀 더 넓은 의미에서 추진체계의 정비와 법제도적 여건을 정비하려는 노력들이 활발히 이루어지고 있다. 그런데 사이버 안보의 게임은 기본적으로 공격이 방어의 우위에 서는 게임이어서 아무리 훌륭한 방어기술과 전문인력을 갖추고 이를 지원하는 법제도를 구비하더라도 사이버 공격의 목표가 되는 빈틈을 모두 막을 수는 없다. 사이버 안보의 대응전략을 마련하는 데 있어 국내적으로 기술과 전략 및 법제도 대책을 마련하는 문제를 넘어서 주변 국가들과 외교적으로 협력하는 것이 더 중요한 과제이다. 특히 한국의 경우에는 전통적으로 주변4국으로 불려온 미국, 중국, 일본, 러시아 등과의 양자 및 다자간 협력이 중요한 변수가 될 수밖에 없다.

사이버 안보의 주변4국 중에서도 사이버 선진국이자 우방국인 미국과의 기술과 정보 공유 및 협력체계를 구축하는 문제가 핵심이다. 한미 사이버 협력의 쟁점은 북한에 대한 사이버 억지력을 보강하는 차원에서 한미 상호방위조약의 틀 내에 사이버 안보의 문제를 포함시켜 미국의 이른바 '사이버 우산'을 빌려 쓸 것이냐의 문제이다. 이러한 한미 사이버 협력의 문제를 풀어나가는 데 있어서 제일 큰 고민거리는

그림 7 2013년 3월 나토가 발표한 사이버 전쟁의 교전수칙인 '탈린 매뉴얼.' 사이버 테러와 공격에 대해서 기존의 어떠한 규범을 적용하여 규제할지와 관련하여 현재 크게 세 가지 프레임이 경합하고 있다.

중국이다. 북한이 사이버 거점으로 활용하는 국가라는 점에서 중국 변수는 사이버 안보 분야에서도 한국이 무시할 수 없는 변수이다. 한국은, 한미동맹과 한중협력 사이에서 형성되는 이 분야의 구조적 조건을 파악하고 그 안에서 전략적으로 적절한 위치를 설정해야 하는 과제를 안고 있다. 한편, 일본은 그 특성상 최근 사이버 안보 분야에서도 협력 체계를 갖추어 가고 있는 미일동맹의 맥락에서 보아야 한다. 그런데 강화되고 있는 미국 주도의 아태 사이버 지역동맹의 틀 중에서 가장 약한 고리가 한일 사이버 협력이다. 러시아는 상대적으로 동아태 지역에서는 존재감이 그리 크지 않지만 유럽이나 글로벌 차원에서는 주요 행위자라는 점에서 무시할 수 없는 변수이다. 특히 글로벌 차원에서 벌어지는 미러경쟁의 맥락에서 이해해야 하는 변수이다.

아직까지 사이버 테러와 공격에 대해서 기존의 어떠한 규범을 적용하여 규제할지와 관련하여 현재 크게 세 가지 프레임이 경합하고 있다. 첫째, 전통적인 국제법(특히 전쟁법)과 국제기구의 틀을 원용하여 사이버 공간에서 발생하는 해킹과 공격을 이해하려는 시도이다. 기존 국제법의 틀을 원용하는 사례는, 2013년 3월 나토가 발표한 사이버 전쟁의 교전수칙인 탈린 매뉴얼을 들 수 있다. 전통적인 국제기구인 유엔 차원에서 2013년 6월 유엔 GGE에서 합의해서 도출한 최종 권고안에도 주목해야 한다. 둘째, 사이버 안보의 국제규범을 마련하기 위해서 서방 선진국들이 원용하는 일종의 정부 간 클럽 모델 형태의 국제협력이다. 사이버공간총회가 대표적인 사례인데, 2013년에는 서울에서 제3차 회의가 열린 바 있다. 이외에도 정부간 네트워크를 구성한 초기 사례로 2001년 조인된 유럽사이버범죄협약이 있다. 끝으로, 글로벌 인터넷 거버넌스의 맥락에서 진행되는 사이버 안보 규범에 대한 논의이다. 초창기부터 인터넷을 관리해온 미국 캘리포니아 소재 민간 기관인 ICANN이 추구하는 글로벌 거버넌스의 형식이 진행되어 왔다. 이밖에도 전통적인 국제기구인 ITU 차원에서 진행되는 인터넷 거버넌스의 움직임이 2000년대 초반 이후 WSIS과 IGF의 형태로 진행되고 있다.

이렇게 세 가지 층위에서 복합적으로 전개되고 있는 사이버 안보의 제도화 과정에는 크게 두 진영의 관념과 이익이 대립 중이다. 우선 다중이해당사자주의(multistakeholderism)와 정부간주의(intergovernmentalism)로 대별되는 두 가지 관념이 각을 세우고 있다. 인터넷 발전의 초기에는 선발주자로서 미국의 사실상 영향력을 인정할 수밖에 없었지만 인터넷이 지구적으로 확산되고 다양한 이해관계의 대립이 첨예해지면서 여태까지 용인되었던 관리방식의 정당성을 문제 삼을 수밖에 없다는 것이다. 이러한 관념의 대립 이면에는 미국과 서유럽 국가들이 주도하는 서방 진영을 한편으로 하고, 러시아와 중국을 중심으로 한 비서방 진영을 다른 한편으로 하는 두 진영이 대립하는 지정학적 구도가 겹쳐진다. 현재 사이버 안보(넓게는 인터넷 거버넌스)의 국제규범 형성과정은 두 개의 네트워크가 다층적으로 경쟁하는 양상이다. 이른바 인터넷 강국을 자랑하는 한국의 입장에서 이러한 국제규범의 형성과정에 적극적으로 참여할 과제가 던져진다. 그러나 새롭게 부상하는 사이버 안보 또는 인터넷 거버넌스 분야에서 중견국으로서의 적절한 위상과 역할을 모색한다는 것은 쉬운 일은 아니다 (Kim, 2014).

4차 산업혁명 시대 지식·공공외교의 과제는 무엇인가?

4차 산업혁명의 기술변화로 인해서 발생하는 외교과정의 변화는 일차적으로 외교업무 처리의 개선을 목적으로 실시되는 ICT 인프라의 구축과 전산시설의 확충 및 외교정보 네트워크의 개설 등과 같은 '외교정보화'로 나타난다. 정보의 수집과 처리 및 보고의 과정에서 효율적인 커뮤니케이션을 보장하는 ICT를 도입한다는 것은 외교업무의 수행에 있어서 중요한 의미를 가진다. 예를 들어, 공공외교의 경우 커뮤니케이션과 소프트 파워를 내용으로 하는 특성상 기술변화(특히 미디어 기술)의 영향을 크게 받을 수밖에 없다. 2016년 8월 〈공공외교법〉이 발효되어 시행됨으로써 한국이 추진해 온 디지털 공공외교를 업그레이드할 기회를 맞이하였다. 새로이 발효된 〈공공외교법〉에서 명기하고 있는 '공공외교 종합정보시스템'의 구축 및 운영 차원에서 외교정보화, 외교암묵지의 디지털화 등과 같은 디지털 외교의 추진이 필요하다.

최근 새로운 미디어 환경을 배경으로 유리한 여론 조성을 위해 상대국 국내정치에도 개입하는 공세적 공공외교가 부상하여 상대국의 여론동향을 파악하고 정보를 수집하는 활동의 중요성이 새로이 인식되고 있다. 이러한 맥락에서 한국도 실질적으로 지식자원을 활용하는 본격적인 공공외교의 구상을 실천해야 할 필요가 있다. 먼저 공공외교의 지식 기반으로서 다양한 채널을 통해서 생산되는 지식을 효과적으로 활용할 수 있는 인식의 전환이 절실하게 필요하다. 지식의 생산, 분배, 소비의 주체가 점차로 사회영역으로 확산되면서 공공외교도 이러한 새로운 메커니즘에 적응하지 않고서는 살아남을 수 없다. 〈공공외교법〉에서도 명시하고 있듯이, "상상력과 창의성에 기반을 둔 공공외교 콘텐츠 발굴에 있어 지자체, 학계, 시민단체, 경제계, 언론 등 민간과의 협업체계 구축을 통해 '국민과 함께 하는 공공외교'를 추진"해야 할 것이다.

그러나 사이버 공간을 활용한 좀 더 본격적인 의미의 지식외교의 발상은 아직 부족하다. 비유컨대 하루 종일 컴퓨터 앞에서 세계 주요 사이트의 정보만을 수집하고 분석함으로써 외교지식을 생산해내는 '버추얼 외교관(virtual diplomat)' 또는 '디지털 정세분석관(digital information analysts)'의 역할을 하는 사람이 필요하다. 이러한 공공외교의 보직은 산업화 시대에는 부처 내에서 가장 한직(閑職)이었을 지언정 정보화 시대에는 가장 바쁜 요직(要職)이라고 할 수 있다. 예를 들어, 외교통상부의 웹브라우저에 저장된, 국내외 여론의 향배를 읽는 안테나로서의 북마크(bookmark)는 몇 개나 되는가? 더 나아가 그러한 북마크는 어떠한 체계적인 디렉터리의 구조를 가지고 짜여 있는가? 이러한 의미의 지식외교는 사이버 외교의 일환으로 이해 가능하며, 이를 위해서는 후술하는 빅데이터 외교의 마인드도 필요하다.

디지털 지식외교는 정책공공외교라는 이름으로 최근 정부에서 강조하고 있다. 이는 정책지식의 소통 문제이다. 북핵 및 통일 문제 등 우리의 주요 정책에 대한 이해를 제고시키는 정책공공외교이다. 정책공공외교는 대외정책에 대한 공감대 형성에 중점을 둔다는 점에서 일반적 공공외교와 차이가 있다. 외교의 대상도 일반 국민보다는 오피니언 리더 중심이다. 최근 트럼프 행정부 출범 이후 대미 정책공공외교에 신경을 많이 쓰고 있다. 현지 공관을 중심으로 인적 네트워크를 형성하고, 오피니언 리더들을 대상으로 한미동맹과 한미 자유무역협정(FTA) 등에 대한 우호적 여론을 형성하기 위한 물밑 작업은 이미 진행되었다. 장기적으로는 영향력 있는 차세대 지한파 육성 등이 목표이다.

더 나아가 빅데이터 외교도 이러한 맥락에서 이해 가능한 공공외교의 아이템이다. 다양한 분야에서 빅데이터를 활용하는 역량의 보유 여부가 21세기 국력을 결정하는 새로운 변수가 될 것으로 예견된다. 공공외교 분야에서 인터넷이나 소셜 미디어에서 생성되는 빅데이터를 활용하여 국내외 여론을 파악하려는 시도에 관심을 기울일 필요가 있다. 기업이 마케팅을 위해서 빅데이터를 활용하듯이 각국의 정부들도 공공외교를 추진하는 과정에서 상대국민들의 생각과 감정을 읽기 위해서 빅데이터를 이용할 수 있다. 신흥안보 분야에서도 빅데이터를 활용한 재난전조 감지와 최적화된 재난구호의 실시 등이 논의되고 있다. 특히 보건안보는 전염병 발생 징후를 조기 감지하거나 발생 후 신속한 대응책을 마련하는 데 빅데이터가 유용하게 활용될 것으로 예상되는 대표적인 분야이다. 이밖에도 다양한 분야에서 빅데이터를 활용하는 역량의 보유 여부가 21세기 국력을 결정하는 새로운 변수가 될 것으로 예견된다(김상배, 2015).

인터넷은 정보수집의 통로뿐만 아니라 외교적 홍보의 통로로도 활용된다. 사실 공공외교 분야에서 디지털 미디어를 활용하려는 움직임은 오래전부터 있었다고 할 수 있다. 가장 대표적인 사례 중의 하나는 외교적 홍보 통로로서 인터넷 미디어의 활용인데, 현재 외교부 차원에서 독자적인 웹페이지를 구축하지 않은 나라는 없을 정도로 많이 활용되고 있다. 다시 말해, 세계 거의 모든 나라들이 현재 자국어뿐만 아니라 다양한 외국어로 제공되는 홈페이지를 구축하여 인터넷에 접속되는 곳이라면 어디의 누구에건 주요정책을 홍보하고 여론조사나 정책포럼을 통해 의견을 수렴하는 등의 외교활동을 벌이고 있다. 이러한 맥락에서 국내외의 웹페이지에 떠 있는 정보에 대한 검색을 통해서 상대국의 정책의도와 국내외 여론의 향배를 파악하는 작업은 벌써 중요한 외교업무가 되었다. 또한 웹페이지를 통해 외교 메시지를 전달하는 사이버 외교도 필수불가결한 외교과정의 일부로서 등장하고 있다. 좀 더 최근에는 트위터, 페이스북, 유튜브 등과 같은 SNS를 공공외교에 도입하려는 노력이 진행되고 있다.

4차 산업혁명을 위한 시스템 개혁은 어떻게 할 것인가?

4차 산업혁명 시대를 맞이하여 새로운 변화에 적응하고 경쟁력을 유지하는 데 있어서 정책과 제도의 마련은 중요한 변수이다. 최근 4차 산업혁명의 새로운 기술패러다임에 적합한 새로운 시스템을 창출하기 위한 개혁이 필요하다는 지적이 부쩍 많이 제기되는 것은 바로 이러한 이유 때문이다(『경향신문』, 2016. 9. 13). 4차 산업혁명에 부합하는 산업구조 조정의 과제 해결과 함께 기존의 발전국가 모델이나 대기업 모델, 그리고 이를 뒷받침하는 사회문화 인프라 개혁의 필요성이 거론되고 있다. 이는 4차 산업혁명의 속도 패러다임에 덩치 큰 대기업 위주의 산업구조가 얼마나 적합한지를 묻는 문제이다. 정부정책 측면에서도 현재 정부가 내세우고 있는 4차 산업혁명 관련 정책이 지닌 한계에 대한 자성의 목소리도 크다(『MK경제』, 2016. 9. 9).

사실 국내 정책과 제도를 보면, 여전히 정부가 주도하여 비전을 제시하고 정책을 실행하는 경제성장 시기 '발전국가'의 산업정책 담론의 연속선상에 놓여 있다. 한국의 발전모델은 20세기 후반 '한강의 기적'으로 평가될 만큼 성과를 보인 바 있다. 그러나 1997년 소위 IMF 경제위기를 겪는 과정에서 한국은 종전의 추격형 발전모델을 졸업할 필요성이 제기되었고 다양한 각도에서 한국 모델에 대한 비판과 반성이 이루어졌다. 한편, 한국의 정보화와 IT산업의 성공을 이끈 대기업 모델의 문제점에 대한 인식이 확산되고 있음에도 기업의 조직 관성으로 인해서 시의적절한 구조조정을 하지 못하고 있다. 또한 IT산업과 인프라를 육성하고 지원한 정부의 산업정책이나 기술정책 모델을 보더라도 빠르게 변화하고 있는 4차 산업혁명 시대의 추세에 민첩하게 대응하지 못하고 있다.

기업이나 정부를 주요 행위자로 하는 정치경제 모델의 차원을 넘어서는 IT분야의 기술혁신체제나 여기서 더 나아가 이러한 IT혁신을

그림 8 평창올림픽에서는 세계 최고속도의 5G 이동통신 서비스를 제공해 ICT 강국으로서의
이미지를 선보일 계획이다. 한국형 정보화 모델은 4차 산업혁명 시대에 이르러 나름대로의
혁신을 꾀해야 할 과제를 안고 있다.

뒷받침하는 기술·산업문화라는 차원에서도 한국의 정보화는 산업화
시대로부터 이어져온 모델의 연속선상에서 이해할 수 있다. IT분야의
기술혁신체제를 살펴보면, IT 하드웨어 산업이나 지식기반 제조업을
뒷받침하는 방향으로 대학-연구소-정부의 기술혁신 네트워크가 형
성·작동하였다. 다른 국가들의 정보화 사례에 비교해서 볼 때, 정치경
제 모델로서 한국의 정보화가 밟아온 궤적은 나름대로의 특징을 지닌
독자 모델의 성격을 지니고 있다. 한국형 정보화 모델은 대기업 모델
과 발전국가 모델의 조합으로 대변되는 동아시아 발전모델이 산업화

시대의 성공과 좌절을 겪고 나서 4차 산업혁명 시대에 이르러 나름대로의 혁신을 꾀해야 할 과제를 안고 있다.

이러한 연속선상에서 볼 때 한국이 4차 산업혁명에 적절히 대응하기 위해서 필요한 시스템 개혁의 과제는 무엇인가? 시스템 개혁의 문제는 산업과 경제 분야에만 국한된 것이 아니라 정치과정·제도, 정부·행정개혁, 사회문화, 교육, 사회안보·고용·양극화 등의 국가사회 전 분야에 걸친 문제이다. 게다가 4차 산업혁명 분야에서 성공의 관건이 새로운 혁신 그 자체에 있다기보다는 융합, 응용, 적용 등에 있다는 사실을 염두에 두면 이를 뒷받침하는 국내 시스템 개혁의 문제는 사회적 합의와 의식개혁도 병행되어야 하는 절실한 과제가 아닐 수 없다. 예를 들어, 외교 분야의 사례만 보더라도, 디지털 외교의 부상은 외교과정에서 활용할 외교지식을 생산하고 다루는 양식의 변화를 수반한다. 따라서 디지털 외교의 실질적 구현을 위해서는 구축된 외교정보 관리시스템이 외교행위의 내용과 결과에 실제로 영향을 미칠 수 있도록 외교의 양식이 병행해서 바뀌어야 한다. 기존에 수행되던 사이버 업무의 재정의와 관련 조직의 재정비가 필요한 것은 아닌지 검토해야 한다.

가장 넓은 의미에서, 시스템 개혁의 과제는 변환에 적응하는 새로운 미래 국가모델을 고민하는 문제로 연결된다(하영선·김상배 편, 2006). 이러한 고민은 중견국의 위상에 오른 한국이 추구할 국가의 성격, 국가전략의 방법과 원칙, 목표가 되는 국가이익을 어떻게 규정할 것이냐의 문제와 연결된다. 예를 들어, 최근 한국은 이제는 더 이상 과거의 성장을 뒷받침했던 정부나 기업 및 사회 모델에만 의존할 수 없으며, 새로운 변화를 헤쳐 나가는 데 과거의 경험에만 의지할 수 없는 상황에 처해 있다. 이러한 과정에서 과거 개도국 시절과 같이 협소하게 정의된 국가이익만을 추구할 수도 없게 되었다. 4차 산업혁명의 도래로 대변되는 물적·지적 조건의 변화는 이러한 과제를 일시에 우리 삶의 전면으로 끌어냈다. 결국 한국이 새로운 도약의 계기를 마련하기 위해서는 그나마 이룩한 오늘날의 성과를 가능케 한 국가 시스템을 전면적으로 바꿀 수도 있다는 자세로 성찰과 혁신을 추구해야 할 것이다.

The 4th Industrial
Revolution

1부

4차 산업혁명과
물적 조건의 변환

4차 산업혁명과
생산과정의 변환

배영자 건국대학교

본 장에서는 첫째, 4차 산업혁명의 역사적 위상과 현재 상품 생산방식이 어떻게 바뀌어 가고 있는지 제조업 변화 과정을 스마트 팩토리를 중심으로 설명한다. 4차 산업혁명으로 인한 제조업 변화의 구체적인 모습을 살펴보고 정치·사회·문화적 의미를 논의한다. 둘째, 스마트 팩토리 확산으로 글로벌 생산네트워크가 어떻게 조정될지에 관심을 가지고 고찰하면서 이의 국제정치적 의미를 생각해 본다. 셋째, 제조업은 한국의 주력 부문으로 이의 변화는 한국의 산업발전과 경제성장에 크게 영향을 미칠 수밖에 없다. 4차 산업혁명과 제조업 변화에 미국과 독일 등 다른 국가들은 어떻게 대응하고 있는지, 한국의 4차 산업혁명과 제조업 변환 전략은 어떤 내용으로 추진되어야 하는지 논의해 본다.

· 4차 산업혁명의 역사적 위상은
· 현재 진행 중인 제조업 변화의 특징은
· 스마트 팩토리의 선두주자는 누구인가
· 기업들이 스마트 팩토리 설치를 확대하는 이유는
· 사람들의 생활방식에 어떤 변화가 일어날까
· 스마트 팩토리의 확산은 직업구조와 고용 형태를 어떻게 바꿀까
· 개도국에 이전된 생산시설은 다시 선진국으로 돌아오게 될까
· 스마트 팩토리 확산의 국제정치적 함의는
· 제조업 변화에 대한 주요국의 대응 전략은
· 4차 산업혁명과 한국 제조업의 미래전략은

4차 산업혁명의
역사적 위상은?

산업혁명이라는 개념은 1884년에 발간된 토인비의 「18세기 영국 산업혁명 강의」에서 처음 등장한 이래, 18세기 중반 이후 영국에서 시작된 경제적 변화, 특히 이전의 농업과 수공업 경제가 대량생산의 산업경제로 변모한 것을 지칭해 왔다(송성수, 2017). 제임스 와트의 증기기관, 에드먼드 카트라이트의 역직기(力織機) 등이 산업혁명의 핵심기술로 인식되었고 이 시기를 거치면서 면직물의 기계적 생산이 다른 산업 부문으로 확대되어 공장식 생산이 자리 잡게 되었다.

2차 산업혁명이라는 개념은 미국 경제사학자인 랜디스(David Landes) 등에 의해 19세기 중반 이후 전개된 새로운 생산방식을 지칭하는 용어로 쓰여 왔다(Landes, 1969). 랜디스는 19세기 후반부터 전기 및 전화의 등장, 석유화학의 발전, 내연기관의 발명 등 일련의 기술 혁신이 가속화되었고 생산과정에서 증기기관 대신 전기가 주요 에너 지원으로 사용되고 컨베이어벨트가 설치되어 대량생산체제가 수립되 면서 이전의 산업혁명과 구분되는 2차 산업혁명이 진행되었다고 주장 하였다.

20세기 후반 소위 정보통신기술의 급속한 발전과 함께 새로운 사 회의 등장에 대한 논의가 '후기산업사회(다니엘 벨)', '제3의 물결(앨 빈 토플러)' 등의 개념을 토대로 진행되었다. 컴퓨터, 인터넷, 바이오기 술 등의 급속한 발전과 이에 기반을 둔 디지털 변환과 융합이 주목되 어 왔다. 생산과정 측면에서는 1969년 기계와 전기를 연결시키는 최 초의 자동화제어장치(Programmable Logic Controller, PLC)가 등장 하면서 공장자동화가 확대되었다. 일반적으로 정보통신혁명으로 일 컬어지는 이러한 변화를 일군의 학자들은 3차 산업혁명으로 명명하 였다. 예컨대 제레미 그린우드(Jeremy Greenwood)는 그의 저서 『3 차 산업혁명』에서 1974년 이후 컴퓨터 등 정보기술 중심의 새로운 산 업혁명이 시작되었다고 보았고, 그 외 조셉 핀켈스타인(Joseph Fin-kelstein), 제레미 리프킨(Jeremy Rifkin) 등 역시 정보기술혁명을 3 차 산업혁명으로 보았다(Greenwood, 1997; Finkelstein, 1989; Rifkin, 2011).

4차 산업혁명 논의는 세계경제포럼에서 클라우스 슈밥(Klaus Schwab)에 의해 제기되었다(Schwab, 2016). 그에 따르면 현재의 비약적인 기술발전은 전례가 없는 것이며, 생산, 관리, 통제 전반에 걸쳐 전체 산업의 변화를 예고하고 있어 이전의 혁명과 구분되는 4차 산업 혁명이 시작되었다는 것이다. 4차 산업혁명 논의는 2011년 독일인공지능연구소(DFKI)가 제기한 인더스트리 4.0에 관한 논의의 연장선상에 놓여 있다(BMBF, 2013). 인더스트리 4.0 논의에 따르면 1, 2, 3차 산업혁명은 각각 1784년, 1870년, 1969년에 시작되었으며 각각의 핵심기술은 역직기, 도축장 해체라인, PLC이다. 이는 일반적으로 1, 2, 3차 산업혁명의 핵심기술이라 인식되는 증기기관, 백열등, 컴퓨터 및 인터넷과 차이를 보이고 있다. 4차 산업혁명에 대한 논의가 일시적인 유행을 벗어나 보다 진지한 관심사로 발전하기 위해서는 산업혁명의 역사와 현재 진행 중인 변화를 조금 더 깊이 있게 바라보고 분석하는 작업이 필요하다. 현재 4차 산업혁명을 추동하는 핵심기술이 무엇인지, 이러한 기술들이 전체 산업구조 변화를 어떻게 바꾸어갈 것인지, 이러한 변화들의 핵심키워드는 무엇이며 어떤 점에서 혁명적인지 등등이 보다 구체적으로 이해되어야 한다.

현재 진행 중인
제조업 변화의 특징은?

세계경제포럼 자료는 이제까지 3차례 산업혁명에 따른 상품 생산방식의 변화를 증기기관 발명과 최초의 기계식 방직기 도입으로 인한 생산 기계화(mechanization), 증기기관을 대신하는 전기 동력과 컨베이어 벨트의 설치로 인한 생산 전력화(electrification), IT와 로봇, 컴퓨터를 통한 디지털화(digitalisation)로 요약하고 있다. 이들은 현재 진행 중인 4차 산업혁명은 기계와 사람, 인터넷 서비스가 상호 연결되는 사이버물리 시스템(cyber-physical systems)에 토대하여 유연한 생산체계를 구현하여 다품종 대량생산이 가능한 생산 패러다임으로 진화하고 있다고 본다.

4차 산업혁명 논의는 특히 제조업 생산방식 변화를 핵심적으로 언급하고 있으며 이는 독일에서 시작된 인더스트리 4.0 개념과 밀접히 관련된다. 인더스트리 4.0은 제조업 혁신을 위해 독일 정부가 발표한 제조업 전략에서 유래하였다. 3차 산업혁명 시기의 자동화제어장치를 통한 공장자동화는 미리 입력된 프로그램에 의해 생산시설이 작동되는 것을 의미했다. 4차 산업혁명과 인더스트리 4.0에서는 생산설비 스스로 작업 방식을 결정하는 스마트 팩토리(Smart Factory)의 부상이 주목된다. 스마트 팩토리는 RFID(Radio-Frequency Identification, 무선신호를 이용해 원거리에서 정보를 인식하고 식별하는 전자태그), 센서, 증강현실 등의 ICT가 결합된 생산시설로서, 스마트메모리 등의 무선통신 등을 이용하여 설비, 자재, 상품이 각각 정보를 주고받아 스스로 생산, 공정 통제 및 수리, 작업장 안전 등을 관리하는 것을 말한다. 스마트 팩토리는 기계설비뿐만 아니라 소재·반제품에 센서와 메모리

그림 1 앙겔라 메르켈 독일 총리가 자동차 산업에서 사용되는 산업용 로봇의 혁신 기술 쇼케이스를 둘러보고 있다.

를 부착하여, 주문에 따라 설비에 가공한다. 즉 명령을 주면 생산 공정의 병목현상을 자가 진단해 유연하게 최적 생산 경로를 결정하여 작동한다. 아울러 메모리를 기계가 읽고 원료재고, 소비자 선호도, 공정 상태, 가공방향 등을 스스로 분석해 실시간으로 최적 경로를 계산해서, 현 시점에서 가장 효율적인 경로를 선택하고 적용한다. 이에 따라 고객 맞춤형 유연한 다품종 소량생산이 가능하며, 물류와 유통 현황이 실시간으로 파악되고, 제품의 사용 및 재활용 과정 추적조사 등으로 제품 전 주기에서 최적화 상태에 대한 검토가 가능해진다. 인더스트리 4.0은 원료조달, 물류, 생산, 유통 등 전 과정을 연결하는 지능형 자동화 생산설비를 갖춘 스마트 팩토리가 핵심이며, 이를 위해 사물인터넷, 사이버물리 시스템, 센서 등의 기반기술 개발이 필요하다.

스마트 팩토리를 중심으로 이루어지는 통합적 지능형 자동화 생산의 핵심 토대는 사이버물리 시스템(CPS)이다. CPS란 실세계와 IT가 긴밀하게 결합된 시스템으로 '사물·데이터·서비스의 현실세계와 가상세계와의 융합'이라고 정의된다. 2006년 미국과학재단(NSF)이 CPS 가능성과 과제 논의를 시작하고, 2009년에 연구지원 프로그램으로 연 300억 원의 예산을 투입하면서 주목받기 시작하였다. 이는 물리적 시스템이었던 기존 원료조달, 공정, 유통과정과 ICT의 가상적 시스템을 하나로 융합한 시스템을 구축하는 것이다. CPS는 각각의 생산설비를 네트워크로 연결할 뿐만 아니라 생산설비와 건물, 각종 ICT 시스템, 제품, 물류, 교통통신, 가정 등을 연결한다. CPS를 통해 물리적 공간이 데이터화되고 네트워크로 연결되면서 물리적 세계와 사이버 세계가 결합되고, 이들이 분석되고 활용되며 제어된다. 실제로 스마트 팩토리 뿐만 아니라 운송, 전력망, 의료 및 헬스케어, 국방 등에 이르기까지 광범위한 분야에 걸쳐 사이버물리 시스템 개발이 진행 중이며 이들 간의 상호 연결은 더욱 더 지능적이고 자동화되며 유연하고 신속한 생산을 가능하게 할 것으로 예상된다.

스마트 팩토리의
선두주자는 누구인가?

스마트 팩토리의 도입과 제조업 변화는 실제로 어느 정도 진행 중인가? 현재 4차 산업혁명 정책에 대한 자료는 많이 출간되고 있지만 기업 수준의 스마트 팩토리 현황에 대한 자료는 제한적이다. 2017년 초반에 이루어진 연구에 따르면 조사 대상 기업 중 미국 및 유럽 지역 제조업체의 경우 절반 정도가 이미 스마트 팩토리를 도입하고 있거나 곧 도입할 예정이며, 미국과 독일 기업이 가장 적극적인 것으로 나타나고 있다(Capgemini, 2017).

현재 광범위한 영역을 포함하는 사이버물리 시스템의 구축이 초보적으로 진행되는 가운데 스마트 팩토리의 핵심 요소인 산업용 로봇에 대한 통계가 스마트 팩토리의 구체적인 현황을 파악하는 자료로 활용되고 있다. 산업용 로봇은 1990년대 이후 본격적으로 도입되기 시작하였고 2010년 후반 이후 급증하고 있다. 전 세계적으로 볼 때, 1990년에 산업용 로봇 수가 45만 4000개에서 2010년 105만 9000개로 증가하였으며 2019년 258만 9000개로 증가할 것이 예측되고 있어 매우 빠르게 증가하고 있음을 볼 수 있다(World Robotics, 2016).

국가와 부문별로 보면 미국, 독일, 일본, 한국, 중국 등이 생산자동화, 산업로봇 활용에 가장 적극적이며 특히 자동차, 전자기기, 금속, 석유화학 분야에서 활발하게 도입되고 있는 것으로 나타나고 있다. 〈그

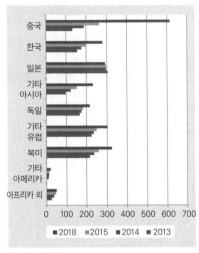

국가별 산업용 로봇 수(천 개)

부문별 산업용 로봇 수(천 개)

그림 2 국가별 부문별 산업용 로봇 현황
출처: UNCTAD(2016)

림 2〉에서 보듯 일본, 한국, 미국, 독일 등이 스마트 팩토리 도입의 선두주자이며 현재까지 자동차산업에서 가장 활발하게 이루어지고 있음을 알 수 있다.

스마트 팩토리를 가장 빠르게 도입하고 있는 기업 가운데 하나인 아디다스의 사례를 살펴보자. 독일에 본사를 둔 아디다스는 독일 내 임금인상으로 1993년 이후 모든 신발 제조공장을 중국, 베트남 등지로 이전했고 약 백만 명 정도의 인력을 고용하여 신발, 의류 등을 생산하고 있다. 2015년 아디다스는 독일 안스바흐에 '스피드 팩토리(Speed Factory)'를 설립하여 독일 안에서 신발생산을 시작하였고 현재 미국 애틀랜타에 또 다른 스피드 팩토리를 건설하고 있다. 스피드 팩토리는 센서, 로봇, 빅데이터, 인공지능 등 첨단 제조 기술을 동원하여 높은 품질의 제품을 빠르게 소비자에게 공급하는 것을 목표로 한다. 기존 공장에서 맞춤형 신발을 제작하려면 6주 정도 걸리는 반면, 안스바흐 공장에서는 6대의 로봇과 2개의 생산라인을 운영하면서 훨씬 더 적은 인력을 고용하여 하루에 주문과 생산을 완료하는 체제를 갖추고 있다. 현재 스피트 팩토리는 아디다스 전체 연간 생산물량 3억 6천만 켤레의 신발 가운데 백만 개 정도를 담당하고 있는 수준이다 (Financial Times, 2017. 4. 24). 여전히 아디다스에서 생산되는 대부분의 신발은 중국, 베트남 등의 저렴한 인건비를 활용한 생산시설에서 표준화된 제품의 형태로 대량생산되고 있다. 그러나 아시아 국가의 인건비 증가, 물류비용의 증대, 소비자 선호 변화 등의 환경 변화 속에서 보다 유연하고 빠른 스피드 팩토리의 장점이 부상하고 있으며 실제로 스피드 팩토리가 아디다스의 매출과 경쟁력 회복에 긍정적인 영향을 미치고 있어 세계의 주요 대도시를 중심으로 스피드 팩토리를 확산할 계획으로 알려져 있다.

기업들이 스마트 팩토리 설치를
확대하는 이유는?

기업들이 스마트 팩토리 설치를 확대하는 데는 몇 가지 요인이 복합적으로 작용하고 있다. 첫째는 현재 제조업 생산을 담당하고 있는 중국, 베트남 등 아시아 국가의 임금이 계속 상승하고 있다는 점이다. 많은 선진국 기업들은 1990년대 이후 진행된 세계화의 흐름 속에서 인건비가 싼 곳을 찾아 제품 생산과정 중 노동집약적인 생산 공정을 집중적으로 이전해 왔다. 중국은 지난 십년 동안 매년 약 10%대의 임금상승률을 보여 왔고 이미 많은 선진국 기업들이 더 저렴한 임금을 찾아서 중국을 떠나 미얀마, 방글라데시, 인도네시아 등으로 생산 시설을 이전하였다. 아시아 지역의 경제성장으로 이 지역 인건비가 다시 상승하면서 많은 제조업체들이 임금상승으로 인한 비용 증대에 대한 대안을 모색해야 하는 상황이다. 지능형 자동화 시설을 갖춘 스마트 팩토리는 초기 설치비용은 크지만 매우 적은 노동력으로 운영되기 때문에 임금 변화로부터 안정적이어서 선진국 기업에게 매력적인 대안으로 부상하고 있다.

둘째는 시장과의 거리 및 물류비용의 감소이다. 개도국으로의 생산시설 이전은 인건비 감소라는 이점에 반해 최종 소비지와의 거리 문제로 원료 조달 및 운송 등 물류비용의 증대를 가져왔다. 스마트 팩토리는 적은 노동력의 활용으로 주요 대도시 시장과 가까운 지역에 설립

될 수 있기 때문에 물류비용의 절감을 가져올 수 있다. 최종 소비가 이루어지는 곳에서 제품을 생산하면 주문 직후 바로 생산으로 연결되기 때문에 저장을 위한 창고비용이 감소되고 운송비용도 절감되므로 상품 재고를 줄이기 위한 할인도 줄어들어 영업이익률 개선에 기여할 것으로 예상된다.

셋째는 소비자의 취향 다양화에 대한 유연하고 신속한 대응이 가능하기 때문이다. 소비를 통해 자신의 정체성을 확인하는, 섬세하면서도 개성이 강한 개인 취향을 반영하는 소비문화의 전 세계적 확산 속에서 기존의 표준제품 대량생산(mass production) 체제로는 소비자의 새로운 요구에 대응하는 데 한계가 있기 때문에 제조업체들은 다품

그림 3 스마트 팩토리의 핵심 요소인 산업용 로봇은 2010년 후반 이후 급증하고 있다.

종 소량생산(small quantity batch production) 체제를 지향해 왔다. 기존 생산설비를 활용한 다품종 소량생산체제는 생산비용의 증대로 이어질 수밖에 없음에 반해 스마트 팩토리는 지능형 자동화 프로그램을 통해 생산설비의 유연하고 신속한 조정과 재조정을 통해 다양한 품종을 동시에 대량 맞춤생산(mass customization)하는 것이 가능하게 되었다.

사람들의 생활방식에 어떤 변화가 일어날까?

스마트 팩토리가 확산되면 제품 생산비용이 상대적으로 감소하면서 제품 생산 자체보다는 제품의 운영과 관련된 서비스 부문이 확장되고 전체 상품가치사슬에서 중요해질 것으로 예상된다. 예컨대 스마트 팩토리에 의해 자동차 생산이 이루어지면서 자동차산업이 현재 소재, 차체, 엔진 등을 생산하는 제조업 중심에서 센서, 액추에이터 등을 제조하고 통제하는 전자부품 업체와 소프트웨어 업체, 자율주행차 관련 서비스업 등으로 구성된 새로운 서비스업 산업 중심의 생태계로 변화될 것이다. 아울러 자동차가 단순 이동수단에서 외부와의 연결을 통해 다양한 정보통신서비스가 제공되는 복합 서비스 공간으로 변모되면서, 사무공간, 생활공간으로서의 개념이 확대될 것이다.

자동차, 전자제품, 의류 등 다양한 제품들이 스마트 팩토리에서 생산되면서 생산 현장의 구체적인 모습이 변화되는 것은 물론 산업 전체의 가치사슬이 재조정되고 나아가 기존의 놀이, 일, 생활방식에도 변화를 가져오게 될 것이다. 스마트 팩토리는 스마트 교통 및 운동, 스마트 그리드, 스마트 빌딩, 스마트 홈, 스마트 헬스케어, 스마트 도시 등 보다 다양한 공간이나 기능과의 연계가 불가피하다. 스마트 팩토리가 확산되면서 기존의 공장, 사무실, 도로는 물론 주택, 백화점 등 물리적 공간의 변화가 뒤따르게 될 것이다. 이와 함께 이러한 공간에서 거주하고 일하며 여가를 즐기는 사람들의 생활방식에도 많은 변화가 진행될 수밖에 없다.

　최근 빠르게 발전하고 있는 3D 프린팅이 일상적으로 활용되면 가정, 사무실 등에서 3D 프린팅으로 생활에 필요한 기본적인 물품을 바로 만들어 쓸 수 있는 시대가 도래할 것이고 이에 따라 제품 생산방식과 문화가 바뀔 것으로 예상된다. 3D 프린팅이 고도화되면 설비투자 비용이 절감되며, 별도의 부대설비 없이 누구나 혼자서도 각종 제품을 생산할 수 있어 1인 제조업이 활성화될 것이고 이것이 스마트 팩토리와 어떻게 결합되어 나갈지도 주목해 볼 필요가 있다.

스마트 팩토리의 확산은
직업구조와 고용 형태를 어떻게 바꿀까?

4차 산업혁명과 스마트 팩토리의 확산은 일자리 및 고용 감소로 이어질 것으로 예상되면서 우려가 제기되어 왔다. 4차 산업혁명으로 현재의 직업과 일자리를 기계가 대신하면서 일정부분 직업 및 고용 감소가 진행될 것임은 명백하다. 세계경제포럼은 4차 산업혁명이 일자리에 미치는 영향을 분석한 「일자리의 미래」라는 보고서에서 향후 5년간 전 세계 고용의 65%를 차지하는 주요 선진국 및 신흥국가 15개국에서 일자리 710만 개가 사라지고, 210만 개의 일자리가 창출되어 총 500만 개의 일자리가 감소할 것으로 전망하였다. 인공지능의 실제 활용이 확산되면서 그때그때 계약직에게 일을 맡기는 경제 형태인 '긱 이코노미(gig economy)'가 대세가 될 것이라는 예측도 존재한다.

반면 일자리의 미래에 대한 지나친 비관론을 우려하는 견해도 제시되고 있다. 경제협력개발기구(OECD)는 직업(job)이 아닌 직무(task)를 기준으로 분석한 결과를 제시하였다. 예컨대 소매 판매원은 직업 기준으로 보면 자동화로 인한 직업 대체 위험도가 92%나 되지만, 직무 기준으로는 업무 등 컴퓨터로 대체하기 어려운 작업을 하는 소매 판매원이 96%나 된다. 실제 컴퓨터로 대체가 가능한 인력은 4%에 불과하다는 것이다. 향후 일자리 창출에서 중요한 것은 사람의 직무를 재조정하고 기계와 사람이 협력하는 형태로 일자리를 재편하는 것이다. 4차 산업혁명 기술이 인간이 수행하는 모든 직업을 대체하지 못한다는 것은 명백하다. 부분적인 자동화가 진행되면서 오히려 새로운 직업이 창출될 가능성도 많다. 따라서 지능형 자동화 스마트 팩토리의 확산이 직업구조와 고용 형태를 어떻게 바꿀지에 대한 조심스러운 관찰과 분석이 필요하다.

이전의 산업혁명 시기에서는 소수의 자본가와 대규모 작업장에 고용된 다수의 임금노동자의 형태가 일반적이었음에 비해 스마트 팩토리가 일반화되는 시기에는 사이버물리 시스템의 기획과 실현 작업에 종사하고 투자하는 기술개발자, 소프트웨어 엔지니어, 자산가 측과 지능형 자동화장치와 인공지능 등의 원활한 작동을 지원하는 서비스직이 보편화될 것으로 보인다. 대니 로드릭(Dani Rodrik)에 따르면 서구에서 제조업에 기반한 산업화는 임금노동자의 고용 및 생산력 증대와 노동숙련도 및 소득 향상의 기회를 제공하였다(Rodrik, 2016). 이들이 중산층으로 성장하면서 서구 민주주의의 견고한 지지층을 구성하였다. 그러나 현재 기술발전으로 제조업이 자동화되고 고용 감소가 진행되면서 특히 개도국의 경우 선진국과 같은 산업화의 기회를 가지지 못한 채, 임금노동자들이 생산력이 낮은 서비스부문에서 고용이 급증하는 조숙한 탈산업화(premature industrialization) 현상이 진행되고 있어 우려의 여지가 있음을 지적하고 있다. 이들은 이전 산업혁명 시기의 임금노동자와 같이 안정적인 기반을 가진 숙련노동자로 성장할 기회를 가지지 못한 채 주로 주변적이고 불안정한 서비스직에 종사

이상적인 인재상

그림 4 지능형 자동화 스마트 팩토리의 확산이 직업구조와 고용 형태를 어떻게 바꿀지에 대한 조심스러운 관찰과 분석이 필요하다.

하게 되며 민주주의의 견고한 지지층으로 성장하기 어려운 형편이고 이로 인해 개발도상국의 정치발전을 낙관하기 어려운 실정이다. 유엔 무역개발회의(UNCTAD)는 특히 생산자동화의 속도가 국가별, 부문 별로 차이 나는 점에 주목하면서 생산자동화로 인한 개도국의 고용 및 소득 양극화에 대해 비관적인 전망을 내놓고 이에 대한 대응방안이 필 요함을 지적하고 있다.

개도국에 이전된 생산시설은
다시 선진국으로 돌아오게 될까?

20세기 후반 이후 생산과정의 세계화가 가속화되면서 특정한 유형의 노동분업 구조에 토대한 세계생산네트워크가 발전되어 왔다. 특정 상품의 생산과 관련된 전후방 연계(backward and forward linkage)를 통합적으로 밝히고 특정 상품의 생산과 관련된 지배구조를 파악하는 다양한 유형의 이론들이 등장하였다. 이들에 따르면 세계생산네트워크 내에서 높은 부가가치가 창출되는 신상품 개발을 위한 연구개발, 디자인, 그리고 브랜드 마케팅은 자본과 지식 측면에서 진입장벽이 매우 높아 선진국 기업들이 주로 수행하고 있고, 상대적으로 저부가가치 부문인 상품제조는 인건비가 저렴한 개발도상국 기업들이 맡고 있는 구조가 형성되어 왔다. 예컨대 직물/의류산업의 경우 직물 및 의류 브랜드와 마케팅은 이탈리아나 미국 기업이, 직물제조 기계류는 일본이, 원사 및 직물 제조는 한국, 대만, 중국이, 의류 제조는 인건비가 상대적으로 낮은 베트남, 방글라데시, 인도네시아 기업이 담당하는 양상을 보이고 있다.

세계생산네트워크에서 기업들은 원료조달이나 생산공정 일부를 타국 기업들에 의존하는 아웃소싱을 적극 활용하였고 이에 따라 원료 조달지나 생산지가 타국에 위치하는 오프쇼어링(offshoring) 현상을 흔하게 목격할 수 있었다. 스마트 팩토리의 확산으로 특히 자국 내의 높은 인건비 때문에 오프쇼어링 정책을 펴왔던 선진국 제조업체들이 생산설비를 다시 본국으로 옮기는 제조업 리쇼어링(reshoring) 현상이 가속화될 것으로 예상되어 왔다[학자에 따라 reshoring 대신 inshoring, onshoring, backshoring이라는 용어를 쓰기도 하지만 이 글에서는 reshoring으로 씀(Wiesmann et al., 2017)]. 이제까지는 저임금 개도국에 대규모 생산설비를 갖춘 공장이 세워지는 것이 일반적인 형태였다면, 향후에는 시장과 가까운 곳에 소규모 인력으로 운영되는 중소형 스마트 팩토리가 존재하는 것이 일반화될 것이며, 개도국에 이전된 생산시설 가운데 일부는 현지 시장을 위해 남겨지지만 대부분은 다시 선진국이나 시장 주변으로 돌아오게 된다는 것이다.

이미 미국에서는 제조업 강화 전략의 일환으로 최근 몇 년 전부터 리쇼어링 정책을 추진하기 시작했다. 이러한 제조업 리쇼어링 현상이 자국 일자리 창출에 실제로 얼마나 기여할 수 있을지는 논쟁적이다. 스마트 팩토리의 고용효과는 제한적이기 때문이다. 하지만 새로운 일자리창출에 직접 기여하지 못하는 경우에도 스마트 팩토리 기획, 장비 생산 및 설치, 운영과 관련된 산업들을 파생시켜 연관 산업을 활성화시킬 수 있을 것으로 예측된다.

현재 리쇼어링에 대한 연구가 활발하게 진행되고 있다. 선행 연구들에 의하면 리쇼어링은 선진국에서 이미 2010년 전후로 진행되어 왔으며 다양한 동기가 작용하는 것으로 알려져 있다(Fratocchi et als., 2016). 생산 자동화도 리쇼어링의 한 원인이기는 하지만 실제로 현재

표 1　리쇼어링 현황(2011-2014년)

투자 유출국가	리쇼어링 목적지			
	서유럽	북미	아시아 (중국 제외)	총계
중국	86	132	5	223
아시아 (중국 제외)	22	25	1	48
동유럽	44	1		45
서유럽	26	5		31
중남미	7	11		18
북아프리카 중동	6	1		7
북미	3	1		4
오세아니아		1		1
총계	194	177		377

출처: Fratocchi et als. (2016).

까지 이로 인한 리쇼어링은 그리 많지 않은 것으로 보인다. 2011년에
서 2014년까지 실제 리쇼어링이 이루어진 통계를 보면 주로 미국, 서
유럽(독일, 이탈리아) 기업들이 중국, 아시아, 동유럽 등으로부터 2011-
2014년 동안 각각 194건, 177건 리쇼어링한 것으로 나타나고 있다.

　그러나 많은 학자들은 오프쇼어링의 주요한 원인인 노동비용과
시장의 관점에서 볼 때 여전히 오프쇼어링의 이점이 많으며, 리쇼어
링이 빠른 시간 내에 전면적으로 진행되기 어려운 상황으로 보고 있
다. 즉 2015년 현재 미국 및 유럽 국가들과 중국, 인도의 시간당 제조

업 임금은 각각 독일 45.5달러, 미국 38.0달러, 일본 24달러, 한국 20.7 달러, 중국 3.3달러, 인도 1.7달러로 여전히 큰 차이를 보이고 있으며, 2030년 전체 소비 가운데 미국이 차지하는 비중은 10%, 일본 5%, 인도 25%, 중국 20%, 인도네시아 5%, 러시아 5% 등으로 예상되고 있음을 고려할 때 여전히 오프쇼어링이 당분간 지속될 것임을 예측해 볼 수 있다(Majumdar et als., 2016).

그럼에도 불구하고 각국의 4차 산업혁명과 제조업 변환을 위한 노력이 실질적으로 어느 정도의 리쇼어링으로 이어질 것이며, 이에 따라 과연 세계생산네트워크가 어느 정도로 조정 받을 것인지는 지속적으로 주목해 볼 필요가 있다. 아울러 스마트 팩토리가 인상적인 수준의 리쇼어링으로 이어지지는 않더라고 자동화된 물류공급과 생산시스템의 확대가 세계생산네크워크에 가져올 수 있는 다양한 변화들을 인지하고 예측하는 것이 요구된다.

스마트 팩토리 확산의 국제정치적 함의는?

현재 상황에서 확실한 것은 4차 산업혁명의 진행으로 제조업에서 노동집약적 부문이 축소되고 자본과 기술집약적인 부문이 강화되고 있으며 고용 잠재력 감소와 더불어 고용 형태의 변화가 불가피하다는 것이다. 이는 현재의 세계생산네트워크에 큰 변화를 가져올 것이며 특히 노동집약적 부문을 담당하고 있는 개도국들의 경제성장 전략에 큰 영향을 미치게 될 것이다. 현재 인더스트리 4.0의 생산자동화로 인해 노동 수요가 감소할 것으로 예측되면서 향후 노동시장과 고용 구조에 미치는 영향에 대한 논의가 진행 중이지만, 이제까지의 논의는 국내적 차원의 노동시장과 실업 문제 등을 중심으로 이루어져 왔다. 현재와 같이 상품의 생산이 글로벌한 차원에서 통합된 구조로 이루어지고 개발도상국들이 저임금에 기반하여 생산과정에서 노동집약적인 부분을 담당하는 구조에서 스마트 팩토리의 부상과 선진국의 인더스트리 4.0 전략은 중견국과 개발도상국의 발전에 지대한 영향을 미칠 수밖에 없고 이들 국가들의 경제발전 전략과 산업 정책의 대대적인 조정이 불가피한 상황으로 보인다. 그럼에도 불구하고 현재 인더스트리 4.0이 중견국과 개도국에 가져오는 변화와 대응에 관한 문제제기와 논의는 활발하게 이루어지지 않고 있는 실정이다.

스마트 팩토리의 확산과 이로 인한 생산성 향상으로 개도국 소비자들이 더 값싸게 제품을 소비할 기회가 제공될 수 있고, 개도국 시장 가까이에 설치된 스마트 팩토리는 개도국 소비자를 위한 대량 맞춤생산을 가능하게 하는 긍정적인 측면도 예상해 볼 수 있다. 그러나 현재와 같이 독일이나 미국 주도로 스마트 팩토리의 플랫폼 확장이 진행될 경우 개도국의 제조업은 선진국 기업들의 통제 속에서 더욱 더 이들에 의존할 수밖에 없게 될 것이다. 스마트 팩토리 중심의 생산과정과 고부가가치 부문에 개도국의 진입장벽은 더욱 더 높아질 것이며 개도국이 산업발전과 경제성장을 이끌어 갈 수 있는 기회의 창이 더욱 좁아지게 될 우려도 제기된다. 이제까지 개도국들은 저임금이라는 이점에 기반을 두고 세계생산네트워크 안에서 노동집약적인 부분에 진입하여 그 안에서 기술을 습득하고 경영학습을 통하여 산업발전과 경제성장을 이루어 왔다. 스마트 팩토리들로 이루어진 미래의 글로벌 생산네트워크에서 개도국이 진입하고 지속적으로 업그레이드할 수 있는 영역은 쉽게 눈에 띄지 않는다. 선진국 기업들의 통제가 더 강화되며 선진국 기업들과의 기술 격차가 더 벌어지는 상황에서 개도국이 어떤 방법으로 자국 경제와 산업을 발전시킬 수 있을지에 대한 논의가 필요하며 개도국과 선진국 경제를 균형 있게 발전시킬 수 있는 스마트 팩토리 플랫폼에 대한 고민도 시작되어야 한다.

현재 4차 산업혁명의 핵심기술인 사물인터넷, 빅데이터, 클라우드 컴퓨팅, 스마트 팩토리 등을 둘러싸고 미국, 독일, 중국, 일본 등의 경쟁이 치열하게 진행되고 있다. 스마트 팩토리의 경우도 확산되는 과정에서 기술 경쟁은 물론 운영이나 관리를 위한 표준 경쟁이 심화될 것으로 예상된다. 4차 산업혁명의 핵심기술과 표준을 둘러싼 국가 간 경쟁은 향후 세계 정치경제질서 구성의 핵심적 내용으로, 세계정치 패권을 둘러싼 경쟁으로 이어지게 될 것이다. 아울러 현재 4차 산업혁명의 중요한 자산인 빅데이터나 클라우드 컴퓨팅 등이 소수의 초국적 기업들에 의해 통제되고 이들 기업들의 세계정치적 권력이 보다 더 강력해지면서 기존 국민국가의 위상에 어떻게 도전하게 될지, 국가가 이에 어떻게 대응해 나아갈지 역시 세계 정치경제질서의 미래에 중요한 부분이다. 현재 진행 중인 4차 산업혁명과 제조업변화, 스마트 팩토리의 확산이 어떤 방식으로 어떤 국가에 의해 주도되는지에 따라 향후 세계 정치경제질서의 모습이 달라질 것이다.

제조업 변화에 대한 주요국의 대응 전략은?

각국은 4차 산업혁명 전략을 마련하고 스마트 팩토리를 확산하며 자국 제조업 경쟁력을 향상시키기 위해 노력하고 있다(이하 김승현 외, 2016 참조). 중국의 제조업이 급부상하면서 상대적으로 경쟁력이 약화되었던 선진국 제조업체들은 최근 4차 산업혁명을 주도하며 자국 제조업 경쟁력을 회복하는 한편 스마트 팩토리라는 새로운 플랫폼 부문의 창출과 새로운 시장 개척을 선도하고자 노력하고 있다. 선진국들의 제조업 육성정책의 대표적인 모델은 독일의 인더스트리 4.0 정책과 미국의 첨단제조파트너십 정책이다. 그리고 미국, 독일의 제조업 첨단화에 대응하기 위해 중국 제조 2025, 일본 재흥전략(再興戰略), 한국 제조업 혁신 3.0 전략 등이 뒤따라 발표되고 시행중이다.

주요 선진국들은 자국 제조업 경쟁력을 확보하고 스마트 팩토리

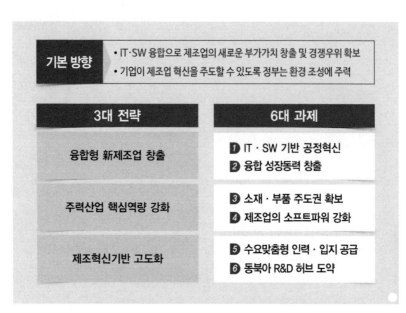

기본 방향	• IT·SW 융합으로 제조업의 새로운 부가가치 창출 및 경쟁우위 확보 • 기업이 제조업 혁신을 주도할 수 있도록 정부는 환경 조성에 주력

3대 전략	6대 과제
융합형 新제조업 창출	❶ IT · SW 기반 공정혁신 ❷ 융합 성장동력 창출
주력산업 핵심역량 강화	❸ 소재 · 부품 주도권 확보 ❹ 제조업의 소프트파워 강화
제조혁신기반 고도화	❺ 수요맞춤형 인력 · 입지 공급 ❻ 동북아 R&D 허브 도약

그림 5 창조경제 구현을 위한 한국의 제조업 혁신 3.0 전략(2014. 6. 26)

글로벌 시장을 선점하기 위해 다양한 전략을 마련하여 실행하고 있다. 독일정부는 2000년대 중반부터 독일의 첨단기술 발전을 지원하는 '하이테크 전략 2020' 전략하에서 10가지 핵심과제를 설정하여 추진해 왔고, 이 가운데 정보통신기술과 제조기술의 통합을 위해 채택된 전략의 일환으로 인더스트리 4.0 논의가 시작되었다. 독일은 현재 기계제조 분야에서 세계시장을 선도하고 있는 국가로서 기계제조와 IT 역량을 접목하여 스마트 팩토리 플랫폼을 주도하고자 한다. 이를 위해 정부, 산업계, 학계를 아우르는 범국가적인 민관합동 정책협의체로 플랫폼 인더스트리(Platform Industry) 4.0을 발족하였다. 독일은 인더스트리 4.0

과 표준화를 무기로 삼아 4차 산업혁명의 선두주자로 세계 제조업을 주도하고자 하며, 특히 2017년 차기 G20 의장국으로 신산업혁명을 연속성 있는 어젠다로 만들기 위해 중국과 긴밀히 협조하고 있다.

미국은 2011년부터 독일의 인더스트리 4.0과 양 축을 이루는 첨단제조파트너십(Advanced Manufacturing Partnership) 정책을 수립하였다. 이는 미국 제조업의 경쟁력 약화와 경제위기, 일자리 감소 등의 문제를 첨단 제조업으로 극복하기 위한 정책으로 R&D투자, 인프라확충, 제조산업 주체들 간의 협력 등을 토대로 제조업 전반의 활성화 및 변화를 도모하고자 한다. 또 제조업 분야의 기술개발을 보다 강화하기 위해 국가제조업혁신네트워크(National Network for Manufacturing Innovation, NNMI)를 발족시켰다. 이를 통해 민관파트너십을 구성하여 미국 전역 15곳에 제조업혁신센터(Manufacturing Innovation Institute, MII)를 설치하고 이들을 연결하여 효과적인 혁신네트워크를 구성하는 것을 주요 골자로 하고 있다.

일본은 2013년부터 '일본재흥전략'을 매년 발표하였고, 매해 갱신하여 왔다. 일본재흥전략 2015에서 처음으로 4차 산업혁명에 대한 직접적인 언급이 이루어졌다. 일본정부는 4차 산업혁명이 고령화에 따른 노동력 부족문제 등 다양한 사회적 과제를 해결할 수 있는 기회로 인식하고 있다

중국 제조 2025는 미국, 독일 그리고 일본 등 주요국의 제조혁신 전략에 대응하기 위한 전략이다. 중국 제조 2025는 제조업의 종합경

쟁력을 2025년에 독일과 일본 수준으로 끌어올리고, 2045년에서는 세계 최대의 제조강국이 되겠다는 목표를 제시하고 있다. 중국은 독일의 자문 및 협력을 통해 세계생산기지를 넘어 첨단 제조기술을 발전시키기 위해 중소기업과 생산기술력, 생산기술인력 등에 집중하고 있다. 정보통신기술과 스마트제조(Smart Manufacturing) 등을 가장 우선적 분야로 설정하고 글로벌 경제에서 제조혁신과 도약을 위해 영역 간 파격적인 글로벌 협력을 추진하고 있다. 또한 중국은 2015년 인터넷플러스정책을 발표하고 모바일 인터넷과 클라우드/빅데이터, IoT 등의 기술과 기존 제조업 및 경제사회 각 분야를 융합하여 이를 통해 신성장동력을 창출하고 글로벌 시장을 개척하기 위해 노력하고 있다.

4차 산업혁명과 한국 제조업의 미래전략은?

한국의 경우 국내 산업에서 제조업이 차지하는 비중이 30% 정도 되는 상황에서 4차 산업혁명에 대한 대응 논의가 중요하다. 선진국 G7은 부가가치 형성에 기여하는 제조업의 비중이 축소되는 탈산업화를 겪고 있는 데 반해, 한국은 제조업의 비중이 여전히 중요하다. 세계 총 부가가치 대비 제조업 비중이 1970년대 25.7%에서 2014년 16.5%로 감소한 데 반해, 우리나라의 경우 동 기간 17.5%에서 30.3%

으로 오히려 증가했다(현대경제연구원, 2016). 제조업 총 생산액에서 차지하는 단일 업종별 비중이 10%가 넘는 '주력 제조업'의 개수도 미국 2개, 독일 2개에 비해 한국은 5개로 나타나, 선진국에 비해 소수품목에 대한 의존도도 매우 높은 수준임을 알 수 있다. 국민경제에서 제조업, 특히 첨단제조업이 차지하는 비중이 높은 데도 불구하고 고부가가치 첨단제조업의 부가가치 증가율은 그다지 높지 않은 것으로 나타나고 있다. 미국 경쟁력위원회가 밝힌 한국의 제조업 경쟁력지수는 2010년 3위, 2013년 5위, 2018년 6위로 점점 하락하고 있다. 한국 제조업의 미래에 대한 고민은 이미 오래전부터 시작되었으나 4차 산업혁명의 진행으로 더욱 빠르게 기존 주력산업인 제조업들이 위기에 직면하고 있는 상황에서 한국 제조업 변화를 위한 본격적인 고민과 모색이 필요한 시점이다.

최근 정부나 기업을 중심으로 4차 산업혁명과 한국 제조업에 대한 논의가 활발하게 이루어지고 있다. 한국정부는 2014년부터 '제조업 혁신 3.0' 전략을 추진해 왔고 스마트제조 R&D 중장기 로드맵, 지능정보산업 발전전략, 국가전략 프로젝트를 마련해 왔다. 미국, 독일 등에서 인더스트리 4.0 논의가 제조업 경쟁력을 회복하고 국내 고용 증가를 도모하는 한편 스마트 팩토리 플랫폼 선점에 초점이 맞추어져 있다. 한국의 경우 세계 수준의 경쟁력을 가진 국내 주력 제조업의 경쟁력을 유지하고 성장을 지속하는 핵심적 이익이 걸린 부분이다. 한국 제조업의 경쟁력 강화를 위해서는 각 산업 내 혹은 작업장 단위에서 스마트 팩토리를 어떻게 구현할 것인지의 세부적인 논의도 중요하지만 보다 총체적인 관점에서 산업구조와 제조업 변환의 비전과 전략이 마련되어야 한다.

4차 산업혁명 시대의
세계 무역·금융질서

조화순 연세대학교

4차 산업혁명은 무역과 금융을 어떻게 바꾸고 있으며, 이러한 변화가 세계 정치·경제질서에는 또 어떤 영향을 미칠까? 먼저 4차 산업혁명은 과거의 기술변화와 어떻게 다른지 설명하고, 무역과 금융의 구체적인 변화 사례를 살펴본다. 그리고 초국경적 네트워크를 통한 무역 및 금융의 발달은 기존 주권국가 중심의 배타적 권리행사와 국내법 적용의 한계를 드러내고 있는데 이러한 문제를 다루기 위한 국제적 논의를 소개할 것이다. 4차 산업혁명은 관세, 데이터의 이동과 개인정보 보호, 소비자 보호, 지적재산권 문제를 제기하며 세계 무역·금융질서와 관련한 글로벌 거버넌스의 필요성을 제기하고 있으나 국가 간의 다른 이해관계로 인해 갈등의 원인이 되고 있음을 논의한다. 마지막으로 4차 산업혁명의 구조적 변화 속에서 한국의 발전전략은 무엇인지 생각해 본다.

· 4차 산업혁명은 무역과 금융을 변화시킬 것인가
· 4차 산업혁명은 과거의 기술변화와 다른가
· 무역과 금융의 변화 사례는
· 4차 산업혁명을 다루는 글로벌 질서는 어떤 것이 있는가
· 미래 형태의 무역에 관세는 어떻게 부과할 것인가
· 자유로운 데이터의 이전인가, 개인정보 보호인가
· 전자상거래에서 소비자는 누가 어떻게 보호할 것인가
· 4차 산업혁명 시대에 지적재산권 질서는 변화할 것인가
· 4차 산업혁명 시대에 세계 무역·금융질서의 특징은
· 4차 산업혁명과 한국의 전략은

4차 산업혁명은
무역과 금융을 변화시킬 것인가?

　4차 산업혁명은 디지털 혁명을 기반으로 모바일 인터넷, 더 작고 강력한 센서, 인공지능과 기계학습 등이 불러오는 일련의 변화를 일컫는다. 4차 산업혁명의 정의는 다양하지만, OECD에서는 사물인터넷, 3D프린팅, 로봇 기술을 포함한 디지털기술, 바이오 및 나노기술에 기반을 둔 신소재, 인공지능, 유전공학 등을 포함한 차세대 생산 혁명(Next Production Revolution)을 명명해 4차 산업혁명이라 부르고 있다.

　이러한 4차 산업혁명에 대한 논의가 본격적으로 주목받기 시작한 것은 2016년 1월에 열린 46회 다보스포럼에서 '4차 산업혁명의 이해(Mastering the Fourth Industrial Revolution)'라는 주제로 새로운 기술의 등장에 따른 정치사회적 변화에 대한 논의가 진행되면서부터이다. 이듬해 1월에 개최된 47회 다보스포럼에서는 소통과 책임의 리더십(Responsive and Responsible leadership)이라는 주제로 4차 산업혁명과 국제무역질서에 대한 논의가 진행되었다. 이 회의에서는 4차 산업혁명이 본격적으로 논의되었고, 보호무역주의의 확산, 성장둔화 및 불확실성의 증가, 민주주의 붕괴와 국가주의와 같은 인기영합적인 정치세력의 증대, 기후변화에 대한 대응 실패 등 글로벌 무역의 위험요소를 지적하고 있다(World Economic Forum 2017, 4-59).

디지털 기술의 비약적 발전과 융합은 국가 간 무역과 금융에서 거리(distance)와 국경(border)의 개념을 바꾸어 놓고 있다. 진일보한 기술의 발전과 융합은 인터넷과 클라우드 시스템을 통해 제조, 구매, 판매, 운송 등이 초국경적으로 이루어질 수 있다는 것을 의미한다. 무역 및 금융에 필요한 과정이 하나의 네트워크로 연결되는 글로벌 전자상거래는 이미 페이스북, 트위터, SNS로 연결된 네트워크 곳곳에서 그 영향력을 입증하고 있다. 또한 빅데이터, 사물인터넷, 인공지능 시스템 기술과 산업의 융합은 상품의 생산성을 향상시키고, 원가를 낮추며, 소비자의 편익을 극대화시키고 있다.

독일의 인더스트리 4.0에서는 인공지능과 빅데이터를 활용한 스마트 제조공정이 상용화 단계에 접어들고 있으며, 알리바바, 아마존, 이베이 등 글로벌 전자상거래 기업들은 거래의 전 과정이 전자적으로 이루어지도록 하고 있다. 글로벌 금융의 영역도 4차 산업혁명의 기술

그림 1　4차 산업혁명에 대한 논의가 본격적으로 주목받기 시작한 것은 2016년 1월에 열린 46회 다보스포럼에서 '4차 산업혁명의 이해'라는 주제로 새로운 기술의 등장에 따른 정치사회적 변화에 대한 논의가 진행되면서부터이다. 사진은 2017년 다보스포럼 현장.

을 통해 신용정보 관리, 대출 및 결제시스템을 하나의 시스템으로 연결하고 있다. 이러한 기술을 이용한 스마트 공장의 설립과 전자상거래 및 전자금융 네트워크의 발달은 4차 산업혁명이 가져올 거대한 변화의 작은 실마리를 제공할 뿐이다.

　네트워크를 통한 상거래의 가속화는 생산자와 소비자가 모두 생산자 겸 소비자의 형태를 띠는 소위 프로슈머(prosumer) 네트워크를 형성시키고 있고, 구글과 같은 거대 기업은 세계적 플랫폼을 통해 세계 소비자를 대상으로 검색, 생산과 판매, 유통 네트워크를 생성하고 있다. 기업의 이익을 극대화하기 위한 기업 간 제휴는 세계적 무역과 금융을 촉진하기 위한 주요한 방법으로 간주되고 있으며, 다국적 기업은 글로벌 네트워크를 더욱 강조하고 있다.

4차 산업혁명 시대에는 인공지능, 사물인터넷, 무인 운송수단, 3D 프린팅, 로봇공학, 빅데이터 등 새로운 기술이 단순히 과학과 산업의 영역을 넘어 인간의 삶과 직접 연결된다. 예를 들어 4차 산업혁명은 로봇의 사용을 보편화할 것으로 예상되고 있는데, 로봇이 인간의 노동을 대체한다면 인간들이 일자리를 잃을 것으로 예상되고 있다. 4차 산업혁명은 인간의 삶을 편리하게 하고 기업의 효율성을 증가시킬 것으로 예상되지만 성찰이 없는 기술의 발전은 인간 세계의 문제를 더욱 악화시킬 수 있다. 각 국가마다 상이한 규범과 법제도를 가지고 있는데 이것이 조화되지 못하는 경우 사이버공간에서 일어나는 문제들을 해결하기 어려울 것이다. 4차 산업혁명을 통해 세계적 무역과 금융의 네트워크가 구축된다면 영토에 기반을 둔 근대국가의 제도와 법은 그 적용의 한계를 노정할 수밖에 없다. 국경을 초월해 연결된 네트워크와 시스템의 발달은 국제무역과 금융을 관리해 오던 국가중심적 제도를 넘어 다양한 행위주체, 즉 기업, 국제기구, 국가와 같은 이해당사자의 참여와 이해를 반영하는 제도와 규칙을 요구하고 있다.

그러나 4차 산업혁명을 위한 새로운 국제질서는 자국에게 보다 유리한 경제질서를 형성하려는 국가 간의 경쟁과 첨예한 갈등을 보이고 있다. 국제사회는 세계 시민들에게 민주적이고 안정적인 미래가 아니라 국가 간의 경쟁과 이익추구의 갈등을 드러내며 구조적 변화기의 혼란과 긴장을 더욱 확대할 것이다. 4차 산업혁명이 가져오는 국제무역과 금융의 변화에는 어떤 것이 있고, 영토적 주권을 기반으로 수립된 근대국가체제의 한계는 무엇인지 살펴보자.

4차 산업혁명은 과거의 기술변화와 다른가?

4차 산업혁명은 이전의 산업변화를 통해서 인류가 겪어온 변화와는 구분되는 혁명적인 변화를 가져올 것으로 예견되고 있다. 4차 산업혁명은 과거 1·2·3차 산업혁명과 구분되는 특징을 가지고 있기 때문에 그 변화의 속도(Velocity), 범위와 깊이(Breadth and Depth), 시스템 충격(System Impact)은 거대할 것으로 예상되고 있다.

첫째, 4차 산업혁명은 기존 1·2·3차 산업혁명과 달리 빠른 진행속도와 강한 파급력을 가지고 있다. 산업혁명은 1차 산업혁명에서 2차 산업혁명까지와 2차에서 3차까지 약 100년이 소요되었지만, 3차 산업혁명에서 4차 산업혁명으로 넘어가는 현 시점에서 기술의 혁신속도는 더욱 빨라지고 있다. 이는 인류가 4차 산업혁명이 주는 파급력에 적절히 대비할 수 있는 제도와 조직을 만들 시간적 여유가 충분하지 않다

표 1 산업혁명과 무역·금융의 발전단계

	1차 산업혁명(1784년)	2차 산업혁명(1870년)
정의 및 특징	증기기관 및 면직기와 같은 기계적 생산이 가능해진 시기. 인간의 노동력이 기계로 대체되기 시작	전기에너지와 조립생산을 활용해 대량생산이 가능해진 시기
기술	증기기관, 면직기	전기에너지
무역	생산성의 증가와 중상주의의 기치 아래 국제무역 활성화되기 시작	대량생산을 바탕으로 국제무역의 발달. 전후 영국에서 미국으로의 무역 헤게모니 전환과 미국을 중심으로 세계화의 시작
금융	산업혁명을 통해 축적된 부를 토대로 은행의 발달 및 근대적인 금융제도 성립. 로스차일드가의 채권시장 형성 등 국제금융업 발달을 위한 토대 형성	브레튼우즈체제 성립. 금융의 세계화. 선진국을 중심으로 금융업 발달

출처: Union Bank of Switzerland. 2016. *Extreme automation and connectivity: The global, regional, and investment implications of the Fourth Industrial Revolution*(Davos: Union Bank of Switzerland), pp. 10-13와 송경진 역, 클라우스 슈밥 편. 2016. 『클라우스 슈밥의 제4차 산업혁명』(서울: 새로운 현재), pp. 24-25에서 수정.

는 것을 의미한다.

둘째, 4차 산업혁명은 디지털 혁명을 기반으로 범위와 깊이 측면에서 우리가 경험한 적이 없는 패러다임 전환을 유도한다. 4차 산업혁명은 개별적 기술 발전이 아닌 기술의 융합을 통해 포괄적인 변화를 야기하고 있어 그 변화 결과에 대해 인간이 예측하고 대비하는 데 한계를 가지고 있다.

3차 산업혁명(1969년)	4차 산업혁명(2016년)
정보통신 기술을 토대로 전자기기를 활용한 생산이 가능해지고, 제조업의 자동화를 이룸. 특히, 인터넷과 모바일 등 다양한 ICT산업이 발달. 정보화시대 또는 디지털 혁명시대라고 불림	디지털 혁명을 토대로 기존 산업과 새로운 기술이 융합되어 연결성과 자동화가 극대화되기 시작한 시기
컴퓨터, 인터넷, 모바일	빅데이터, 인공지능, 클라우드, 바이오기술, 사이버물리 시스템(Cyber Physical System), 3D 프린팅, 나노기술, 바이오기술 등
WTO와 같은 초국적 국제무역기구의 등장과 디지털 혁명으로 인한 전자상거래의 등장과 발달	클라우드 시스템을 통한 초연결 사회. 무역도 인터넷을 통해 연결됨. 국경 간 전자상거래의 확장
전자금융의 발달. 금융의 전산화 및 인터넷을 통한 금융 거래 발달. 인터넷 뱅킹, 모바일 뱅킹 등이 보편화	핀테크, 로보어드바이저(Robo-Advisor), 로봇은행원 등 새로운 기술과 금융의 접합. 비트코인 등 가상화폐 등장

셋째, 4차 산업혁명은 국가 간, 기업 간, 산업 간, 사회 시스템의 전반적인 변화를 의미한다(클라우스 슈밥, 송경진 역, 2017, pp. 12-13). 인터넷을 매개로 산업 간 경계가 허물어지고, 실업 문제와 같이 새로운 기술과 로봇이 인간을 대체함으로써 야기될 정치·사회·경제적 이슈들이 많지만 이러한 시스템적 변화에 적절히 대응하는 것은 쉽지 않다.

4차 산업혁명 시대는 기술, 정보, 아이디어가 기업의 이익과 직결된다. 기업의 제품이 가진 경쟁력도 중요하지만 이러한 제품을 거래할 플랫폼의 선점이 보다 의미를 가진다. 구글, 애플, GE, IBM, 아마존, 알리바바 등의 기업들은 플랫폼을 선점하고 신기술과 정보를 활용해 4차 산업혁명 시대의 시장을 주도하기 위해 경쟁하고 있다.

구글은 인공지능을 활용한 알파고, 애플은 인공지능 시스템인 시리(Siri), GE는 디지털 트윈(digital twin), IBM은 인공지능 컴퓨터 왓슨(Watson), 아마존은 알렉사, 무인점포 아마존고(Amazon Go), 무인로봇 키바(kiva), 빅데이터를 활용한 추천시스템인 A9, 알리바바는 가상현실(VR) 쇼핑 및 결제, 드론을 통한 배송을 가능하게 해 급속도로 발전하는 기술을 활용한 서비스를 선보이고 있다. 따라서 4차 산업혁명 시대에는 혁신을 통한 시장진입 주기의 단축, 개인의 선호에 입각한 맞춤시장의 확대, 생산 공정의 통합, 그리고 예측 불가능한 시장이 일반화될 것으로 예견된다. 혁신적인 아이디어로 인한 새로운 시장 발굴 및 시장 소멸 등이 이전과 비교될 수 없을 만큼 쉽고 빠르게 진행될 것이다.

〈표 1〉은 1차 산업혁명부터 4차 산업혁명까지의 기술적 변화 및 무역·금융에 대한 변화과정을 요약하고 있다. 산업혁명이 노동력 기반의 농경사회를 자본과 기술이 중심이 되는 사회로 전환시켰다면 4차 산업혁명이 주도할 사회는 정보와 지식이 이익창출과 사회조직의 기반이 되는 사회이다. 비즈니스 현장에 도입되고 있는 새로운 기술들은 기존 산업사회에 기반을 둔 국가 간 무역과 금융을 위한 제도와 규

칙의 변화를 불가피하게 한다.

무역과 금융의
변화 사례는?

4차 산업혁명을 통한 비용 절감과 생산성 향상, 이익 증가의 가능성은 기업과 금융회사의 적극적인 기술 도입을 가속화하며 초국경적 무역과 금융의 네트워크를 발전시키고 있다. 4차 산업혁명은 극도의 자동화(automation)와 연결(connectivity)을 가능하게 한다. 검색, 보안, 전자결제, 물류 등이 상호 연계된 플랫폼을 통해서 국경을 넘어 상품의 생산, 광고, 판매, 분배를 추구할 수 있고 거래행위는 물리적 공간의 제약을 초월할 수 있게 되었다.

소비자는 인터넷 인프라를 통해 기업 및 판매자와 연결되며 물리적 재화뿐만 아니라 디지털 음원이나 책과 같은 전자적 전송물을 구매한다. 소비자와 생산자가 네트워크를 통해 생산, 교환, 소비가 이루어지는 소위, 기업과 기업(Business-to-Business), 기업과 개인(Business-to-Customers)의 거래는 현재보다 더욱 보편화될 것이다.

인터넷 플랫폼을 가진 기업들은 점차 시장에서 물류망 네트워크를 구축하는 데도 관심을 가지고 있다. 예를 들어 아마존은 기존의 물류 네트워크가 아니라 중국과 인도 같은 지역에서 유럽과 미국으로 직접 제품을 배달하는 자체 글로벌 물류 네트워크를 구축하는 데 관심을 가지고 있다. 소비자들은 해외의 판매 네트워크를 통해서 필요한 물품을 구매하고 기업은 초국적 차원에서 네트워크를 통해 다양한 정보를 관리하며, 세계시장의 소비자들을 그 대상으로 하고 있다. 이러한 전자상거래는 단순히 웹사이트를 통한 거래뿐만 아니라 검색, 포털 사이트와 밀접하게 연동되며 발전하고 있어 4차 산업혁명 시대에는 디지털화된 재화와 더불어 유무형의 재화와 서비스가 글로벌 플랫폼을 통해 거래될 것이다. 실제로 전자상거래는 국제무역에서 차지하는 비중이 지속적으로 증가해 왔다.

4차 산업혁명 시대의 기업은 새로운 형태의 기업 활동을 모색할 것이다. 산업화 시대의 기업은 저임금을 찾아서 다른 국가로 이동했지만 생산이 보다 자동화되고 로봇이 생산에 참여하는 4차 산업혁명 시대에는 기업의 생산공장이 모국으로 회귀하는 소위 리쇼어링(reshoring)이 나타날 가능성이 크다. 4차 산업혁명을 통한 제조업의 혁신은 생산원가의 절감을 가능하게 하고 저임금 저숙련 노동자를 대체할 수 있기 때문에, 원가의 절감을 위해 저임금 국가로 진출할 필요가 없다. 이미 GE(중국과 멕시코에서 미국), 인텔(중국에서 미국), 캐터필러(일본에서 미국), 포드(멕시코에서 미국), 보잉(일본에서 워싱턴), 혼다(베트남과 홍콩에서 일본), 파나소닉(중국에서 일본)과 같이 본국으로 이전하거나 이전 계획을 발표하는 기업이 늘어나고 있다. 이러한 현상은 궁극적으로 선진국의 자유무역에 대한 필요성을 감소시키고 선진국을 중심으로 한 무역 블록화를 촉진할 것이다.

수요와 공급의 원리에 의해 자금 거래가 형성되고, 금리체계가 결정되는 금융시장은 국부(national wealth)의 관리와 밀접하게 연관되어 있다는 점에서 금융산업이 태동된 이래로 전 세계 국가의 주요 관리대상이 되어왔다. 특히, 제1차 세계대전 종전 이후 수립된 금본위제와 제2차 세계대전 종전 이후에 수립된 금태환제의 경험 속에서 각 국가들은 통화체제에 대해 잠정적으로 공통의 원리와 원칙, 규범을 생성해 왔다. 세계화를 통해 국경을 넘어 금융거래가 활발해지기 시작하자 급증하는 외환거래의 문제가 근대국가의 중요한 과제로 대두되었다. 1973년 이후 각 국가의 통화체제는 변동환율제를 통해서 관리되고 있는데 4차 산업혁명은 세계금융과 통화체제에 아래와 같은 변화를 예고하고 있다.

먼저 4차 산업혁명 시대에는 초국적 금융 네트워크를 토대로 핀테크, 로보어드바이저, 비트코인, 크라우드 펀딩이 가능한 새로운 금융 생태계가 발달하고 있다.

핀테크는 금융(finance)과 기술(technology)의 합성어로 송금, 결제, 서비스, 투자, 대출 등 다양한 부문에서 기술의 발전이 창출한 산업을 의미한다. 핀테크는 빅데이터, 인공지능과 결합되면서 다양한 형태가 등장해 미국을 비롯해 영국, 유럽, 중국 등에서 급성장하고 있다. 페이스북은 2011년 미국에서 화폐서비스 허가를 얻는 데 성공하였고, 이베이, 아마존, 애플, 벤모(Venmo), 브레인트리(Braintree), 렌딩클럽

(LendingClub) 등 미국계 IT기업들은 금융 분야로 사업을 확장하고 비트코인과 같은 가상화폐, 크라우드 펀딩 등을 등장시키고 있다.

2008년 글로벌 금융위기 이후 미국을 중심으로 발전한 로보어드바이저는 로봇이 투자자문을 해주는 것으로 알고리즘, 빅데이터 분석 기술을 이용해 온라인 자산관리를 해주는 서비스인데 이는 금융투자자문회사와 금융투자를 거래하는 증권사의 변화를 불가피하게 할 것이다.

비트코인은 2009년 사토시 나가토모가 개발한 가상화폐로 최근 블록체인의 기술이 발달함에 따라 급성장하고 있다. 비트코인을 이용한 금융거래는 P2P(Peer to Peer · 개인 대 개인) 기반 분산형 데이터베이스에 의해 이루어지며, 개인들은 각각 부여받은 고유 주소를 이용하여 거래에 참여한다. 화폐의 발행주체와 관리주체가 존재하지 않는 비트코인은 중개자, 서비스 제공업체와 사용자의 새로운 시장을 형성하며 국가 발행 통화체제를 위협하고 있다. 비트코인은 2015년에 약 200억 달러 정도가 사용된 것으로 알려져 있으나 10여 년 뒤에는 세계 총 생산의 10%가 가상화폐 형태로 사용되고 저장될 것으로 예측되고 있다.

크라우드 펀딩은 웹, 모바일, SNS 등을 활용해 불특정 다수로부터 소액의 투자기금을 모금하는 형식으로, 미국의 인디고고(Indiegogo)가 대표적인 크라우드 펀딩 기업이다.

페이팔(paypal), 구글 월렛(google wallet)과 같은 온라인 국제전

그림 2 4차 산업혁명 시대에는 초국적 금융 네트워크를 토대로 핀테크, 로보어드바이저, 비트코인, 크라우드 펀딩이 가능한 새로운 금융 생태계가 발달하고 있다.

자결제시스템이 구축되고 있으며 국제인증시스템을 통해 전자결제를 지원하고 있다. 화폐의 발행과 금리의 조정, 외환관리 등의 통화정책을 통해 시중에 유통되는 통화를 관리해 오던 국가는 이처럼 4차 산업혁명과 기술발전의 변화 속에 새로운 과제들과 마주하게 되었다.

4차 산업혁명에 기반을 둔 무역과 금융 네트워크의 발달은 산업사회의 기업과 국가가 무역과 금융을 통해 추구해 온 이익의 원천에 대한 변화를 의미한다. 글로벌 무역과 금융 네트워크가 어떤 기업과 국가에 의해 주도되는지에 따라 미래 경쟁력이 달라지기 때문에 이들을 선점하고 장악하기 위한 기업과 국가의 치열한 경쟁이 진행되고 있다.

4차 산업혁명을 다루는 글로벌 질서는 어떤 것이 있는가?

　　디지털 기술의 진보가 전자무역과 전자금융을 태동시켰다면 4차 산업혁명 시대에는 연결성과 디지털화가 보다 진일보한 형태의 무역과 금융 질서를 등장시킬 것이다. 초국경적 네트워크를 통한 무역 및 금융의 발달은 기존 주권국가 중심의 배타적 권리행사와 국내법 적용의 한계를 드러내고 있어 WTO, OECD, G20, IMF 등 기존의 무역과 금융을 관리해오던 다자적 국제기구 혹은 기업의 탈근대적 네트워크를 통해 협력이 모색되고 있다.

　　국제 무역과 금융 질서는 초국가적인 기구와 제도를 통해 대부분의 규칙이 만들어지고 있는데 그 네트워크는 다층적인 구조를 가지고 있다.

　　첫째, 세계무역기구(WTO), 국제통신연맹(ITU), 유엔국제무역법 위원회(UNCITRAL) 및 세계지적재산권기구(WIPO)를 통해 기존 국가 간 협의된 제도와 법을 새로운 형태의 거래에 조화시키기 위한 논의를 진행하고 있다. WTO는 기본통신 및 무역과 관세 등 전자상거래 전반에 관해 다루고 있고, ITU는 표준과 보안문제, UNCITRAL은 무역 관련 법의 통일과 전자서명, WIPO는 지적재산권 및 특허를 담당한다.

　　두 번째는 경제협력개발기구(OECD), 유엔무역개발회의(UNC-TAD), 유럽연합(EU), 아태 경제협력체(APEC) 등 지역이나 국제협력

기구들에서 다양한 무역과 금융 이슈를 논의하는 것이다. OECD는 전자상거래와 관련된 국제논의가 가장 활발한 국제기구로 조세, 소비자 보호, 보안 및 표준 등을 다루고 있다.

세 번째는 국제인터넷주소관리기구(ICANN), 월드와이드 웹컨소시엄(W3C), 로제타넷(Rosetta Net) 등의 비정부기구가 정부와 기업 및 비영리조직과 협력하는 것이다. 비정부기구는 관련 회사들이 인터넷을 통하여 거래를 수행하기 위해 연합 컨소시엄을 구성하는 경우가 부분이다. SWIFT(Society for Worldwide Inter-bank Financial Tele-communication), 볼레로(Bill of lading Electronic Registry Organiza-tion, Bolero)는 국제간의 대금결제 등에 관한 데이터통신의 네트워크를 기획하고 운영하는 것을 목적으로 하고 있다(조화순 2006a: 372-373).

이러한 협력 네트워크를 통해서 전자적 전송물에 관한 관세문제나 지적재산권 문제, 소비자분쟁 해결의 도입과 개인정보 보호 및 데이터 전송에 관한 다양한 형태의 논의가 진행되고 있다. 금융부문에서는 비트코인, 로보어드바이저, 크라우드 펀딩 등 새로운 금융의 영역에 대한 협력방안이 논의되고 있다. 2017년 다보스에서 열린 세계무역기구 통상장관회의(WTO Ministerial Gathering)에서는 '국경 간 전자상거래 가이드라인' 작성에 대한 논의가 있었다. 이 가이드라인은 수출입신고 절차 간소화 도입, 소액 해외배송화물에 대한 면세, 교환·환불 관련 표준약관 제정 등 합의가 비교적 용이한 상품분야에서의 국가 간 합의를 목표로 한다. 국경 간 전자상거래 가이드라인의 필요성은 B2C(Business to Customer) 시장의 성장과 함께 G20 통상장관회의, 오슬로 WTO 통상장관회담, APEC 각료회의 등에서 강조되었다.

디지털 싱글마켓을 만들기 위한 국가 간 협력은 지역 중심으로도 진행되고 있다. EU집행위원회는 디지털 단일시장 수립계획을 발표해 EU 회원 국가들을 중심으로 디지털 상품·콘텐츠·서비스 시장을 통합하겠다고 선언하였다. 동아시아에서 한국, 중국, 일본은 역내 전자상거래 활성화를 목표로 디지털 싱글마켓 계획을 발표하였다. 한·중·일은 배송, 결제, 교환 등과 관련된 규제와 표준 통합, 공공 및 민간 분야에서의 정보공유, 삼국 간 공동연구, 단일전자화폐 등을 통해 역내 디지털 시장을 활성화하고자 하였다. 미국은 TPP, TTIP, NAFTA와 같은 지역별 다자간 자유무역협정을 통해 전자적 전송물에 대한 비차별 원칙, 데이터 자유화 등을 명문화하여 디지털 시장을 만들고자 한다. 이러한 지역 중심의 디지털 단일시장은 디지털 상품의 국경 간 장벽을 허물어 역내 전자무역 확산에 기여할 뿐만 아니라 전자결제, 단일 전자화폐를 사용한 전자무역금융을 강화시킨다. 4차 산업혁명이 연결성과 디지털화를 강조한다는 점에서 시장의 통합은 디지털 경제의 강화와 확산에 기여할 것이다.

전자금융에 관한 다양한 글로벌 차원의 협의도 진행되고 있다. 더블린에 본사를 두고 있는 이커런시민트(eCurrency Mint)는 약 300여 개 국가의 중앙은행과 전자화폐 유통에 대한 기술적 논의를 진행하였고, IMF는 전자화폐에 투자할 것을 각국 중앙은행에 권고하였다. 영란은행(Bank of England, BOE), 캐나다 중앙은행(Bank of Canada, BOC)과 같은 각국의 중앙은행들은 전자화폐 발행과 이에 따른 문제 해결을 적극적으로 검토하고 있다. 아직 전자화폐에 관한 국가 간 구체적인 합의는 존재하지 않지만 각국의 중앙은행을 중심으로 전자화폐 발행과 유통, 관리 등을 위한 협력 움직임이 일어나고 있다.

블록체인 기술에 관한 국제적 협의도 증가하고 있다. 모든 것이 인터넷과 결합되고 전자무역금융이 보편화되는 4차 산업혁명 시대에 안전한 거래를 도와주는 블록체인 기술은 4차 산업혁명 시대의 핵심 인프라이다. 재화와 서비스, 데이터 등 인터넷을 매개로 거래되는 4차 산업혁명 시대에 거래의 안전을 담보하는 기술은 필수적이며, 블록체인은 거래의 안전을 확보해주는 중요한 수단이 된다. 때문에 전자무역금융을 활성화시키기 위한 방편으로 블록체인 기술에 대한 연구와 협력이 각국의 은행 및 금융회사 간에 진행되고 있다. 뱅크오브아메리카(BoA), 스위스 연방은행(UBS), 시티그룹 등을 포함한 약 70개의 글로벌 금융회사들이 참여한 'R3 CEV' 컨소시엄은 대표적인 블록체인 컨소시엄이다. R3 CEV는 블록체인 기술을 개발하고 관련 표준 및 플랫폼을 제공하기 위한 컨소시엄으로서 최근 블록체인을 실제로 적용하는 시스템을 테스트하여 블록체인 상용화에 앞장서고 있다.

국제자금세탁방지기구(Financial Action Task Force, FATF)는 자금세탁방지(AML)와 테러자금조달차단(CFT) 의무를 회원국에게 부과하고 있으며 전자금융과 핀테크를 이용한 자금세탁 및 테러지원을 방지하기 위한 논의를 이끌어가고 있다. 이 같은 논의는 2017년 G20 정상회의에서 발표된 성명서를 통해 그 기본원칙을 강조하였고, 각 국가의 금융당국, 정책기관 및 유관기관들이 상호 협력하여 국제자금세탁방지를 위한 국제적 기준을 이행하기로 천명하였다. 자금세탁방지가 의무화되면 전자금융업자는 자금세탁이 의심되는 고객의 거래내역 및 관련 기록을 반드시 보관해야 한다. 동 협약에 따라 한국, 영국, 홍콩, 싱가포르 등을 포함한 G20 주요국은 자금세탁 관련 규정을 마련하고 있다.

그러나 인류가 경험해보지 못하고 예측하기 어려운 4차 산업혁명은 다양한 행위자들의 서로 다른 이해와 인식을 반영하고 있어 국제정치를 갈등의 장으로 만들고 있다.

선진국과 개도국의 갈등은 세계무역질서를 구성하는 축인 WTO를 중심으로 표출되고 있다. WTO 내에서는 미국과 유럽을 비롯한 선진국을 대상으로 한 개도국의 소송과 무역 분쟁이 발생하고 있고, 대외적으로는 WTO를 대체할 새로운 플랫폼을 주장하고 있다. 2016년 보아오 포럼에서는 WTO체제 아래 국제무역질서가 선진국과 다국적 기업의 무역전쟁의 도구이자 정치적 수단이 되어버렸음을 지적하면서 알리바바의 마윈(馬雲)은 세계 전자무역 플랫폼(electronic World Trade Plaform, eWTP)을 만들 것을 제안하였다. 이러한 제안은 표면적으로 통합된 전자상거래 플랫폼을 설립하고 전자상거래를 활성화

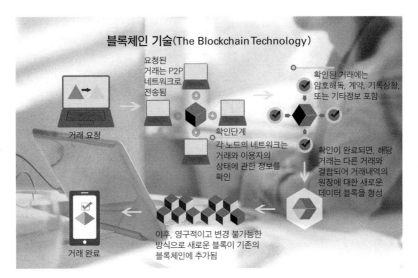

블록체인 기술(The Blockchain Technology)

요청된 거래는 P2P 네트워크로 전송됨

거래 요청

확인된 거래에는 암호해독, 계약, 기록상황, 또는 기타정보 포함

확인단계
각 노드의 네트워크는 거래와 이용자의 상태에 관한 정보를 확인

확인이 완료되면, 해당 거래는 다른 거래와 결합되어 거래내역의 원장에 대한 새로운 데이터 블록을 형성

이후, 영구적이고 변경 불가능한 방식으로 새로운 블록이 기존의 블록체인에 추가됨

거래 완료

그림 3 블록체인 기술에 관한 국제적 협의도 증가하고 있다. 모든 것이 인터넷과 결합되고 전자무역금융이 보편화되는 4차 산업혁명 시대에 안전한 거래를 도와주는 블록체인 기술은 4차 산업혁명 시대의 핵심 인프라이다.

하는 데 목적을 두고 있지만 그 배후에는 중국과 개도국, 중소기업들의 불만이 표면화된 것이다. 이미 중국은 항저우를 eWTP 시범구로 지정하여 eWTP 구상을 실현하려 하고 있다. 4차 산업혁명 시대 WTO를 대체할 새로운 기구가 등장할 것인지는 좀 더 지켜볼 필요가 있지만 eWTP의 주창과 개도국의 불만 표출은 새로운 무역질서를 둘러싼 갈등이 증가할 것임을 암시한다.

블록체인 및 전자화폐 기술 선점과 표준화를 위한 경쟁과 갈등은 각국의 은행, 금융기업, 컨소시엄 간에 가시화되고 있다. 최근 골드만삭스, 산탄데르은행, JP 모건 체이스 등이 R3 CEV를 탈퇴하고,

EEA(The Enterprise Ethereum Alliance)가 등장함에 따라 블록체인 표준화와 플랫폼을 장악하기 위한 경쟁이 벌어지고 있다. R3 CEV가 금융기업에 유용한 블록체인을 구상한다면 EEA는 일반기업의 편의를 살리는 것을 염두에 두고 있다. 어떤 컨소시엄이 표준을 가지느냐에 따라 4차 산업혁명 시대 전자금융질서는 달라질 것이다.

표준 선점을 위한 갈등과 더불어 핀테크 및 전자금융을 둘러싼 특허분쟁은 전자금융에서 나타나고 있는 주요 갈등이다. 미국, 영국, 일본 등과 같은 주요국가에 관련 특허가 밀집되어 있기 때문에 특허분쟁은 주로 주요 선진국 간에 일어나고 있다. Ronald Katz Technology와 모건스탠리, 미쓰이스미토모은행과 시즈오카은행 LML Payment와 HSBC, 블룸버그와 로이터통신 간에 벌어진 특허분쟁은 주요국의 분쟁을 보여주는 사례이다. 특허괴물(Patent Trolls)이라 불리는 비실시특허기업(Non-Practicing entities, NPE)으로 인한 특허분쟁도 일어나고 있다. 인텔렉추얼 벤처스(Intellectual Ventures, IV)는 미국 내 13개 금융회사를 대상으로 총 15개의 특허소송을 진행 중이다. 전자결제, 핀테크, 블록체인 등 다양한 영역에서의 특허가 증가하는 추세에 있기 때문에 특허분쟁은 계속해서 늘어날 것이다.

전자화폐에 대한 각국의 상이한 인식은 4차 산업혁명 시대에 일어날 다양한 갈등을 암시하고 있다. 미국, 독일, 영국, 프랑스, 호주 등은 비트코인에 대해 긍정적이지만 중국, 인도, 태국, 러시아는 부정적인 입장을 견지하고 있다. 긍정 국가들은 비트코인 거래에 대한 과세 부과를 통해 세원을 확보하고 비트코인의 편리함이 전자금융의 발달을 가져올 것이라고 주장한다. 반면 부정 국가들은 비트코인이 국가화폐 시스템을 저해할 것이기 때문에 규제되어야 한다고 주장하고 있다. 전자화폐에 관한 국가 간의 상이한 입장은 화폐발행의 주체에 대해 국가와 민간영역 사이의 갈등을 야기할 것이다.

4차 산업혁명 시대 글로벌 갈등은 이미 나타나고 있다. 거래의 주도권을 선점하기 위한 경쟁, 각국마다 상이한 제도의 적용 문제를 놓고 벌어진 갈등, 정부와 민간의 이해관계 상충에 따른 갈등 등은 4차 산업혁명 시대에도 일어날 가능성이 크다. 지금 단계에서 4차 산업혁명 시대 글로벌 무역·금융질서를 섣불리 예단하기는 어렵지만 세계 경제를 번영시킨 2차 대전 이후의 브레튼우즈체제와 같은 안정적 국제 정치·경제질서를 기대하기는 어렵다.

미래 형태의 무역에 관세는 어떻게 부과할 것인가?

기존 무역질서의 패러다임이 인터넷과 같은 전자적 수단을 활용해 물류·택배, 여행, 미디어, 모바일 등을 기반으로 사업을 확장하고 모든 산업이 네트워크로 연결되면서 핵심쟁점으로 대두된 것은 무역행위 혹은 무역으로 인한 상품에 대한 과세(taxation) 문제이다.

1998년 WTO 각료회의에서는 전자적 전송물을 해외에서 구입하는 경우 무관세를 부과하기로 결정하였고, 제11차 각료회의까지 무관세를 연장하기로 합의한 상태이다.

그런데 전자적 전송물이 증가하고 시장이 확대되면서 각 국가는 무관세 원칙의 영구화 문제에 대해서 입장을 달리하고 있다. 미국은 WTO에서 무관세 원칙이 채택되도록 주장해 왔고 이제는 이를 영구화할 것을 주장하고 있다. 미국의 경우 전자상거래에 대한 상대적 우위를 점하고 있기 때문에 전자상거래를 촉진하는 것이 자국의 기업에 유리한 상황이다. 이를 위해 미국은 관세를 포함한 각종 세금 및 정부 규제를 인하하거나 제거하는 데 주력해 왔다. 클린턴 집권기였던 1996년부터 전자상거래 촉진을 위해 노력해온 미국은 전자상거래에 대한 관세 부과가 전 세계적인 무역에서의 관세 인하 흐름에 역행하는 것이라 주장하며 무관세를 주장하고 있다.

그러나 다른 국가들은 해당 분야에서 주도권을 쥐고 있는 미국기업들이 무관세의 혜택을 독식할 것이며, 궁극적으로 자국의 국내시장을 잠식할 것이라 우려하고 있다. 유럽 각국은 전자상거래 거래 규모가 급증하는 상황에서 이에 대한 세금이 부과되지 않을 때 상실하게 될 세수를 우려하고 있다. 유럽은 미국의 관세를 부과하지 않는 기본원칙에 대해서는 동의하였으나, 관세 외에 새로운 내국소비세 부과에 대해서는 다른 입장을 표명하여 부가가치세를 부과할 것을 주장하고 있다. 중국은 알리바바, 바이두, 텐센트 등 자국 내 IT 기업이 세계

시장의 경쟁력을 확보함에 따라 이들 기업의 이익을 극대화하기 위한 전략에 주력하고 있다. 예컨대 상하이, 광저우 등 9개 도시를 크로스보더(cross-border) 전자상거래 종합시범구로 지정한 뒤 기존의 57% 세율을 11% 수준으로 완화시키는 등 다양한 지원정책을 시행하고 있다. 중국은 해외 전자상거래 기업을 통한 직구 거래에 대해서도 낮은 세액 정책을 유지해 왔으나, 2016년 이후 일반 무역을 통해 수입한 제품과 같은 수준의 관세를 부과하기 시작하며 자국 내 IT 기업에 대한 선택적 지원 의지를 분명히 하였다. WTO 각료회의에서 전자전송물의 무관세에 대한 국가들의 상이한 입장은 향후 국가 간 무역 갈등의 원인이 될 전망이다.

'전자상거래를 어떻게 규정하느냐'에 대해서도 국가 간의 입장이 대립한다. 이는 전자상거래의 대상이 되는 상품을 재화로 볼 것인지 아니면 서비스로 볼 것인지에 관한 문제이다. 예를 들어, 무형의 콘텐츠를 담고 있는 디지털제품의 경우 콘텐츠의 물리적 운송물(종이, 테이프, 디스켓, CD 등)에 초점을 두어 이를 상품으로 취급할 것인지, 아니면 운송물이 담고 있는 콘텐츠(소프트웨어, 영화, 게임, 영상물, 음향/음성물 등)에 초점을 맞춰 서비스로 취급해야 할지에 대해 국제적으로 합의하지 못하고 있다.

전자상거래를 재화로 규정하는 경우 GATT(General Agreement on Tariffs and Trade)의 적용을 받게 되는데, GATT는 비차별대우 원칙을 바탕으로 강력한 무역 자유화를 추구하고 있다. 전자상거래를 서

그림 4 중국은 해외 전자상거래 기업을 통한 직구 거래에 대해서도 낮은 세액 정책을 유지해 왔으나, 2016년 이후 일반 무역을 통해 수입한 제품과 같은 수준의 관세를 부과하기 시작하며 자국 내 IT 기업에 대한 선택적 지원 의지를 분명히 하였다.

비스로 규정하여 GATS(General Agreement on Trade in Services)의 적용을 받게 되는 경우 국가 간 문화산업의 차이 등을 인정하는 비교적 넓은 재량권을 회원국들에게 부여할 수 있다. 따라서 해당 산업 분야에 비교우위를 가지고 있는 미국과 일본은 전자상거래로 거래되는 디지털 상품을 재화로 구분하여 시장 개방 및 자유로운 교역을 강화하고자 한다. 반면 EU의 경우 디지털 상품을 서비스로 규정해야 한다고 주장하고 있다. 이는 전자상거래 시장에 대한 유럽의 열세를 극복하고 미국의 기업으로부터 유럽시장을 보호하려는 입장을 반영한 것이다.

전자전송물에 대한 관세유예(moratorium)를 영구 법제화하려는 미국의 입장은 다른 회원국들의 동의를 받지 못하고 있다. 그러나 미국은 FTA나 TPP와 같은 다른 양자적 혹은 지역적 무역협정을 통해 무관세 조항을 명문화하며 전자적 전송물에 관한 무관세를 실제 국가 간 무역에 적용하고 있다. 특히, 오바마 행정부가 추구했던 TPP는 기존 다자적 협정과는 달리 전자적 전송물에 관한 무관세를 보다 명문화하여 미국의 장기적 이해를 명확히 드러내고 있다. 한편 미국의 무역대표부(USTR)도 중국의 전자상거래 기업의 저작권 위반 문제에 대해 시정을 요구하며 중국기업을 견제하는 데 적극적이다. 2016년 알리바바에 저작권 위반을 지적하며 시정을 요구하였고 중국 정부의 전자상거래 지원정책이 공정무역과 기업이익에 위협이 된다고 파악하고 있다.

자유로운 데이터의 이전인가, 개인정보 보호인가?

데이터의 활용과 개인정보 보호문제는 비단 4차 산업혁명 시대에 새롭게 등장한 이슈는 아니다. 그러나 4차 산업혁명을 통해 활발해질 국가 간 거래가 대개 온라인상에서 이루어진다는 점에서 사이버공간의 규칙을 어떻게 만드느냐는 문제는 중요한 이슈이다.

전자상거래 기업은 데이터의 자유로운 이동은 필수적이며 4차 산업혁명 시대 핵심기술 중 하나인 빅데이터의 활성화를 위해서도 많은 데이터가 필요하다고 주장한다. 데이터의 자유로운 유통이 보장되어야 검색시장에서의 추천 및 제품홍보와 마케팅 등 다양한 서비스가 이루어질 수 있기 때문이다. 예를 들어 아마존은 고객정보를 바탕으로 고객에게 맞춤 서비스를 제공하는 A9시스템을 구축하였는데 이러한 시스템은 고객의 개인정보를 토대로 하는 것이다. 구글, 페이스북도 고객정보를 토대로 맞춤 검색서비스나 추천시스템을 제공하고 있다. 따라서 기업은 금융, 전자상거래, 인터넷 등 다양한 ICT 산업의 발전에 데이터의 자유로운 전송과 축적이 기본이라고 목소리를 높이고 가능한 한 많은 정보를 축적하고 활용하고자 시도하고 한다.

그러나 정보의 이용은 고객의 개인정보를 침해하고 남용할 수 있어 개인정보 보호와 개인정보의 국외 이전은 4차 산업혁명을 위한 국제협력에 중요한 주제이다. 대부분의 국가는 OECD가 제시한 개인정보의 이용과 보안에 관한 '개인정보보호지침'을 기본으로 개인정보와 관련한 국내적 제도와 조직을 정비하고 있다. 그런데 개인정보의 국가 간 이동에 대해서는 강력하고 구속력 있는 국제제도가 존재하지 않고 개별 국가 수준에서 제도적 방안이 마련되면서 국가 간 갈등의 원인이 되고 있다. 소위 프라이버시 라운드(Privacy Round)는 국가마다 상이한 개인정보보호법과 원칙을 두고 국가 간 무역 갈등의 새로운 주제로 등장하고 있다.

개인정보를 둘러싼 갈등은 크게, 정보의 자유로운 흐름과 민간 이 해당사자에 의한 자율규제를 추구하는 입장과 국가가 정보를 통제할 수 있는 정보주권의 확보와 사생활을 보호하기 위한 국가의 개입과 제도를 강조하는 입장으로 요약할 수 있다. 예를 들어 2000년에 체결된 미국과 EU의 세이프하버협정(Safe Harbor Treaty)은 개인정보 보호에 관한 기업의 자율규제를 원하는 미국과 국가 차원의 보호를 주장하는 유럽의 입장을 적절히 반영한 타협이었다. 세이프하버협정은 유럽 시민의 개인정보를 수집하고 저장하며 관리하는 미국의 기업들이 개인정보에 관한 기업자율규제의 원칙을 자발적으로 준수하겠다고 미 상무부에 신고할 경우 적절성을 충족하였다고 간주하는 것이다. 이러한 세이프하버는 민간이 소비자의 개인정보를 자율적으로 규제하는 특성을 인정하면서 궁극적인 개인정보 보호의 책임을 정부에 부과하여 기업의 자율규제와 정부의 규제를 적절히 혼합한 방식으로 무역 분쟁을 해결한 사례로 이야기되어 왔다(조화순 2006b, 176-181).

그런데 최근 미국의 시장주의적 개인정보 보호 정책은 유럽 국가들에게 많은 비판을 받아 왔다. 특히 2013년 미국 국가안보국(NSA)의 도청사실을 폭로한 스노든 사태 이후 유럽에서는 미국의 개인정보 보호 정책에 대한 근본적인 문제를 제기하였다. 이러한 문제제기의 결과 미국과 EU는 2016년 소위 '프라이버시 쉴드(Privacy Shield)'라 불리는 세이프하버협정보다 강화된 정보전송 협약에 합의하였다. 프라이버시 쉴드는 투명성(transparency), 책임(obligation), 감독(Monitoring)을 강조하여, 구글과 페이스북 등 미국 기업이 유럽시민의 개인정보를 본국으로 보내는 경우, EU가 정한 정보보호 기준을 준수할 것을 합의한 것이다. 미국 기업은 정보보호 준수 이행을 증명하는 자기인증을 매년 갱신해야 하며, 미국 상무부에 프라이버시 쉴드에 가입한 기업을 적극적으로 감독할 의무를 부과하였다. 또한 정보 주체의 민원을 45일 이내에 처리하고 유럽시민들을 위한 배상과 민원을 해결하는 옴브즈맨(Ombudsperson) 제도를 도입하기로 하였다(이상혁 외. 2016, 1021).

스노든이 폭로한 대량감시가 세이프하버협정 무효의 주된 원인이었지만 프라이버시 쉴드는 대량감시(mass surveillance) 문제를 해결하지는 못하였다. 미국의 국내법인 FISA(Foreign Intelligence Surveillance Act)는 미국 정부가 합법적으로 비미국 시민들을 감시할 수 있도록 하고 있어 이는 국가 간 갈등의 잠재적 원인이 되고 있다. 한 보도에 의하면 미국의 야후는 2016년 미국 NSA의 요청에 따라 미국을 포함한 여러 국가의 수억 명에 달하는 시민의 이메일을 실시간으로 감시했다고 알려지고 있다.

4차 산업혁명이 활성화되기 위해서는 이용자 정보의 불법적 수집과 오남용을 방지하고 불법적 감시를 무효화하는 것이 필요하지만 국경을 초월해 이동하는 정보를 관리하고 감독할 국제제도와 조직의 부재로 인해 많은 어려움을 겪고 있는 것이 사실이다. 이러한 흐름에 비추어 볼 때, 4차 산업혁명 시대에는 개인정보의 국외 이전뿐만 아니라

그림 5 4차 산업혁명 시대에는 개인정보의 국외 이전뿐만 아니라 국가의 감시와 시민의 프라이버시에 관한 국가 간, 국가와 기업 간, 기업과 시민 간 갈등이 더욱 부각될 것이다.

국가의 감시와 시민의 프라이버시에 관한 국가 간, 국가와 기업 간, 기업과 시민 간 갈등이 더욱 부각될 것이다.

전자상거래에서 소비자는 누가 어떻게 보호할 것인가?

4차 산업혁명 시대에는 기업으로부터 이용자를 보호하는 문제도 중요한 사항 중의 하나이다. B2C(Business to Customer) 시장의 성장에 따라 전자상거래, 소셜마케팅, 간편결제, 불법유해정보, 명예훼손, 개인정보 침해 등 다양한 차원의 소비자 권리 침해 사례가 발생하고 소비자 분쟁이 급증하고 있기 때문이다. 이용자 보호 문제는 산업 육성, 경쟁을 제한하는 독점규제, 공정경쟁의 강화와 직접적으로 연결된 이슈로 이용자 보호가 실현되지 않을 경우 시장의 붕괴로 이어질 수 있다. 문제는 이용자 피해가 국내 시장이 아니라 초국적인 거래를 통해 세계적 차원에서 동시다발적으로 발생하고 있다는 것이다. 시장, 상품, 거래를 관장하는 상이한 국가체계는 이용자 보호의 가장 큰 취약점이며 궁극적으로 국제적 제도와 협의가 필요한 상황이다.

2016년 7월 국제상거래법위원회(UNCITRAL)는 온라인분쟁해결 절차에 관한 국제규범인 ODR 기술지침(Technical Notes on Online Dispute Resolution)을 발표하였다. 지침은 첫째, 중재 조항을 추가해 이용자의 집단소송 가능성을 배제시켰다. 온라인으로 분쟁해결을 도와주는 ODR의 도입은 다수의 중재판정을 가능하게 하고 판정의 현실적 집행을 가능하게 하여 소송을 통한 이용자의 구제를 배제시킨다. 둘째, UNCITRAL은 개별 피해구제만 상정하고 집단적 피해구제는 예정하지 않는다. 중재 절차를 포함한 ODR의 도입은 외국소비자의 집단소송을 방지하려는 미국정부의 의도로 해석될 수 있다(한종현 2013, 178-179). 셋째, ODR 기술지침은 강제력을 지니지 않는다. 유럽을 필두로 강력한 이용자 보호를 강조하는 의견이 개진되어 소비자분쟁 해결을 위한 논의가 진행되고 있지만 미국의 우려로 집단소송이나 강제적인 소비자 보호규정을 반영하는 데는 실패하였다.

4차 산업혁명 시대 알고리즘 독점도 이용자 보호와 밀접한 연관을 가지고 있다. 알고리즘을 변경할 경우 편리하게 해당 시장을 독점할 수도 있는데, 검색 사업자가 규제되어야 할 대상인지 소비자 편익을 위해서 자유로운 변경을 허용해야 하는 것인지에 관해서는 상이한 관점이 존재한다.

최근 구글이 알고리즘 변경으로 유럽연합경쟁위원회로부터 24억 유로에 해당하는 과징금을 부과받은 것은 4차 산업혁명 시대 알고리즘을 둘러싼 갈등을 보여주는 대표적인 사례이다. 구글은 상품 검색 시 자회사인 구글 프로덕트의 상품이 상단에 배치되도록 알고리즘을 변경하였고, 유럽은 이러한 구글의 알고리즘 변경이 검색시장에서의 지배력을 남용해 시장경쟁을 침해한 부당한 처사라고 주장하였다. 반면 구글은 소비자에게 원하는 정보를 효율적으로 제공할 뿐 특혜가 아니라고 주장하고 있다.

알고리즘의 투명성과 공정성 문제는 비단 유럽만의 문제가 아니다. 한국에서 70% 이상의 검색시장을 장악하고 있는 네이버 역시 알고리즘을 독점하고 실시간 검색어, 광고 등을 통해 충분히 영향력을 행사할 수 있다. 따라서 알고리즘과 검색엔진의 투명성과 편향성 등을 관리할 법안 및 제도를 마련하는 것이 시급하다. 무엇보다 4차 산업혁명 시대에는 디지털화, 빅데이터, 사물인터넷 등으로 알고리즘의 중요성이 더욱 부각될 것이기 때문에 이 같은 갈등을 관리하기 위한 국제적 논의가 필요하다.

4차 산업혁명 시대에 지적재산권 질서는 변화할 것인가?

산업사회에서 지적재산권은 보상 유인으로서 매우 중요한 역할을 수행해 왔다. 산업발전의 핵심기반이 되는 혁신을 위해서는 개인과 기업에게 성과에 따른 보상이 보장되어야 한다는 입장은 오래 전부터 존재해 왔다. 그런데 글로벌 네트워크를 활용해 국제적 거래가 증가하면서 기술개발 및 산업혁신을 위해 어떤 수준까지 지적재산권을 보호하는 것이 필요한가는 국제적 혹은 국내적 논의의 대상이 되고 있다.

대체로 선진국은 지적재산권의 강화를 통해 혜택을 볼 수 있는 기술 우위를 가지고 있으며 이러한 상품을 구입하는 개발도상국과 저개발국은 기술적 열위를 가지고 있다. 기술에 있어 열위인 개발도상국은 지적재산권의 강화가 저개발 국가의 경제발전, 보건, 복지 등의 향상을 위협하기 때문에 지식, 정보, 기술 등은 공유되어야 하며 선진국이 보다 적극적으로 기술적 지원을 제공해야 한다는 입장이다. 반면 선진국은 아이디어, 지식 그리고 정보기술에 대한 사적인 권리가 강화되어야 계속적인 기술진보의 동기가 부여된다고 주장해 왔다.

우루과이라운드(Uruguay Round)는 지적재산권을 주요 무역레짐의 이슈로 다루었다. WTO에서는 TRIPs라는 지적재산권에 관한 독립적인 협정이 체결되어 지적재산권과 관련된 국가 간 분쟁 해결, 지적재산권에 대한 보호와 독점의 방지를 통해 신기술과 신정보 생산의 유인을 목적으로 하고 있다.

4차 산업혁명 시대의 지적재산권은 창의적 주체 또는 발명자의 창조 활동을 유인하는 주요 동기로 여전히 작동될 것이다. 그러나 기존의 지적재산권 체제가 4차 산업혁명 시대에 그대로 적용될 수는 없으며, 변화된 환경에 대한 이해와 적용을 필요로 한다. 4차 산업혁명은 AI에 의해 창출된 성과물, 3D 데이터 등에 대한 저작권 보호 방법 등 기존의 패러다임으로는 해결할 수 없는 새로운 문제들을 등장시킬 것이다.

예를 들어 AI를 이용한 창작활동이 상업화가 가능해지면서 AI의 창작물에 대한 저작권 논의가 세계적으로 진행되고 있다. 구글이 제작한 '딥드림(Deep Dream)'은 학습한 회화 데이터베이스를 기반으로 모사훈련을 받은 'AI 화가'이다. 딥드림이 그린 고흐(Vincent van Gogh)의 작품은 샌프란시스코 미술 경매에서 판매되기도 했다. 창작물에 대한 소유권과 관련해서 다수 국가는 기존 저작권법이 AI를 '도구'로 취급하기 때문에 '소유자'가 창작물에 대한 권리 및 책임의 주체가 된다고 해석하고 있다.

AI가 만들어내는 창작물에 대한 새로운 검토가 없으면 AI 개발자 및 소유자의 정보 독점과 인간 창작물에 대한 무분별한 복제 또는 재

그림 6 구글이 제작한 '딥드림'은 학습한 회화 데이터베이스를 기반으로 모사훈련을 받은 'AI 화가'이다. 딥드림이 그린 고흐의 작품은 샌프란시스코 미술 경매에서 판매되기도 했다.

창작이 만연될 것이다. 인간 고유의 창작을 보호하면서 동시에 적정 범위에서 AI 창작물을 보호하기 위해 지적재산권에 대한 새로운 해석과 제도가 필요한 것도 사실이지만 기존의 지적재산권을 둘러싼 제도와 이해관계는 새로운 가치의 창출을 제한하고 있다.

지적재산권을 둘러싼 국가 간 갈등도 이미 발생하고 있다. 소스코드를 둘러싼 중국과 다른 국가들의 갈등이 대표적인 사례다. 소스코드 분쟁은 2014년 중국은행감독관리위원회(CBRC)가 은행업 네트워크

보안 강화 방침을 발표하면서 중국에 진출한 외국 IT기업의 소스코드 제출을 의무화할 것을 밝히면서 시작되었다. 이에 미국과 EU는 강하게 반발하였고, 2015년 중국은행감독관리위원회가 구체적 방안은 연구 중이라 밝히며 소스코드 공개 의무를 유예시키면서 일단락되었다. 아직 소스코드에 관한 강제력 있는 국제적 협의가 존재하는 것은 아니지만 일반적으로 대부분의 기업은 소스코드를 비공개해 왔다. 소스코드 공개 여부를 놓고 기업과 국가 간의 갈등이 일어난 것처럼 향후 지적재산권을 둘러싼 국가 간, 기업 간 갈등은 더욱 격화될 것이다.

4차 산업혁명 시대에
세계 무역·금융질서의 특징은?

4차 산업혁명은 단순히 기술적 발전을 의미하는 것이 아니라 기술의 발전에 따른 정치·사회·경제의 다양한 변화를 의미한다. 과거 농경사회에서 산업혁명이 그랬던 것처럼 4차 산업혁명은 불확실성(uncertainty)과 불안감(anxiety)에 기인하여 다양한 우려와 갈등, 그리고 다양한 이해관계자들의 충돌을 야기하고 있다.

무엇보다 정보와 기술이 추동하는 4차 산업혁명은 선진국과 저개발국의 격차를 더욱 심화시킬 것이다. 4차 산업혁명이 기반이 되는 무역과 금융은 기본적으로 인터넷 인프라 및 다양한 기술이 필요하기 때문에 격차는 더 커질 가능성이 크며, 격차에 따른 저개발국의 불만은 다양한 형태로 표출되어 국가 간 갈등의 원인이 될 것이다.

리쇼어링 현상의 심화와 선진국의 무역블록화 현상은 자유무역을 기조로 발전시켜온 통상에 부정적 영향을 줄 수 있다. 그동안 개발도상국은 다국적 기업을 통해 일자리와 자본을 확보하고, 경우에 따라 다국적 기업으로부터 선진 기술을 습득하였다. 그러나 선진국 간 무역블록화와 리쇼어링 현상은 이를 불가능하게 만들며, 양극화를 더욱 추동할 개연성이 크다.

클라우드 시스템 및 인터넷 질서에 대한 주도권, 플랫폼 및 표준 선점 문제는 선진국 간의 첨예한 대립도 격화시키고 있다. 국제전자상거래 질서에 있어 미국은 독보적인 위상을 지니고 있다. 미국은 구글, 페이스북, 애플, 아마존, 이베이 등 글로벌 인터넷 기업을 다수 확보하고 있고 정부는 이러한 기업의 입장을 반영해 데이터의 자유로운 이동, 개인정보 보호, 소스코드 공개 및 지적재산권을 지원하고자 한다. 미국은 통상협상에서 관련 업계의 이해관계를 극대화한다는 입장으로 FTA와 같은 양자적 협정이나 TPP, NAFTA 등과 같은 지역자유무역협정을 통해 데이터 전송의 자유로운 이동을 명시하고 있다.

선진국과 개발도상국의 갈등은 4차 산업혁명을 관리할 국제제도를 두고 대립을 보이고 있다. 미국은 다중이해당사자주의(multistake-holderlism)를 주장하고 있는데 이러한 입장은 자유롭게 데이터를 수집하고 처리하여 전 세계를 대상으로 사업을 벌이고 있는 구글, 애플,

페이스북 같은 글로벌 ICT기업에게는 반드시 필요한 체제이다. 반면 중국과 일부 개도국들은 국가중심의 다자주의(multilateralism)를 내세워 정보시대에도 여전히 국가가 국민을 보호하기 위해 최종적인 권한과 책임을 가진다고 주장하고 있다. 예를 들어 중국과 일부 개도국들은 국가가 최종적인 결정의 권한을 가지는 UN을 통해 정보사회의 문제를 관리하려 한다. 특히 중국은 UN 산하의 국제통신연맹(International Telecommunications Union, ITU)을 통해 인터넷 주소자원과 인터넷 거버넌스를 관리하려는 의도를 명백히 하고 있다.

기술을 사용하는 인간의 완전한 권력균형이나 분배는 가능하지 않으며, 사회적 관계를 형성하는 행위자의 능력에 따라 기술은 다른 양식으로 발전할 수 있다. 4차 산업혁명의 시대에도 국가는 자국의 이익을 극대화하며 이를 통해 권력을 증진하고, 국제사회에서 자국의 위상을 제고하는 데 일차적인 관심을 가지고 있어 여전히 국가 중심의 질서가 유지될 것으로 보인다. 그러나 영토에 기반을 둔 근대국가체제는 새로운 형태와 양식으로 발전할 국제무역과 금융관련 문제를 해결하는 데 한계를 보일 수밖에 없다. 4차 산업혁명이 야기하는 세계질서의 구조적 변화는 선진국과 선진국, 선진국과 저개발국의 경제적 격차를 더욱 증가시키고 이것은 세계정치의 갈등과 불안정성을 더욱 확대할 것이다.

4차 산업혁명과
한국의 전략은?

4차 산업혁명을 대비해서 주요 국가들은 자국이 기존에 비교 우위를 가지고 있는 산업과 기술력을 중심으로 4차 산업혁명 시대를 주도하려 하고 있다. 독일은 기계산업과 같은 제조기술과 ICT의 비교우위를 살린 스마트 공장을, 미국은 인터넷 산업의 비교우위를 바탕으로 클라우드 시스템을, 일본은 로봇 중심의 제조업을, 중국은 제조업의 질적 향상을 통한 제조강국을 추구하고 있다. 이외에 영국은 국가혁신계획(The National Innovation Plan), 러시아는 2035 국가기술이니셔티브(National Technological Initiative), 네덜란드는 스마트 산업(Smart Industry), 스위스는 디지털 스위스(Digital Swiss)를 발표하고 있다.

무역국가로 성장해 온 한국은 기술 혁신이 가져올 제조업과 무역의 변화에 대비하는 것이 매우 중요하다. 한국도 '지능정보사회 중장기 종합대책'을 발표하며 국가적 차원에서 4차 산업혁명을 대비하는 것이 중요한 문제임을 인식하고 있다. 그러나 과거 전쟁의 폐허 속에서 한국의 경제발전을 가능하게 했던 국가주도적 경제발전과 산업정책은 더 이상 가능하지 않다. 4차 산업혁명을 주도할 글로벌 시장의 변화와 기술의 속성은 정부가 산업의 촉진자가 아니라 시장의 조정자로서 역할을 수행하기를 요구하고 있다. 국가는 기업과 시장의 발전을

'주도'하겠다는 발전국가적 역할보다는 시장의 원활한 작동을 위한 기본적인 '경쟁규칙'을 공급하는 역할로 재설정되어야 한다. 지적재산권 보호, 관세 및 다양한 세금제도의 운용, 보다 치열해진 시장의 경쟁 속에서 상대적 약자를 보호하고 기업의 역할을 존중하는 규칙 제정자로 역할할 때 과거 근대화 과정에서 이룩한 비약적 발전을 기대할 수 있을 것이다.

그런데 4차 산업혁명에 대비하는 한국의 시장상황은 희망적이지만은 않다. 전 세계적으로 전자상거래 시장의 규모가 지속적으로 확대되고, 구글을 필두로 애플, 마이크로소프트, 아마존, 페이스북, IBM 등 미국의 기업이 대부분의 비교우위를 가지고 있다. 징동닷컴(JD.com),

텐센트(Tencent), 알리바바(Alibaba)와 같은 인터넷 쇼핑 및 서비스 업체의 선전에 힘입어 중국의 성장세 역시 매우 가파르다. 한국은 전자상거래 규모가 지속적으로 증가하고 있지만 한국 전자상거래 업체의 세계적 경쟁력은 여전히 미약하고 국내시장을 뛰어넘는 질적 전환이 이루어지지 않고 있다.

전자상거래 시장의 확대와 경쟁력 강화를 위해서는 플랫폼의 구축도 중요한데 한국은 세계적 플랫폼을 구축하는 데 실패했다. 예를 들어 미국의 페이스북은 2016년 쇼핑 관련 서비스 '샵(shop)' 섹션과 '마켓 플레이스' 기능을 추가하여 사업자나 개인이 페이스북 안에서 상품을 거래할 수 있도록 플랫폼을 구축하였다. 한국은 2010년 티몬, 쿠팡, 위메프 등 소셜커머스 업체들이 잇달아 등장하며 국내 전자상거래 시장에 새로운 변화를 일으켰지만 이들 기업은 여전히 영업 손실을 보이고 있다. 세계적 플랫폼을 구축하는 데 실패한 한국은 미래 무역과 금융을 주도하기보다는 국내 시장을 방어하는 수세적 통상정책이 불가피할 것이다.

4차 산업혁명은 선진국의 제조업과 무역 전략을 변형시키고 산업사회에 발달시킨 국제적인 무역과 금융 질서의 재편을 가져올 것이다. 세계화를 통해 국가 간의 상호의존성이 심화되어 온 상황에서도 국가는 영토적 주권을 유지해 왔으나 많은 활동이 사이버공간을 통해 이루어지는 4차 산업혁명의 시기에는 영토에 기반을 둔 근대적 국제정치 질서는 한계를 드러낼 것이다. 사이버공간을 관리하고 4차 산업혁명이 제기하는 새로운 문제들을 관리할 효율적인 국제협력과 질서가 필요해지면서 국제제도와 질서를 만들기 위한 국제적 논의들이 보다 활발해질 예정이다. 한국은 이러한 질서의 형성에 참여하면서 국가와 기업의 이익을 반영하는 것이 필수적이다.

세계정치경제의 구조적 질서를 형성할 패권을 가지고 있는 주요 국가들의 무역과 금융 전략 변화 역시 고려해야 할 사항이다. 주요 국가들은 국가 간 무역과 금융에서 지적재산권, 개인정보 보호, 관세 등이 중요한 사항임을 인식하고 체계적인 전략을 통해 국제질서를 형성해 왔다. 2014년 한국에서 개최된 ITU(International Telecommunications Union) 전권회의에서 보여준 것처럼 미국과 중국은 초국가적 차원의 정보유통을 관리할 국제체제에 지대한 관심을 가지고 있다. 주요 선진국가는 정보를 유통하는 질서가 미래 번영을 위해 중요하다는 것을 이미 인식하고 그들의 이익을 국제 혹은 지역 질서에 반영하기 위해 노력해 왔다. 이러한 상황에서 상대적으로 취약한 여타 국가들의 번영을 위한 선택지는 더욱 좁아질 것이다. 한국은 미래 질서의 변화에 민감하게 대비하면서 적극적인 국제협력과 국제연대를 통해 그 타개책을 모색할 수 있을 것이다.

The 4th Industrial
Revolution

2부

4차 산업혁명과
안보문제의 변환

4IR

4차 산업혁명과 군사안보전략

민병원 이화여자대학교

이 글은 4차 산업혁명의 기술혁신으로 큰 영향을 받고 있는 군사안보 분야의 변화를 살펴본다. 무엇보다도 기술혁신의 직접적인 수혜는 무기체계의 발전에서 두드러지게 나타나고 있는데, 무인기와 전투로봇을 중심으로 한 자동화 무기와 지향성 에너지 무기, 그리고 사이버안보의 영역으로 크게 나누어 볼 수 있다. 이 글에서는 각 영역에서 이루어지는 기술 변화와 더불어 군사안보 분야에서 나타나는 새로운 변화가 군사전략이나 안보정책에 어떤 패러다임 변화를 가져올 것인지를 짚어본다. 이를 바탕으로 장차 군사안보의 역량 강화가 전통적인 안보영역의 어젠다인 절대전쟁의 제한성과 관련하여 어떤 의미를 갖는지 논의해본다. 또한 혁신적인 무기기술의 발전이 안보화 등 국내정치의 영역에 어떤 모습으로 전개될 것인지, 국제법과 국제정치의 영역에 어떤 변화를 초래할지 등을 아울러 검토한다.

· 4차 산업혁명은 군사안보의 전반에 어떤 변화를 가져왔는가
· 기술혁신을 통해 이루어진 자동화 무기에는 어떤 것들이 있는가
· 무인장비들은 군사안보전략에 어떻게 활용될 수 있는가
· 지향성 에너지 무기는 21세기의 전쟁 패러다임을 바꿀 것인가
· 사이버공간에서 벌어지는 안보경쟁은 왜 새로운 위협으로 다가오는가
· 기술혁신은 무한대의 군사적 능력을 보장하는가
· 군사기술의 혁신은 국내정치와 국제정치에 어떤 영향을 미칠까

과학기술과 산업역량의 발전은 인간들 사이의 분쟁에 큰 변화를 초래해 왔다. 18세기 이래로 꾸준하게 축적되어온 기술과 생산력은 20세기 초반 대규모의 세계대전과 핵무기라는 엄청난 충격을 야기했고, 이제는 규모의 차원을 넘어 정확성과 효율성을 기반으로 하는 새로운 패러다임을 향해 나아가고 있다. 1, 2차 산업혁명이 전쟁의 규모를 확대하고 다양한 무기체계를 통해 공포를 극대화하는 데 기폭제 역할을 수행해 왔다면, 3차 산업혁명은 디지털기술을 기반으로 분쟁의 양상을 첨단화하는 계기를 마련해 왔다. 이제 21세기에 들어와 세계는 고도로 발달된 기술의 '연결'과 '통합'을 통하여 분쟁의 양상을 새롭게 변모시키면서 그에 대한 복잡한 대응책을 촉구하고 있다. 이것이 바로 4차 산업혁명으로 불리는 새로운 시대적 조류로서, 21세기 초반의 군사안보 이슈를 재정립하는 데 중요한 동인을 제공할 것으로 전망된다.

4차 산업혁명은 인공지능과 로봇, 사물인터넷, 자율주행차, 3D 프린팅, 나노기술, 바이오기술, 소재과학, 에너지 보존기술, 양자 컴퓨팅 등 다양한 첨단기술을 바탕으로 과거에는 상상할 수 없었던 변화를 가능케 하고 있다. 이러한 기술들은 이미 3차 산업혁명 시기부터 서서히 개발되어 왔지만, 오늘날 이러한 기술 사이의 기능적 연결과 폭발적인 효과는 새로운 사회적 파장을 일으키고 있다. 무엇보다도 기존에 '인간'의 힘을 통해 작동시켜야 했던 기술장비들이 스스로 판단하고 움직일 수 있는 역량을 갖추게 되면서 인간의 능력을 초월하여 목표를 달성할 수 있는 수준에 도달하게 되었다. 이러한 변화는 4차 산업혁명이 이전의 기술 패러다임 변화와 질적으로 다른 모습이라고 할 수 있다.

200여 년 전 나폴레옹이 유럽 대륙을 지배하던 시대 이후 과학기술과 산업능력의 발전은 빠른 속도로 군사 분야에 적용되어 왔다. 무엇보다도 대규모의 인적 자원 동원과 신속한 군사력 전개, 그리고 정확성의 향상 등이 군사전략의 핵심 목표로 자리 잡았고, 19세기 중반 이후 대규모 살상력을 갖춘 무기체계와 교통 및 통신장비, 그리고 정밀하면서도 효율적인 화기의 사용이 이러한 목표를 뒷받침하였다. 그리하여 1914년 발발한 제1차 세계대전은 가히 산업기술전쟁이라 불러도 될 정도로 엄청난 후폭풍을 일으켰다. 인류 역사상 처음 겪어본 대규모 전쟁의 충격으로 인하여 역사가들은 아직도 이 전쟁을 '위대한 전쟁(Great War)'이라고 칭하고 있다. 제1차 세계대전이 종료된 후 20여 년 만에 또 다시 유럽대륙과 아시아태평양 지역에서 제2차 세계대전이 발발하였고, 이 역시 인간의 상상을 초월한 인적, 물적 피해를 낳으면서 인류의 역사적 기억에 지워지지 않을 상흔을 남겼다.

20세기 초의 끔찍한 세계대전이 지나고 세계는 '냉전'이라는 휴지 기로 접어들었다. 강대국 사이에 대규모의 전쟁이 일어나지는 않았지 만 이데올로기와 진영논리가 대립하던 일종의 '차가운 전쟁'이었다. 20 세기 후반이 되어서야 이러한 갈등 구도가 종결되기 시작했는데, 반세 기에 걸친 냉전 시기는 아이러니컬하게도 전쟁의 '공포' 때문에 평화 와 안정을 유지할 수 있었다. 핵무기와 미사일의 등장은 냉전 시기의 가공할 만한 파괴력을 대표하는 것으로서, 초강대국도 이러한 위협으 로부터 안전하지 않았다. 인류는 쉼 없이 종말을 향해 나아간다는 위기 의식이 고조되었지만, 어떤 국가나 정치지도자도 분쟁에 휘말릴 가능 성을 외면하지는 않았다. 즉 냉전 시기에도 파괴력을 극대화하기 위한 기술 개발과 산업생산력 증대 노력은 지속되었다. 냉전이 종식되면서 이러한 위험성은 부분적으로 완화되었지만, 동시에 분쟁의 다양성이 증가하면서 지구촌 곳곳에서 삶의 질이 하락하는 경우가 늘어났다.

4차 산업혁명은 군사안보의 전반에 어떤 변화를 가져왔는가?

1990년대 이후 탈냉전의 추세가 이어지면서 세계는 더 안전해지는 대신 보다 복잡하고 불확실한 상황을 맞이하게 되었다. 냉전의 갑작스러운 종말도 이러한 불확실성을 보여주는 사건이었지만, 미국의 일방주의적 헤게모니와 그에 대한 도전으로 이루어진 9·11 테러는 안보와 관련한 사람들의 전망을 더욱 어둡게 만들었다. 한편 1990-1991년 사이에 벌어진 걸프전쟁은 탈냉전기의 전쟁 양상이 이전과는 다른 방식으로 전개될 것임을 보여주는 하나의 전조였다. 각종 전자기기와 인공위성, 초정밀 폭탄 등이 전쟁에 동원되었고, 공격과 파괴의 모든 장면들이 실시간으로 전 세계에 생중계되기 시작했다. 사람들은 전쟁의 생생함에 경악했지만, 사실 이러한 충격적 효과는 이미 냉전기에 축적된 과학기술과 생산력 증가에 기인하는 것이기도 했다. CNN 방송을 통해 중동에서 벌어지는 첨단전쟁의 단면을 접한 세계 각국은 이제 자신들의 군사안보 패러다임을 적극적으로 재검토하기 시작했다.

2001년의 9·11 테러는 탈냉전기의 세계정치를 좌지우지하던 미국에 대한 도전장이었고, 비(非)국가 행위자에 의해 저질러진 새로운 유형의 공격행위였다. 첨단기술은 아니었지만 항공기를 이용한 테러는 이제 '열린 사회' 어느 곳이나 무력공격의 대상이 되었음을 명백하게 보여주었다. 안보는 이제 군인들에게만 해당되는 것이 아니라 사회 전체의 관심사가 되었고, 이러한 요구를 충족하기 위한 과학기술의 미션도 더욱 가중되기 시작했다. 이제 전쟁은 전장(戰場)에서만 벌어지는 것이 아니라 지구촌 어느 곳에서도 가능한 것이 되었고, 일상생활의 모든 측면이 공격에 노출되었다. 냉전기의 안보위협이 초강대국의 대결구도와 양극화, 그리고 진영논리를 바탕으로 한 철저한 합리적 선택의 패러다임에 의해 지배되었다면, 21세기의 안보는 훨씬 더 불명확하면서도 대응하기 어려운 복잡성을 띠게 된 것이다.

클라우스 슈밥은 4차 산업혁명에 관한 그의 보고서에서 기술혁신으로 인한 군사안보 패러다임의 이러한 변화를 크게 다음과 같은 세 가지로 요약한 바 있다(Schwab, 2016). 첫째, 기술혁신으로 인하여 오늘날의 분쟁이 전통적인 전투기술에 새로운 기술이 중첩되는 '혼성 분쟁'을 낳고 있다는 점이다. 일반적으로 안보전략에서는 무기체계를 '재래식 무기'와 '핵무기'(또는 대량살상무기)로 구분한다. 핵무기를 별도의 무기체계로 구분한 이유는 그것이 지닌 엄청난 파괴력 때문인데, 사실 핵무기의 존재는 냉전체제를 지탱해 왔고 또 그것을 종식시켰다고 볼 수 있다. 흥미로운 점은, 핵무기의 가공할 만한 파괴력은 그에 대한 '신화'를 만들어냈고 궁극적으로 핵무기는 '사용할 수 없는 무기'라는 일종의 '터부' 의식까지 만들어졌다는 사실이다. 그로 인해 많은 나라들은 핵무기를 보유하고 있건 그렇지 않건 간에 재래식 무기의 효과를 늘리는 노력을 경주해 왔다. 재래식 무기는 이제 '낡은 무기'가 아니라 첨단기술로 포장된 새로운 무기체계로 거듭나고 있다. 바로 4차 산업혁명의 영향 때문이다.

군사안보 전략에서 재래식 무기가 새롭게 탄생하기 시작한 데에는 다양한 기술들이 응용되면서 무기의 정확도와 파괴력이 증가했다는 점이 크게 작용했다. 무엇보다도 다양한 기술들의 복합적인 작용은 과거에 상상할 수 없었던 새로운 종류의 무기와 효과를 만들어냈는데, 이를 통해 오늘날의 전쟁은 냉전 시기에 유행했던 '대량파괴(massive destruction)'나 '상호확증파괴(mutually assured destruction)' 등의 단순하고 과격한 파괴의 지침을 더 이상 따르지 않아도 되는 수준에 도달했다. 오늘날의 전쟁은 과거의 전쟁과 같은 '사람'과 '무기'의 결합으로 작동하지만, 이러한 요소들의 연계성과 복합성은 전혀 새로운 차원에 도달함으로써 전쟁 패러다임을 바꿔놓고 있다.

둘째, 4차 산업혁명의 기술혁신은 기존에 '군사' 또는 '안보'의 개념으로 구분되던 영역을 더욱 확장함으로써 그 경계선을 모호하게 만들기 시작하고 있다. 이러한 변화는 국가, 사회, 법체계 등 기존의 질서를 유지하고 있는 제도와 사람들의 인식에 큰 어려움을 자아내고 있다. 테러와 비정규전 등 비전통안보의 양상이 두드러진 오늘날에 군사안보 영역이 독립적으로 존재할 수 없다. 150여 년 전만 하더라도 전투행위를 구경하기 위해 도시락을 싸들고 소풍을 가던 민간인들의 모습을 볼 수 있었지만, 이제는 일상의 삶이 이루어지는 공간이 모두 전쟁과 테러의 대상으로 전락하고 말았다. 전투행위가 벌어지는 '전장(戰場)'이 도시와 일터로 확장됨으로써 전방과 후방의 구분이 모호해졌다. 이웃에 테러범이 거주하고 있을지도 모른다는 두려움은 전투원과 비전투원의 구분을 무색하게 만들고 있다. 피를 뿌리지 않아도 엄청난 피해를 야기할 수 있는 비폭력적 폭력행위가 온라인 공간에서 횡행하고 있으며, 사람들은 어디까지가 일상의 영역이고 위기의 공간인

그림 1 글로벌 호크 무인정찰기.
적의 피를 눈앞에서 직접 목격하지 않아도 된다는 점에서 무인기는 '깨끗한 학살장치'라는 별명을
지니고 있기도 하다.

지 구분할 수 없는 지경에 이르렀다.

셋째, 기술혁신과 그로 인한 군사기술의 발전은 새로운 종류의 공
포를 만들어내기 시작했다. 지난 수백 년간 군대나 경찰력과 같은 '폭
력수단'은 국가만이 합법적으로 독점할 수 있었다. 탈냉전기에 들어와
이러한 독점구도가 붕괴되면서 내전과 테러, 비정규전 등 국가 이외에
도 다양한 행위 주체들이 폭력수단을 소유하게 되었고, 정보기술의 발
전은 해커와 산업스파이 등 눈에 보이지 않는 피해를 양산하는 결과
를 낳고 있다. 이제는 한 사람의 해커가 국가기관이나 대기업에 상상
을 초월하는 충격을 가할 수 있으며, 나아가 기존에 생각할 수 없던 새

로운 유형의 위협과 공포가 가능해졌다. 기존의 패러다임에서는 '알려진 불확실성(known unknowns)'의 개념 아래 위협에 대처하고자 했지만, 이제는 '알려지지 않은 불확실성(unknown unknowns)'과 대면해야 하는 상황에 처하게 되었다. 4차 산업혁명의 복합성과 복잡성은 미래에 어떤 일이 일어날지 가늠할 수 없는 수준으로 진화하고 있다는 점에서 군사안보의 측면에서도 대단히 불안정하고 불확실한 모습을 연출하고 있는 것이다.

기술혁신을 통해 이루어진 자동화 무기에는 어떤 것들이 있는가?

4차 산업혁명 시대의 기술은 다양한 요소들이 복합적으로 연결되어 있다는 점을 특징으로 한다. 군사안보 영역에서 이와 같은 복합적 속성을 지닌 기술은 크게 세 가지로 구분할 수 있는데, 무인기와 로봇기술을 포함하는 자동 무기체계, 빛과 열에너지를 이용한 지향성 에너지 무기, 그리고 사이버공간에서 이루어지는 사이버공격 기술을 꼽을 수 있다.

우선 자동 무기체계는 그 범위가 매우 다양한데, 최근 이라크 및 아프가니스탄, 파키스탄 주둔 미군에 의해 적극 활용되고 있는 무인기와 로봇 장치들로 대표되면서 일반에 널리 알려져 왔다. 흔히 '드론(drones)'이라 불리기도 하는 무인기(unmaned aerial vehicles, UAVs)는 중동 지역을 중심으로 미군에 의해 활용되고 있는데, 일반적으로 지상군 작전을 지원하기 위한 정찰이나 폭격에 효과적이다. 미국은 무인기를 활용함으로써 군사적 인명 손실을 최소화할 수 있게 되었는데, 적어도 공격자의 관점에서는 이러한 점이 매우 유리한 장점으로 작용한다. 특히 무인기는 군사작전에 미군이 직접 관여하지 않는다는 인상을 불어넣음으로서 전쟁의 참상으로부터 상대적으로 거리를 두면서 전쟁에 대한 국내정치적 반발을 최소화할 수 있다는 점에서 크게 환영받고 있다. 적의 피를 눈앞에서 직접 목격하지 않아도 된다는 점에서 무인기는 '깨끗한 학살장치(clean factory of slaughter)'라는 별명을 지니고 있기도 하다.

무인기는 그 속성상 '자동화 기계' 또는 '로봇'의 한 유형으로 분류된다. 보다 구체적으로 무인기는 '무인항공기(UAVs)'로서, '무인차량(unmanned ground vehicles, UGVs)'과 함께 대표적인 무인 로봇으로 간주된다. 1990년대 후반부터 실전에 사용되기 시작했지만 미군이 본격적으로 이러한 무인장치를 군사전략 개념에 포함시킨 것은 2000년대 중반에 들어와서였다. 무인기, 무인지상차량과 더불어 무인전투기(UCAVs) 및 로봇 초병(stationary sentry robots), 그리고 무인잠수함(unmanned underwater vehicles, UUVs) 등이 무인장치에 포함되며, 보다 넓게는 크루즈미사일 역시 무인장치의 개념에 속한다고 할 수 있다. 미국은 일찍이 무인장비 또는 군사용 로봇 개발에 착수하여 가장 앞선 기술을 자랑하고 있는데, 그 뒤를 이어 전 세계 40여 개 국가에서 적극적으로 무인장비를 개발 및 운용하고 있다. 이러한 장비들은 모두 사람의 원격 통제를 받아 전투에 투입될 수 있는 장치들이며, 자동화의 정도 및 통제의 수준에 차이를 보이기는 하지만 모두가 사람의 직접적인 개입이 없어도 군사적 목적을 달성하는 데 도움을 주는 것들이다.

무인기와 같은 자동화 기계들은 2000년대에 들어와 미국 국방부가 적극적으로 추진해온 '군사혁신(RMA)'의 결과물이기도 하다. 당시 미국은 전통적인 군사편제와 무기체계 운용방식을 대대적으로 개선하고 변화하는 안보환경에 한층 더 적극적으로 대응하기 위한 노력에 착수했다. 이미 정보기술의 발달을 기반으로 하여 추진되어 오던 '시스템의 시스템(system of systems)'의 개념을 모태로 하여 다양한 군사전략 자원을 연결하여 하나로 통합 운용하는 대전환이 이루어지고 있었는데, 무인기와 같은 신형무기들은 이러한 맥락에서 패러다임 변화의 중요한 요소로 간주된다. 2003년의 이라크전쟁은 무인기가 본격적으로 활용되기 시작한 계기를 마련해주었는데, '프레더터(Predator)'와 같은 공격기, 그리고 '글로벌 호크(Global Hawk)'와 같은 정찰기들이 뉴스의 초점으로 떠올랐다. 프레더터는 1990년대부터 미 공군과 CIA가 운용한 무인항공기로, 카메라와 센서 등의 첨단장비와 헬파이어 미사일, 기타 공격장비를 갖춘 원격조종 장치이다. 글로벌 호크는 미 공군과 NASA가 운용하는 정찰기로서, 고공을 운항하면서 각

그림 2 러시아의 원격 제어 전투로봇 MRK-002-BG-57.
다양한 기술들의 복합적인 작용은 과거에 상상할 수 없었던 새로운 종류의 무기와 효과를
만들어내고 있다.

종 첨단장비를 통해 다양한 군사정보를 수집한다.

지상에서 운용되는 무인차량 역시 군사혁신의 중요한 결과물로
서, 이라크와 아프가니스탄에서 다양한 급조 폭발물들을 탐지하고 대
응하는 데 큰 역할을 수행해왔다. 미군은 작전지역에 매장되어 있을
것으로 추정되는 폭발물과 지뢰 등을 탐지하는 목적으로 개발된 '폭
발물 해체(explosive ordnance disposal, EOD)' 로봇을 개발하여 운
용하고 있다. 그중에서도 대표적인 탈론(Talon) 로봇은 사람이 직접
작동시켜야 하지만 원거리 조종이 가능하기 때문에 매우 유용하게 활
용되고 있다. 특히 다양한 형태의 지상전투용 로봇은 테러의 현장이

나 폭발물 매설 의심지역, 시가전 등과 같이 사람의 생명을 위협하는 고위험 지역에 투입할 수 있는 대체기술로 자리매김하고 있다(Krish-nan, 2009). 이러한 기술은 아군의 인명 손실을 최소화하면서 효과적으로 원하는 목표를 추구할 수 있는 효율적 보조수단으로 인정받고 있다. 4차 산업혁명의 기술혁신이 군사작전의 부작용을 줄이면서도 전투지역에서 전략적 목적을 최대한 달성하는 데 적극 이용되고 있는 것이다.

무인장비들은
군사안보전략에 어떻게 활용될 수 있는가?

자동화 또는 무인 군사장비들이 본격적으로 실전에 투입되기 시작하면서 전 세계적으로 개발 경쟁이 붐을 이루고 있다. 가공할 만한 파괴력과 정확한 타격, 그리고 효율적인 운용 등 무인 무기의 활용도가 점차 커질 것으로 예상되고 있지만, 다양한 무기체계들 사이의 연계전략, 특히 기존의 인간중심적 전투체계와 자동화 장비들을 어떻게 호환 가능한 방식으로 연결할 것인가의 문제가 점차 중요한 관심사로 대두되고 있다. 하지만 이러한 장비들이 기존의 군사전략과 어떻게 조화롭게 운용될 수 있는지에 대해서는 눈에 띄는 변화가 감지되고 있지 못한 상황이다. 중국이나 러시아 등 자동화 무기 개발에 박차를 가하고 있는 경쟁 국가들이 있기는 하지만, 자동화 무기체계를 군사전략에 적극 포함시키려는 노력은 이라크전쟁 이후 미군에서 눈에 띄게 진행되고 있다.

오늘날 미군의 무인 군사장비들은 크게 두 가지 전략적 개념을 통해 실전에서 활용되고 있다. 그 하나는 '모선(mothership)'의 개념인데, 이것은 항공모함을 중심으로 하는 해군전략의 연장선상에서 구축된 것으로서, 드론과 같은 무인기와 무인함정을 항공모함 등 일정한 '모선'에 포함된 전략자산으로 운용하는 계획이다. 미 해군의 '연해전투함(littoral combat ship, LCS)'은 이러한 목적에 부합하는 자동화된 무인함정이다. 미국은 새로운 유형의 무인함정을 개발할 뿐만 아니라 재래식 함정들도 점차 이러한 개념에 맞게끔 개량을 거듭하고 있다. 일찍이 미국의 해군전략가였던 알프레드 마한(Alfred Mahan)은 20세기가 바다의 시대가 될 것이라고 보고 대양함대의 필요성을 역설한 바있다. 이러한 선견지명은 점차 미 해군의 기본 독트린으로 자리 잡았고, 20세기 미국의 헤게모니를 떠받치는 핵심적인 요소가 되었다. 오늘날 무인장비를 근간으로 하는 새로운 전략 개념들은 과거 마한의 제안과 마찬가지로 21세기의 전략적 우위를 결정짓는 새로운 기준이 될 것으로 전망된다.

모선의 개념과 더불어 무인 군사장비를 활용하는 데 기초를 이루는 또 다른 전략 개념으로서 '스워밍(swarming)'을 들 수 있다. 모선의 개념이 중앙집중형 통제를 전제로 한 '하향식(top-down)' 시스템이라면, 스워밍은 분산형 '상향식(bottom-up)' 시스템이라는 점에 차이를 지닌다. 하향식 시스템은 개별 전략자산들이 독립적으로 운용되도록 하는 것을 원칙으로 하지만, 유사시에 이들이 통합 운용됨으로써 효과적인 공격을 할 수 있도록 네트워크화 하는 데 주안점을 둔다. 따라서 전통적인 물리적 시스템의 이미지보다는 개미나 벌과 같이 집단생활을 영위하는 생물학적 시스템의 속성이 더 강하다고 할 수 있다(Singer, 2009). 문제는 개별 단위체들이 독립적으로 작동하면서도 이들 사이에 유기적인 커뮤니케이션과 행동의 조율이 이루어질 수 있도록 해주는 정밀한 시스템을 구축하는 일인데, 이것이야말로 4차 산업혁명의 기술혁신을 통해 빠르게 진행되고 있는 것이라 할 수 있다.

무인 군사장비는 사람이 원격조종하거나 장비 스스로 판단하여 움직일 수 있도록 하는 정도의 차이에 따라 몇 가지 유형으로 구분할 수 있다. 가장 낮은 단계의 무인장비는 '원격조종' 장치로서, 사람이 무인장비를 원격으로 조종하는 경우를 가리킨다. 앞서 언급된 무인기나 무인차량이 여기에 해당하지만, 사실 무인 군사장비들이 전투에 활용된 역사는 길다. 다만 최근 들어 무인 군사장비에 대한 관심이 급증한 것은 이러한 장비에 부가된 독자적 판단능력과 자율성에 있어서 과거와는 다른 차원에 도달했기 때문이다.

이러한 점에서 두 번째 단계의 무인장비는 '감독을 통한 자율성(supervisory autonomy)'을 그 특징으로 한다. 이것은 사람이 장비의 움직임과 위치, 기본적인 행동에 대한 명령을 입력하면 기계가 그에 맞추어 자동으로 실행하는 경우이다. 이때 사람은 기계의 움직임을 감독하는 과정에서 입력값을 새로 부여하거나 수시로 소통하면서 장치가 올바로 작동할 수 있게끔 오류를 수정한다.

세 번째 단계의 자율성은 '임무 수행 자율성(task autonomy)'이라고 불리는 단계로서, 사람이 일반적인 임무를 부과하면 그에 맞게끔 기계장치의 플랫폼이 작동하면서 일련의 행동과 감독조치들을 스스로 설정하고 집행하는 장치가 이에 해당한다. 물론 이러한 경우에도 최종적인 감독 권한은 사람이 갖고 있지만, 초기의 명령을 입력한 이후에는 사람이 항상 관여할 필요가 없다.

무인기계가 지닐 수 있는 자율성의 마지막 유형은 완전한 형태의 자율성으로서, 무인 군사장비가 인간의 입력 없이도 스스로 판단하고 결정을 내릴 수 있는 수준에 도달한 경우이다(Galliott, 2015). 만약 기계가 이러한 수준에 도달한다면 군사 분야에서의 인적 자원은 더 이상 필요하지 않게 될 수 있다. 물론 이러한 수준은 아직 관찰되지 않았으며, 앞으로도 오랜 시간이 소요될 것으로 전망된다. 최근에 들어와 인공지능 기술이 각광을 받으면서 인간의 지성을 대체할 수 있는 기술에 대한 기대가 높아지고 있지만, 매우 복잡한 상황이 연출되는 군사안보 분야에서 이러한 수준에 도달하기에는 아직 이르다고 할 수 있다.

지향성 에너지 무기는
21세기의 전쟁 패러다임을 바꿀 것인가?

무인 군사무기와 더불어 21세기의 전쟁 패러다임을 바꿀 것으로 전망되는 유형의 무기체계로 지향성 에너지 무기(directed energy weapons, DEW)를 꼽을 수 있다. 그동안의 재래식 무기와 핵무기가 폭발력을 이용한 발사체를 목표물에 타격하는 무기체계였던 반면, 지향성 에너지 무기는 별도의 발사체 없이 목표물에 방사하여 파괴한다는 점에서 완전하게 다른 작동원리를 지닌다. 무엇보다도 지향성 에너지 무기는 미래 전장에서 정밀타격 무기체계와 감시정찰 무기체계를 무력화시킬 수 있는 효율적인 대안으로 간주되고 있는데, 이것은 지향성 에너지 무기만이 보유하고 있는 '즉시성'과 '선택성'의 특징에 기인한다. 즉 지향성 에너지 무기는 빛의 속도로 전달되는 광파 또는 전자기파를 통해 발사 즉시 공격의 효과를 거둘 수 있으며, 원하는 목표물만을 골라서 타격할 수 있다는 점에서 그동안 재래식 무기와 핵무기의 사용에 걸림돌로 작용해온 '부수적 피해(collateral damage)' 문제를 해결할 수 있는 대안으로 주목받고 있다. 또한 무기체계의 규모나 노출 여부에 있어서 훨씬 유리하며, 일단 무기체계가 갖추어진 이후에는 교전 및 운용 비용을 크게 절감할 수 있다.

오늘날 실전 배치가 이루어지고 있는 지향성 에너지 무기에는 크게 두 가지 유형이 있는데, 하나는 고에너지 레이저 무기(high energy laser, HEL)이고, 다른 하나는 고출력 전자파 무기(high power micro-wave, HPM)이다. HEL은 일찌감치 1980년대 초반 레이건 행정부가 핵미사일의 위협에 대응하여 우주 공간에 구축하려 했던 전략방위구상(SDI)에 그 뿌리를 두고 있다. 당시 미국은 자국 영토를 향해 발사된 핵미사일을 인공위성에서 발사된 레이저로 요격하겠다는 야심찬 계획을 추진하였으나, 1980년대 말 냉전체제가 와해되면서 이 계획도 무산되고 말았다. HEL은 일정 수준 이상의 출력을 지닌 레이저를 발생하며 미사일과 항공기 등 적의 무기체계에 물리적 피해를 가함으로써 기능을 상실하도록 한다. 이러한 작전을 위해서는 고에너지 레이저 무기가 필수적이며, 레이저 발생 기술, 전송 및 추적조준 기술 등이 동시에 갖추어져야 한다.

미국은 1990년대 이후 본격적으로 HEL 개발에 나서기 시작했는데, 가장 대표적인 프로젝트는 탄도미사일을 겨냥한 항공기 장착용 고에너지 레이저 무기를 위한 ABL(Airborne Laser) 사업을 꼽을 수 있다. 2000년대에 들어와서는 ATL(Advanced Tactical Laser) 프로그램이 시작되어 항공기 탑재형 공대지 레이저 무기를 개발하였다. 이러한 무기는 항공기에 탑재하여 일정한 고도에서 근거리의 적 항공기와 인프라 시설 등을 무력화할 수 있는 것으로 알려지고 있다. 이와 더불어 지상 배치용 레이저 무기인 THEL과 운반이 가능한 차량 장착용 대공방어 레이저 시스템인 '스카이가드(Sky Guard)'가 개발 중에 있다. 이러한 고에너지 레이저 무기의 개념은 해군에도 확대되어 함정에 장착

그림 3 탄도미사일을 겨냥한 항공기 장착용 고에너지 레이저 무기 ABL(Airborne Laser).

하여 방어용 및 공격용으로 운용될 수 있도록 하는 다양한 시도들이 전개되고 있다(Ellis, 2015; 김문섭, 2011).

고출력 전자파 무기, 즉 HPM의 경우에는 전자기파 펄스(EPM)의 속성을 연구하는 과정에서 그 단초가 마련되었다. 이것은 직접적인 대인 살상력을 제고하는 대신, 안테나, 센서, 송수신 장비 등 적의 무기체계에 일정한 수준 이상의 전자기파를 투사함으로써 그 기능이 제대로 이루어지지 않도록 하는 데 주안점을 둔다. HEL이 강력한 에너지를 동원하여 치명적인 무기의 효과를 노리는 반면, HPM은 적의 전자장비를 교란시키거나 기만하는 것을 주요 목적으로 하고 있는 것이다. 특히 적의 무기체계에 대한 정확한 정보를 필요로 하는 HEL과 달리 HPM의 경우에는 정상적, 비정상적 입출력 경로에 대한 개괄적인 특성만 파악하더라도 광범위한 공격이 가능하다는 장점이 있다(Ellis, 2015; 김문섭, 2011). 최근에 들어와 군사무기체계가 점차 네트워크 중심전(NCW)을 수행할 수 있는 방향으로 고도화되고 있다는 점을 고려할 때 이러한 HPM의 군사적 가치는 더욱 커질 것으로 전망된다.

사이버공간에서 벌어지는 안보경쟁은 왜 새로운 위협으로 다가오는가?

4차 산업혁명의 도래로 가장 심각한 영향을 받는 영역으로서 사이버공간을 꼽을 수 있다. 사이버공간은 현실공간과 더불어 다양한 경제활동과 교류가 일어나는 장소이면서 동시에 다양한 행위자들과 사회제도를 연결함으로써 무한한 성장 가능성을 지니고 있는 가상공간이라 할 수 있다. 하지만 그러한 중요성이 커질수록 사이버공간의 위험성도 커져왔는데, 이는 군사안보의 측면뿐 아니라 일상생활에서도 다양한 유형의 공격행위가 일어나고 있는 최근의 추세에 비추어 매우 심각한 우려를 자아내고 있다. 사이버공간은 그 기술적 특성으로 인하여 군사안보 전략에서도 점차 중요하게 간주되고 있다. 정보기술의 도입으로 다양한 전략자산들이 상호 연결되어 있는 상황에서 이들 간의 네트워크를 보호하고 적의 시스템을 무력화시키는 일은 최우선의 과제로 부상하기 시작했다. 각 국가마다 사이버사령부를 신설하고 전문인력을 양성하면서 사이버전쟁에 대비하여 컨트롤타워를 정비하는 등 다각도로 노력하는 추세이다.

그림 4 사이버공격은 상대국에 대하여 직접적인 무력공격을 가하지 않고도 치명적인 물리적 파괴 효과를 야기할 수 있다는 점에서 국제사회의 관심을 끌고 있다. 사진은 서버룸.

사이버공격은 분산형 서비스거부(DDoS) 공격, 정보 교란, 그리고 네트워크 침해의 형태로 이루어진다. 분산형 서비스거부 공격은 봇넷(botnets)이라고 불리는 코드를 통해 수많은 '좀비' 컴퓨터들을 포획 및 조종함으로써 특정 웹사이트에 과도한 부하를 유발하고 시스템 작동에 피해를 주는 행위이다. 과거 버마넷이나 파룬궁 웹사이트 공격 사례가 이에 해당하며, 2007년의 에스토니아 및 2008년의 그루지야 공격, 2009년의 한국 정부 및 민간 기업에 대한 공격도 전형적인 사례이다. 정보 교란은 상대국의 컴퓨터에 은밀하게 침입하여 잘못된 정보를 입력함으로써 시스템 혼란을 야기하는 행동이다. 1999년 미국이 세르비아를 폭격할 당시 세르비아 방공지휘 네트워크를 교란했던 경우가 이에 해당하며, 2007년 이스라엘이 시리아의 핵시설을 공습할 때에도 유사한 공격이 이루어졌다. 네트워크 침해는 2010년의 스턱스넷(Stuxnet) 사건과 같이 상대국의 컴퓨터 네트워크를 대상으로 고의적인 오작동이나 파괴를 추구하는 행위이다(민병원, 2015).

사이버공격의 유형 중에서도 군사적으로 '지능형 지속위협(Advanced Persistent Threat, APT)'이라 불리는 공격유형에 대한 관심이 고조되고 있는데, 이는 2006년 미 공군에서 국방부와 정보 당국 등 관련 기관과 사이버안보 관련 커뮤니케이션을 위해 고안한 개념이다. 이 개념은 사이버위협을 야기하는 침해세력들이 다양한 방법을 총동원하여 특정한 목표의 취약한 부분을 공격하는 '지능형' 위협을 뜻한다. 이들은 기존에 알려지지 않았던 새로운 시스템 취약성을 찾아내고 이를 집중적으로 공략하는 '제로데이(zero-day)' 공격방식을 주로 채택한다. 또한 APT는 주어진 목표를 달성하기 위해 사전에 설정된 임무를 완수하려는 체계적이고 목표지향적인 공격행위이다. APT를 위주로 한 사이버공격은 최근 점차 강화되는 추세인데, 가장 두드러진 사이버공격의 사례로서 미국과 이스라엘이 이란의 핵시설을 대상으로 한 '올림픽게임(Olympic Games) 작전'을 들 수 있다.

'올림픽게임' 작전은 2006년 부시행정부에 의해 추진된 비밀공작으로, 오바마행정부에서도 지속적으로 추진되어 2010년 이란 나탄즈(Natanz) 핵시설의 작동을 중단시키는 피해를 주었다. 특히 우라늄 농

축에 이용되는 원심분리기를 제어하는 컴퓨터를 대상으로 삼았는데, 이스라엘 정보기관도 여기에 동참한 것으로 알려져 있다. 스턱스넷이라고 불리는 악성코드는 2010년 외부와 연결이 차단된 이란의 컴퓨터 시스템에 침입하여 원심분리기의 작동을 일시적으로 멈추도록 만들었다. 이와 같은 '올림픽게임' 작전은 사상 최초로 미국정부가 사이버공격을 수행한 사례라는 의미를 지닌다. 미국이 냉전기에 소련과 핵대결을 펼쳤던 경험, 그리고 최근 들어 사이버공간에서 중국과 벌이고 있는 경쟁을 고려할 때, 이 작전은 분명 군사적 효과를 노린 일종의 '공격적 행동'이라고 할 수 있다.

APT와 같은 사이버공격에 사용되는 주요 수단은 스턱스넷과 같은 악성코드인데, 이러한 코드는 인터넷에 연결된 네트워크뿐 아니라 외부로부터 차단된 독립적인 네트워크도 공격한다. 2011년에 발견된 두쿠(Duqu)는 스턱스넷과 유사한 방식으로 작동하는 악성코드로, 미래의 공격을 위해 특정한 컴퓨터 시스템에 침입하여 정보를 수집하는 기능을 수행한다. 이 코드의 경우에도 기존에 알려지지 않은 제로데이 취약성을 공격하며, 다양한 산업통제시스템(ICS)에 침투하여 정보를 탈취하는 데 이용된다. 2012년에 정체가 드러난 악성코드 플레임(Flame)은 마이크로소프트 윈도우를 운영체제로 하는 컴퓨터 시스템을 공격하며, 주로 중동지방에 확산되어 사이버 첩보활동의 목적으로 사용되고 있다. 이 코드는 지금까지 알려진 것 중 가장 복잡하고 정교한 것으로, USB 드라이브와 LAN을 통해 다른 시스템에도 침투하여 음성, 화면, 키보드 움직임, 네트워크 트래픽 등의 정보를 기록한다. 취합된 정보는 문서로 저장되었다가 전 세계 여러 곳의 서버로 전송된 후 다음 명령을 기다린다(Farwell and Rohozinski, 2012).

이처럼 정교한 형태의 사이버공격은 상대국에 대하여 직접적인 무력공격을 가하지 않고도 치명적인 물리적 파괴 효과를 야기할 수 있다는 점에서 국제사회의 관심을 끌고 있다. 이러한 사이버공격은 미국과 같이 첨단기술을 보유한 국가에 의해 주도되고 있지만, 이와 더불어 사이버공격에 대한 보복이나 유사한 모방공격이 일어날 가능성도 점차 커지고 있다. 특히 미국과 같이 고도의 첨단기술을 통해 복잡하게 연결된 사회가 이와 같은 사이버공격에 더욱 취약하다는 점은 분명하다. 그동안 사이버공격의 대상이 되었거나 위협을 받는 국가들이 이란이나 북한처럼 상대적으로 정보화가 더딘 곳이었음을 감안할 때, 사이버공격에만 집중하는 전략이 과연 효용성이 있는지 의문이 제기되기도 한다. 사이버공격 기술을 갖춘 주도 국가로서 미국이 국가전략의 필수요소로서 공격능력보다도 방어능력을 배양하는 데 노력을 기울여야 한다는 주장도 이런 맥락에서 이해할 수 있다.

사이버공격은 대부분 직접적인 전쟁 행위보다는 정치적 범죄를 겨냥한 공격행위로 이해할 필요가 있다. 사이버기술이 발전함에 따라 집단적으로 자신들의 의지를 표현하고 익명으로 이에 동참하는 일이 용이해지면서 사이버공격의 빈도와 강도는 증가해왔다. 이런 점에서 사이버공격은 사보타지, 첩보, 전복(subversion)과 같은 정치적 행위에 가깝다. 경제 또는 군사시스템을 약화시키거나 파괴하기 위한 고의적인 시도, 예를 들어 APT와 같이 기술적이고 전술적인 차원에서 이루어지는 공격이나 산업컨트롤 시스템 공격에 이용되는 '프로그램 논리 컨트롤러(Programmable Logic Controller)'는 전형적인 사보타지와 유사하다. 첩보의 경우 특정 목표물에 침입하여 민감한 정보나 금지된 내용을 절취한다는 점에서 기술적, 사회적 속성을 동시에 지닌 범죄행위라고 할 수 있다. 한편 전복은 고의적으로 특정 조직이나 정부를 무력화함으로써 사회적 유대감과 신뢰를 약화시키려는 고도의 정치사회적 행위이다.

이처럼 사이버공격의 특수한 성격에 비추어 볼 때, 이것이 전통적인 '전쟁'의 범주에 포함되기 어렵다는 주장에는 일리가 있다. 클라우제비츠에 따르면, '전쟁' 행위는 폭력성, 도구성, 정치적 성격을 모두 지니고 있어야 한다. 즉 전쟁이라는 행위는 자신의 의지를 적에게 강요하기 위한 무력 사용이어야 하며, 이를 위해 물리적 폭력이나 위협을 수단으로 삼는다. 또한 전쟁은 무력 사용을 결정하는 정치적 행위자의 의지를 반영하며, 이러한 의지가 적에게 전달되는 과정이다. 이러한 기준에서 볼 때, 지금까지 이루어진 사이버공격을 보편적인 전쟁 행위라고 규정하기는 어렵다는 것이다(Rid, 2012).

이처럼 사이버공격이 국제법상 '무력' 또는 '전쟁'에 해당하는가의 여부에 대해서는 논란이 분분하지만, 적어도 이러한 행위가 오늘날 분쟁의 양상을 크게 바꾸고 있다는 점은 부인할 수 없다. 특히 전략적인 차원에서 사이버공격은 전통적인 공격-방어의 관계를 역전시키고 있다. 예를 들어 클라우제비츠는 방어가 공격에 비해 우위에 있다는 견해를 피력했지만, 오늘날 사이버공격에서는 공격하는 쪽이 방어하는 쪽에 비해 훨씬 더 유리한 고지를 점령하곤 한다. 사이버공간에서 공격자의 신원을 파악하기 쉽지 않아 방어태세를 갖추는 데 훨씬 더 많은 노력과 자원이 소요되기 때문이다. 이러한 비대칭적 파괴효과는 과거의 전략가들이 우려하던 '전쟁의 안개(fog of war)', 즉 전쟁의 불확실성을 더욱 높이는 결과를 초래해왔다.

기술혁신은 무한대의 군사적 능력을 보장하는가?

4차 산업혁명과 그로 인한 기술혁신은 그 어떤 영역보다도 군사안보 영역에서 큰 반향을 불러일으켜 왔다. 나폴레옹 전쟁 이후 냉전 말기에 이르기까지 지난 200여 년에 걸쳐 군사안보의 문제는 대단히 폭력적이면서도 합리적이고 효율적인 방식으로 다루어져 왔다. 이는 곧 클라우제비츠가 언급했던 '전쟁의 정치화'라는 목표에 부합하는 것이었는데, 이러한 맥락 속에서 과학기술과 산업능력은 단지 국가적 목표를 위한 수단으로 간주되어 왔다. 전쟁과 같은 위기에 봉착할 경우 국가와 사회는 가용한 모든 수단을 총동원하여 생존을 도모하고 적을 물리치는 데 최선의 노력을 경주하였다. 이와 같은 군사안보적 차원의 접근방식에는 제한된 자원과 역량을 효과적으로 배분하여 운용해야 한다는 전제조건이 깔려 있었고, 아울러 합리적인 사고를 바탕으로 한 예측가능성에 대한 신뢰가 동반된 것이었다. 적어도 제3차 산업혁명이 전개되어온 20세기 후반까지는 이러한 목표가 달성 가능한 것처럼 보였다. 하지만 21세기의 상황은 이러한 방향과는 달리 전개되고 있다. 무엇보다도 4차 산업혁명에서 비롯된 복잡성과 불확실성의 증대가 군사안보의 패러다임을 뒤흔들고 있기 때문이다.

근대 프러시아의 전략가인 클라우제비츠(Carl von Clausewitz)는 전쟁의 속성을 논의하면서 그것이 지니고 있는 '불확실성'에 초점을 맞춘 바 있다. 그에 따르면, 전쟁의 본질은 '불확실성(uncertainty)'과 '우연(chance)'에 놓여 있으며, 따라서 인간의 능력으로 이러한 본질을 꿰뚫어보는 데에는 한계가 있다. 클라우제비츠는 이러한 상황을 '전쟁의 안개(fog)'라고 불렀는데, 이를 통해 전쟁을 확실하게 예측하고 통제하려는 군사전략적 사고에 경종을 울렸다. 4차 산업혁명 시대에도 이러한 클라우제비츠의 경고는 여전히 타당하다. 어떤 면에서는 그가 예측했던 것보다 더욱 불확실성이 증가했다고 볼 수 있으며, 오늘날의 분쟁양상에 대한 예측은 더욱 어려워진 것이 사실이다. 4차 산업혁명 시대의 전쟁과 안보는 인간이 통제할 수 있는 범위를 벗어나고 있는 것이 아닌지 의구심이 들 정도이다.

이처럼 전쟁의 불확실성이 오히려 커지고 있는 상황에서 클라우

제비츠의 교훈은 '절대전쟁(absolute war)'의 관념으로 확장될 수 있다. 그는 이념형으로서 '절대전쟁'에 대하여 언급한 바 있는데, 무제한적인 무력행사를 가리키는 이 개념은 현실세계에서 그대로 구현되기 어렵다. 왜냐하면 다양한 '마찰요인(frictions)'이 존재하기 때문에 전쟁의 강도와 범위에 제약을 가할 수밖에 없기 때문이다(Clausewitz, 2007). 그렇다면 '전쟁은 정치의 연장'이라는 클라우제비츠의 경구를 좀 더 적극적으로 해석할 필요가 있는데, 이는 전쟁을 군사전략적인 차원에서만 다룰 것이 아니라 '정책' 또는 '정치'의 차원에서 한층 더 폭넓게 다룰 필요가 있다는 점을 시사한다. 어차피 '절대전쟁'이라는 이념형이 불가능한 것이라면, 전쟁이나 폭력행위는 일정한 수준에서 멈추어야 하며, 그러한 수준을 결정하는 주체는 군사전략가가 아니라 정치가여야 한다는 것이다. 다시 말해 전쟁은 정치 지도자나 정책 결정자에 의해 그 목표와 범위가 정해져야 한다.

이렇게 본다면 분쟁은 '통제'가 불가능하지만 그럼에도 불구하고 일정한 범위 내에서 통제해야만 하는 대상으로 볼 필요가 있다. 근대 나폴레옹 전쟁이나 냉전 시기와 같이 완벽한 예측과 합리적 결정에 의거한 통제를 염두에 두지는 못할지라도, 사회적 또는 정치적으로 군사 안보의 영역과 범위를 조정하는 일은 시대와 상황을 막론하고 중요한 일이 아닐 수 없다.

이런 점에서 4차 산업혁명을 통한 군사전략의 패러다임 변화는 두 가지 면에서 의미를 지닌다. 하나는 그것이 적어도 기술발전이라는 면에서 '절대전쟁'을 향해 꾸준히 나아가고 있기 때문에 인간에 의한 통제를 지속적으로 요구한다는 점이다. 예를 들어 무인기의 활용이나 로봇 병사의 투입은, 적절하게 규제하지 않을 경우 제한적 목표와 윤리의식에 제약을 받지 않은 채 무제한으로 남용될 가능성을 안고 있다. 다른 하나는, 그럼에도 불구하고 통제는 완벽한 것일 수 없으며, 기술의 발전은 항상 인간이 의도한 대로만 이루어지지 않으며 많은 경우 '의도하지 않은 결과'로 이어질 수 있다는 점을 염두에 두어야 한다는 점이다. 그런 만큼 기술혁신은 군사전략의 영역에서 인간의 의지를 시험하는 중요한 시금석이 될 것이다.

클라우제비츠의 전쟁이론은 몇 가지의 전제조건에 기반을 두고 있는데, 첫째로 전쟁이 불확실하고 예측 불가능하다는 점, 둘째로 전쟁이 정치적 요인에 의해 제한적으로 수행된다는 점, 셋째로 전쟁은 정치 지도자들에 의해 통제될 수 있다는 점이 그것이다. 이와 같은 전쟁관은 오늘날에도 타당하지만, 4차 산업혁명의 효과는 그 복잡성과 복합성에서 클라우제비츠가 생존했던 시기에 비해 훨씬 그 강도를 더해가고 있다. 따라서 군사전략을 추구하는 데 있어서 클라우제비츠가 언급했던 '제한'과 '통제'의 가능성은 훨씬 더 줄어들 수 있다.

냉전 시기에 인류는 핵무기라는 전무후무한 파괴무기의 등장에 직면하여 이를 관리하고 통제하기 위한 제도적 장치를 만드는 데 수십 년의 시간을 소요했다. 그만큼 절대전쟁의 두려움이 인간의 생존에 결정적인 영향을 미치는 것인 만큼, 불확실성과 통제 불가능성을 증가시키고 있는 4차 산업혁명의 영향은 클라우제비츠가 제기했던 '통제'라는 문제의식을 우리에게 다시금 일깨워주고 있다.

군사기술의 혁신은 국내정치와 국제정치에 어떤 영향을 미칠까?

군사기술의 혁신적인 변화는 전통적인 안보 패러다임이 더 이상 통용될 수 없다는 인식에 많은 사람들이 공감하도록 만들고 있다. 과거의 '안보' 이슈가 군사적 영역에서 국가 주도로 다루어져온 데 비하여 오늘날의 안보는 그 주체와 영역, 범위가 확대되면서 사실상 인간생활의 전 분야를 포괄하게 되었다. 기술의 복잡성은 전쟁기술의 외주화를 초래했으며, 민간 및 군사기업, 테러리스트와 해커 등 다양한 종류의 행위자를 아우르고 있다. 안보의 영역도 전통적인 군사안보 차원을 넘어 산업, 정치, 사회, 환경 등 다양한 분야로 확대되면서 여러 가지 유형의 '안보위기'를 낳고 있다. 특히 4차 산업혁명은 기술의 복잡한 연결로 인한 예측 불가능한 현상을 빈번하게 만들어내면서 이러한 '위기' 의식이 일상생활의 다양한 영역에서 수시로 확산되도록 하는 데 기여해 왔다. 이처럼 안보의 주체와 영역이 확산되면서 국가와 사회의 자원을 우선적으로 배분 또는 장악하려는 정치적 다툼이 자주 일어나게 되었는데, 이러한 현상을 가리켜 '안보화(securitization)'라고 일컫는다(민병원, 2006).

4차 산업혁명은 기술의 발전을 전제로 한다는 점에서 기존의 '안보화' 추세에 더하여 새로운 유형의 안보담론 경쟁을 촉발시키고 있다. 이러한 현상은 무인기와 로봇, 지향성 에너지 무기, 사이버공격 등의 분야에서 이루어지는 안보담론을 들여다보면 분명하게 나타나는데, 많은 경우 안보화 과정이 기술전문가 집단에 의해 이루어지기 때문에 정책결정자들이나 일반 시민들의 차원에서는 제대로 따라잡기 어렵다. 이처럼 안보이슈가 전문가들에 의해 독점되는 '기술화(tech-nification)' 현상이 점차 심해지면서 기존의 안보화 추세는 '초(超)안보화(hyper-securitization)'로 탈바꿈하는 경향을 보이고 있다. 이러한 편향성은 전쟁으로부터 야기되는 피해와 충격에 대한 윤리문제 및 책임소재의 여부 등 여러 문제들을 상대적으로 등한시할 수 있다는 점에서 우려할 만한 현상이다. 그런 까닭에 기술 기반의 안보화 담론은 그것이 사회 전체의 안위와 생존에 직접적인 영향을 미친다는 점에서 궁극적으로 '사회안보(societal security)' 프레임을 벗어나기는 어려울 것으로 전망된다. 결국 21세기에도 클라우제비츠는 계속해서 관심의 대상으로 남아 있을 것이다.

4차 산업혁명으로 인한 군사안보 전략의 변화는 이상과 같이 국내정치적 차원에서 안보의식과 안보담론의 변화를 야기하고 있지만, 동시에 국제제도, 특히 전쟁과 관련된 국가 간의 합의와 법적 장치에도 큰 영향을 미치기 시작했다. 근대 이후 국제정치는 오랜 시간에 걸쳐 주권 개념을 근간으로 하는 국제법 체계를 구축해왔는데, 특히 전쟁을 정당화하고 규제하는 전쟁법 분야에서 이러한 노력들은 상당한 성과를 거두어왔다. 하지만 기술의 발전은 이러한 기존의 국제법 체계를 상당한 정도로 뒤흔들고 있다. 우리 '전쟁의 명분에 관한 법(jus ad bellum)'에서는 한 나라가 합법적으로 또는 윤리적으로 다른 나라에 무력을 사용할 수 있는가에 관한 법을 가리키는데, 예를 들어 UN 헌장 제51조는 '자기방어(self-defense)'의 개념을 통해 이것이 가능하다고 명시하고 있다. 그런데 기술의 발전으로 인해 군사작전에 무인기나 로봇에 의한 공격행위가 포함될 경우 이러한 자기방어의 논리가 성립하는지에 대해서는 보다 분명한 규정이 요구된다.

마찬가지의 문제가 '전쟁 중의 법(jus in bello)'에서도 드러나고 있다. 이 법은 분쟁 중에 이루어지는 행위에 대하여 법적으로 또는 윤리적으로 규제하려는 노력으로서, 제네바협약과 헤이그협약, 국제 인도주의법, 무력분쟁법(LOAC) 등을 포괄한다. 전쟁 중의 법을 떠받치는 주요한 원칙으로는 전투원과 비전투원의 구별(distinction), 군사적 공격과 그에 대한 보복의 비례(proportionality), 그리고 일정한 범위 내에서 이루어지는 부수적 피해의 허용 등을 꼽을 수 있다. 4차 산업혁명을 통해 더욱 발전하고 있는 정밀무기들은 이러한 구별, 비례, 부수적 피해 최소화 등에 유용하게 활용될 수 있다. 그럼에도 불구하고 이러한 피해의 범위와 성격에 대한 명시적인 규정이 제대로 마련되어 있지 않기 때문에 향후 이를 마련하기 위한 추가적인 협력이 요구되고 있다.

사이버공간에서 이루어지고 있는 다양한 형태의 공격과 침해행위는 국제규범의 적용이 제대로 이루어지지 않는 무법지대와도 같은 실정이다. 예를 들어 사이버공간에서 일어나는 공격행위에 대하여 기존의 국제법으로 규제 또는 처벌할 수 있는가에 대하여 학자들 사이에 논의가 분분한 상황이다. 클라우제비츠의 전쟁 개념은 폭력성과 도구성, 그리고 정치적 의지가 모두 포함하고 있는데, 이러한 개념에 따를 경우 사이버공간의 공격이나 침해행위가 전쟁이라고 규정할 수 없다는 점은 분명하다. 하지만 지난 10여 년 사이에 일어난 다양한 사이버전쟁 또는 공격행위는 국가와 시민들의 생존을 위협할 수 있는 잠재력을 지니고 있다는 점을 명백하게 보여주었다. 따라서 '사이버전쟁' 또는 '사이버공격'을 국가들 사이에, 또는 국제기구와 협약을 통해 적절하게 규제할 수 있는가의 여부가 오늘날 국제법과 국제정치, 그리고 안보연구의 여러 영역에서 활발하게 논의되고 있다.

2013년에 처음으로 출간된 '탈린 매뉴얼(Tallinn Manual)'은 이러한 노력의 결정체라고 할 수 있는데, 유럽의 국제법 학자들을 중심으로 기존의 국제법을 어떻게 사이버공간에 적용시킬 수 있는가에 관한 세분화된 논의가 담겨 있다. 탈린 매뉴얼은 사이버공간에서의 행위가 국가와 주권, 무력사용, 적대관계, 전쟁 중의 법, 점령과 중립 등 국제법의 다양한 조항에 어떻게 해당하는가를 다루고 있다(Schmitt, 2013). 최근에는 이러한 논의를 확장한 제2판이 발간되었는데, 기존의 논의에 더하여 인권법, 외교 및 영사법, 해양법, 항공법, 우주법, 통신법 등과 더불어 사이버공간의 평화와 안보에 대한 다양한 이슈들을 추가적으로 다루고 있다(Schmitt, 2017). 이와 같은 노력들은 아직까지 매우 제한된 영역의 사이버 안보 이슈들에 초점을 맞추고 있지만, 향후 무인 군사무기와 로봇, 지향성 에너지 무기 등에 대해서도 국제규범을 창출하려는 시도들이 이어질 것으로 전망된다.

4차 산업혁명의 확산은 기존의 다양한 기술을 서로 연결하고 통합함으로써 군사안보 분야에서 예측 불가능하고 통제 불가능한 안보위협을 만들어내고 있다. 이러한 현상은 전통적인 안보 패러다임으로는 더 이상 오늘날의 안보문제를 다룰 수 없다는 문제의식을 자아낸다. 무인기와 군사로봇, 지향성 에너지 무기와 사이버공격 등은 과거의 패러다임으로 충분하게 이해하거나 대응할 수 없는 새로운 도전을 제기하고 있기 때문이다. 이와 같은 맥락에서 이 글에서는 기술혁신으로 인한 군사전략 패러다임의 변화가 클라우제비츠가 언급한 절대전쟁의 이념형으로부터 현실의 전쟁이 얼마만큼 통제 가능한가의 문제를 제기한다는 점을 강조한다. 기술의 발전은 인간들 사이의 갈등과 분쟁에 얼마나 지대한 영향을 미칠 것인가? 적어도 우리는 그것이 무한대의 싸움이 될 수 없다는 것을 알고 있으며, 이를 적절한 수준에서 규제하고 다스리기 위한 인식을 도모하고 제도적 장치를 구축하는 데 노력을 기울일 필요가 있을 것이다.

기술혁신은 합리성의 증대와 예측 가능성을 전제로 하고 있지만, 복합성과 예측 불가능성으로 대표되는 4차 산업혁명의 효과는 그 반대의 모습을 드러내왔다. 기술의 진보가 인간을 위한 목표를 지니고 있지만, 동시에 기술이 인간의 손아귀로부터 벗어날 수도 있다는 우려를 자아낸 것도 사실이다. 그렇다면 기술혁신이 가져온 군사안보 분야의 위협과 가능성에 대한 평가는 어떻게 이루어져야 할 것인가? 적어도 긍정적인 측면과 부정적인 측면이 뚜렷하게 나뉠 수 있다는 점은 분명한데, 이 글에서는 특히 복잡성과 예측 불가능성으로 인한 부정적인 측면에도 주의를 기울여야 한다는 점을 강조했다. 기술은 언제나 인간의 의지와 지능을 이용하여 발전해왔지만, 그 규모와 속도가 인간의 통제 범위를 벗어날 경우 어떤 대안이 가능할 것이며 누구에게 책임을 물을 것인지에 대한 논의가 지금부터 이루어져야 할 것인지도 모른다. 이와 같은 문제의식을 제기하는 것만으로도 4차 산업혁명이 군사안보 분야에서 갖는 의미를 논하는 데 있어 중요한 첫걸음을 내딛는다고 할 수 있다.

4차 산업혁명과
한국의 에너지안보

신범식 서울대학교

석탄과 증기기관 중심의 1차 산업혁명은 석유와 전기 중심의 2차 산업혁명을 거쳐 신재생에너지와 정보통신기술(ICT)을 기반한 3차 및 4차 산업혁명으로 전화되고 있다. 문제는 4차 산업혁명의 급격한 변화는 새로운 에너지원의 개발을 절실히 요청하고 있다는 점이다. 이 글은 4차 산업혁명과 에너지 분야의 연관성 고찰을 위하여, 에너지 생산·소비와 관련된 변화와 특징은 무엇이며, 4차 산업혁명 시대의 주요한 도전으로서 신기후체제의 압력으로 에너지믹스가 어떻게 변화할 것인가, 이와 같은 신에너지안보의 요청에 대한 4차 산업혁명의 기술적 대응 가능성은 무엇이며, 기술혁신에 따른 에너지비용의 절감은 가능할 것인가, 이러한 도전의 시대에 주요국들이 펼치는 에너지 정책의 방향과 특징은 무엇이며, 한국의 대응은 어떻게 되어야 할 것인가에 대해서 답해 보고자 한다.

· 4차 산업혁명과 에너지 이슈는 어떤 연관성이 있는가
· 4차 산업혁명은 에너지안보 전반에 어떤 영향을 미칠까
· 21세기에 직면하고 있는 새로운 에너지안보의 도전은 무엇인가
· '에너지믹스'는 에너지안보에 대해서 무엇을 말해주는가
· 세계 에너지믹스 변동의 전망은 어떤 도전적 과제를 제기하는가
· 4차 산업혁명은 신기후체제의 도전에 어떤 해법을 제시할 수 있을까
· 새로운 에너지기반 구축에서 주목해야 할 기술적 혁신은
· 복합적 도전에 대한 주요국과 주요 지역의 대응 양상은 어떠한가
· 4차 산업혁명과 '미션이노베이션'의 복합적 솔루션은 가능한가
· 복합적인 도전에 직면한 한국의 에너지안보 전략은

4차 산업혁명과 에너지 이슈는
어떤 연관성이 있는가?

우리가 산업혁명을 생각할 때에 가장 먼저 떠올리는 것은 증기기관의 발명일 것이다. 하지만 증기기관이라는 기술적 혁신을 보편적으로 확산시킬 수 있었던 배경으로 우리가 기억해야 할 것은 바로 대규모의 석탄 생산과 이용이다. 뒤집어 이야기하면 석탄이 없었다면 1차 산업혁명은 없었을지도 모른다는 것이다. 전 세계 어디서나 원하는 만큼 구할 수 있었던 에너지원으로서 석탄의 부존은 증기기관의 발명과 함께 대량생산을 가능하게 하였고, 이는 다시 증기기관의 활용을 보편화시켜 혁명적 시너지를 일으킴으로써 "산업혁명"을 촉발하였다. 그리고 이 석탄의 자리를 석유가 이어받으면서 본격적인 산업의 시대가 꽃피게 된 것이다.

이러한 1차 산업혁명으로 촉발된 산업의 구도는 전기의 발명과 함께 산업의 새로운 차원으로 진입하게 되었고, 근·현대에 인류가 이룩한 문명의 가장 중요한 기초는 이러한 1차, 2차 산업혁명의 흐름 속에서 구축되었다. 하지만 인류는 여기서 멈추지 않았다. 컴퓨터와 통신기술의 발전은 3차 산업혁명이라는 새로운 변화의 동력을 만들었으며, 이 3차 산업혁명은 곧바로 4차 산업혁명으로 연결되고 있다. 문제는 이러한 3차 및 4차에 이르는 급속한 산업의 변화는 새로운 에너지원의 개발을 절실히 요구하는 요인 중의 하나가 되고 있다는 것이다.

표 1 1-4차 산업혁명과 에너지 비교

	1차 산업혁명	2차 산업혁명	3차 산업혁명	4차 산업혁명
주요 기술	증기기관	전기	정보화 자동화	인공지능, IoT, 빅데이터 등
에너지원	석탄	석유, 가스, 원자력	신재생에너지	기존 에너지 새로운 에너지?
특징	기계화	분업·대량생산/ 소비	자동화·맞춤형	융합·적정화

출처: 산업연구원, 「4차 산업혁명 시대의 에너지정책」 발표자료(2017. 2. 6.)를 재구성.

대체로 4차 산업혁명이란 신소재, 생명과학, 인공지능, 로봇기술, 사물인터넷(IoT), 빅데이터 등의 첨단 과학기술 분야가 정보통신기술(ICT)과 융합됨으로써 자동화와 연결성이 초극대화되는 산업의 단계에 진입하게 되는 것을 의미한다. 이는 정보통신기술 혁명이 촉발한 3

차 산업혁명의 연장선에 있지만, 동시에 그 변화의 정도가 기존 산업혁명들과 질적인 차별화를 이루는 수준에까지 도달할 것으로 예측되고 있다. 초연결성(Hyper-Connected), 초지능화(Hyper-Intelligent)의 특성을 지닌 4차 산업혁명 시대에는 "모든 것이 상호 연결되고 보다 지능화된 사회로의 변화"를 추동하게 될 것이며, 이는 사회 전반에 걸쳐 기하급수적인 변화를 야기하게 될 것이다(원동규, 2016).

그렇지만 기존 산업혁명의 과정에서 보듯이 4차 산업혁명을 이해할 때 간과하면 안 될 것은 증기기관의 발명과 석탄·석유 에너지원 발견, 전기의 발명과 원자력을 포함한 다양한 에너지원의 등장, 컴퓨터를 통한 자동화와 신(新)기후체제의 도전에 따른 새로운 에너지원의 요구 등이 어우러지는 산업혁명과 에너지 기반 간의 관계에 대한 올바른 이해이다. 4차 산업혁명 역시 신재생에너지의 확산, 전기의 무선화에 따른 에너지 소비패턴의 변화, 지능형 스마트 전원의 일상화를 통한 에너지 소비의 합리화 등을 비롯하여 세상을 새롭게 바꿀 에너지 부문의 혁신적인 변화와 궤를 같이하면서 진행될 것이라는 점을 염두에 두어야 한다.

따라서 4차 산업혁명과 에너지 분야의 상호작용을 고찰하기 위해서는 에너지 생산 및 소비 구조의 측면에서 나타나는 기존의 특성과 새로운 변화가 어떻게 공존할 것인가, 4차 산업혁명 시대의 주요한 도전으로서 신기후체제의 도전과 압력으로 에너지믹스가 어떻게 변화할 것인가, 이 같은 신에너지안보의 요청에 대한 4차 산업혁명의 기술적 대응의 가능성이 무엇이며 기술혁신에 따른 에너지비용의 절감은 가능할 것인가, 이러한 도전과 대응의 과정에서 주요국들이 펼치는 에너지 정책의 주요 방향과 특징은 무엇이며, 그들 간에 펼쳐질 경쟁과 협력의 양상은 어떠할 것인가 등과 같은 질문에 답해 보는 것이 필요하다.

4차 산업혁명은 에너지안보 전반에 어떤 영향을 미칠까?

이 질문들에 본격적으로 답하기에 앞서 우리는 또 하나의 근본적인 질문에 답함으로써 4차 산업혁명과 에너지 이슈 사이에 나타나는 긴밀한 연관성을 다시 한 번 강조할 필요가 있다. 다름 아니라 4차 산업혁명은 다양한 기술적 혁신의 결과, 새로운 에너지 활용의 패턴이 만들어질 것인가, 아니면 기존 에너지안보에 대한 도전으로 작용할 것인가에 대한 질문이다. 이에 대해서는 아직 누구도 시원한 답을 내놓지 못하고 있다.

하지만 여기서 분명히 이야기할 수 있는 것은 4차 산업혁명이 에너지안보에 중대한 도전을 야기할 수 있다는 점이다. 그것은 다름 아니라 4차 산업혁명으로 인한 기술의 발전과 혁신은 엄청난 에너지수요를 요구하고 있다는 것이다. 예측에 따르면, 4차 산업혁명의 주요 기술인 인공지능, 사물인터넷, 빅데이터가 적용되는 생활패턴이 확산된다면 2040년경에는 현재 수준의 100만 배의 정보량이 사용되면서 이를 처리하기 위해서 2040년경 인류가 생산할 수 있는 전기의 100배에 달하는 에너지를 필요로 하게 될 것이라고 한다(대니얼 예긴, 2017, p. 10). 이것이 사실이라면, 인류는 4차 산업혁명을 일궈내지 못할 것으로 보는 것이 맞을 수도 있다.

하지만 필요는 발명의 어머니이기에 4차 산업혁명의 열매가 지니는 매력은 새로운 에너지원의 개발 내지는 새로운 에너지산업을 촉발시킬 수도 있다. 그래서 세계 유수의 반도체 회사들이 에너지절약형 반도체 개발을 위한 노력을 기울이고 있다. 하지만 에너지를 절약하는 방식으로만 이에 대처하기는 쉽지 않아 보인다. 결국 에너지 사용량을 획기적으로 줄이는 방안과 에너지의 공급을 획기적으로 늘리는 방안이 함께 맞아 떨어져야만 4차 산업혁명이 가능하다는 것이다.

그런데 에너지 공급을 늘리는 일에는 새로운 도전들이 도사리고 있다. 파리기후변화협약의 결과 온실가스를 줄이는 문제는 인류의 매우 절실한 과제로 제시되었고, 추가적인 온실가스 배출을 줄이면서 획기적으로 에너지 공급을 늘리는 일이야말로 창조적인 변혁을 요구하고 있다. 게다가 새로운 에너지원으로 각광을 받아온 원자력은 미국의 드리마일, 소련의 체르노빌, 그리고 일본의 후쿠시마 원전 사고 이후 무작정 확대할 수 있는 에너지원으로서의 매력을 상실하고 있는 것이 사실이다.

결국 4차 산업혁명은 획기적인 에너지 기반의 마련을 떠나서는 생각할 수 없으며, 이 에너지 기반은 전기 공급의 증대 내지는 완전히 새로운 에너지 기반의 구축을 요청하고 있음을 알 수 있다. 현재로서는 일정 기간 석유·가스와 같은 화석연료에 의존할 수밖에 없으며, 석유로 대표되는 화석연료의 시대가 지속되는 가운데 다방면에서 제기되고 있는 에너지 기반의 한계에 대한 도전을 점진적으로 극복하거나 창조적으로 변혁해 나갈 방도를 찾는 과제가 4차 산업혁명의 핵심 과제 중 하나이다. 이런 의미에서 4차 산업혁명은 에너지안보에 대한 패러다임의 변환을 요청하고 있다고 할 수 있을 것이다.

21세기에 직면하고 있는 새로운 에너지안보의 도전은 무엇인가?

우선, 전통적인 의미에서 에너지안보란 무엇인가에 답해 보자. 1, 2차 세계대전은 에너지의 전략적인 중요성, 특히 석유의 중요성을 잘 보여주었다. 석유 수출국이던 미국이 1940년대 말 석유 수입국으로 전환되면서 에너지안보의 문제는 미국의 정치적이면서 전략적인 우선과제로 떠올랐다. 석유시대에 산업의 혈액과도 같은 석유를 확보하는 것을 주된 목적으로 하는 에너지안보는 한 국가가 필요로 하는 양을, 적정한 가격에, 적절한 시기에, 안정적이고 지속적으로 공급할 수 있는 능력과 직결된다.

문제는 석유를 비롯한 주요 에너지원의 매장이나 생산이 지리적으로 편중되어 있다는 점이다. 전 세계 석유 및 가스의 72%가 중동과 구소련 지역에 부존하고 있다. 천연가스의 경우 중동 지역에 42.8%, 러시아에 26.3%가 묻혀 있다. 생산지가 편중되어 있을 뿐만 아니라 에너지 수요지가 생산지와 차별적으로 분포하고 있다는 점에 이르면 문제가 더 심각해진다. 에너지의 주요 수요지는 주로 북미, 유럽, 동북아 지역에 편중되어 있다. 가령, 동북아시아의 한국, 중국, 일본 3국은 세계 천연가스 소비 총량 중 58%, 유럽은 23%를 소비하고 있다. 따라서 에너지 자원은 그 자체가 국제교역의 주요한 재화가 되고 있으며, 이 교역로의 안정성 또한 중대한 안보적 의미를 지니고 있다.

에너지를 운송하는 문제가 주요한 문제로 부각될 수밖에 없으며, 생산지와 수요지의 차별적 분포는 이 운송로를 길게 만들고 있다. 특히 장거리 이동을 하게 되는 에너지의 운송로는 매우 한정되어 있을 뿐만 아니라 정치·군사적 위협이 상존하는 지대를 통과하게 되어 있기에 에너지 운송의 안정성은 에너지안보의 매우 중요한 구성요소가 되고 있다. 가령, 아랍에미리트연합과 이란 사이에 위치한 호르무즈 해협은 전 세계 석유의 67%가 이동하는 운송로이며, 동남아시아의 말라카 해협은 한국과 중국, 일본이 소비하는 에너지의 90%가 이동하는 지점이다. 이 지점들에서의 군사 및 안보적 위협의 발생은 그 인근 지역의 문제로 끝나는 것이 아니라 멀리 동북아 국가들의 에너지안보를 위협하는 문제로 직결되는 것이다.

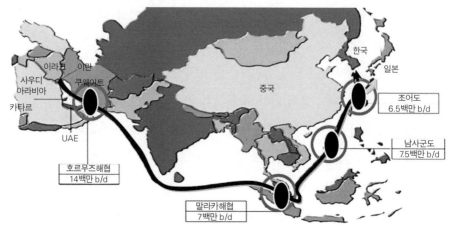

그림 1 동북아 국가들의 주요 에너지 운송로

최근 들어 남중국해와 동중국해의 군사적 불안정성은 〈그림 1〉에서 보는 바와 같이 동북아 국가들의 에너지안보에 직접적인 영향을 미칠 수밖에 없다. 이 같은 에너지 운송로가 야기할 수 있는 에너지안보의 취약성을 극복하기 위하여 중국이 유라시아 내륙으로부터 석유와 가스를 수입하거나 인도차이나반도를 가로질러 자국으로 직접 연결되는 송유관/가스관을 건설하는 프로젝트를 진행하고 있는 중요한 이유가 바로 여기에 있다.

게다가 최근 들어 에너지안보를 위협하는 다양한 요인들이 부각되고 있다. 가령, 에너지자원을 정치적 내지 외교적 무기화할 가능성에 대한 우려도 만만치 않다. 자원민족주의의 고조는 석유·가스를 무기화하거나 압박의 수단으로 활용하게 만듦으로써 분쟁의 불씨가 되기도 하며, 자원 개발과 판매를 시장의 원리에 따르기보다 국영기업이 주도하게 함으로써 폐쇄적인 에너지 환경을 조성하여 자유로운 에너지의 흐름을 방해하기도 한다. 또한 중국과 인도는 물론이고 동남아시아 및 중남미 신흥개도국들의 급속한 경제개발로 인하여 세계 에너지 시장의 수급 구조가 변화하고 있다는 점도 주요한 도전거리이다.

따라서 있어도 좋고 없어도 좋은 재화가 아니라 각국이 살아가기 위한 필수적 재화이며 동시에 사활적 이익이 걸린 전략적 재화인 석유를 어떻게 안정적으로 공급할 것인가에 대한 문제는 여전히 국가적이며 국제적인 과제로 남아 있다. 에너지안보의 문제는 지금과 같은 석유의 시대 내지 화석연료의 시대가 계속되는 동안에는 에너지 수급과 가격 그리고 에너지 운송 문제 등과 관련하여 지속적으로 적극적 대응을 요구하는 국가적 과제로 남아 있게 될 것이다.

하지만 21세기에는 우리가 결코 간과할 수 없는 새로운 에너지 안보에 대한 도전이 제기되고 있다. 그것은 바로 기후변화의 위협으로부터 오는 도전이다. 기후변화는 인류에게 매우 심각한 위협이 되고 있으며, 이에 대해 국제사회는 기후변화협약(UNFCCC)을 중심으로 기후변화대응체제 구축에 부심하고 있다. 특히 최근에 기후변화협약의 파리 당사국총회에서 채택된 소위 신기후협약은 기존에 선진국 중심으로 해법을 모색하던 교토체제와 달리 모든 당사국들이 참여하는 체제를 구축하기 위하여 기후변화의 완화 및 적응을 위한 개도국 참여를 본격화시키고 있다는 점에서 새로운 단계에 진입하게 된 것으로 평가되고 있다. 신기후체제는 당사국이 기여방안을 스스로 결정하는 상향식 접근법을 채택하여 각국의 사회경제적 여건과 능력을 고려한 기여방안을 조화시키는 해법을 추구하고 있다는 점에서 기대를 모으고 있다.

이 신기후체제의 출범은 기존에 각국이 추진해 온 에너지 정책과 관련하여 근본적인 패러다임의 전환을 요구함으로써 고효율에너지 및 신재생에너지의 시대를 앞당기기 위한 노력을 개막한 것으로 평가되기도 한다. 파리협약 이후 신기후체제의 출범에 따라 국가별로 신기후체제의 요청에 부합하는 에너지믹스의 전략을 재구성하고 그에 따른 새로운 에너지안보 전략의 수립을 모색하고 있다.

그것은 한마디로 목표의 이중화라고 요약해 볼 수 있을 것이다. 20세기까지는 주로 석유를 중심으로 한 에너지안보가 거의 핵심적인 에너지정책의 목표였음을 부정할 사람은 없을 것이다. 즉 충분한 석유 중심의 에너지 공급과 그것을 가능하게 할 에너지수송 네트워크를 확보하는 것이야말로 에너지안보를 확보해내는 정책의 핵심적 내용이었다. 하지만 21세기에 들어서면서 제기된 기후변화의 도전과 신기후체제의 출범은 새로운 에너지정책의 목표를 부가하고 있다. 국가의 에너지정책은 이제 최대한의 에너지안보 확보라는 기존 목표와 더불어 탄소배출 억제라는 새로운 정책적 목표를 동시에 추구해야 하는 새로운 국면으로 진입하게 되었다는 것이다(Smil, 2005). 이는 지금까지와는 전혀 다른 새로운 에너지 디자인의 필요성을 높이고 있다. 4차 산업혁명의 시대적 조건이 바로 이 지점과 만나고 있다.

　이러한 에너지정책 목표의 이중화는 일국의 에너지정책만으로 달성하기 어렵게 만들고 있으며, 이에 국제적 에너지협력의 중요성이 더욱 증대되고 있는 시대적 특성을 발현하고 있다. 즉 기후변화, 신재생에너지 발굴, 신성장동력 창출, 지역 간 에너지 연결 등과 같은 다양한 협력을 통하여 고난도의 에너지정책 목표를 달성하기 위한 국제적 협력은 필수적인 과제가 되고 있는 것이다. 시간이 갈수록 개별 국가 차원에서 시도되는 대응보다는 국제적 협력을 통한 공동의 이익을 창출하는 에너지정책이 중요해지고 있다.

'에너지믹스'는 에너지안보에 대해서 무엇을 말해주는가?

　자원의 매장지와 수요지의 불균등한 분포가 에너지안보의 국제적인 측면을 잘 보여준다면, 에너지믹스는 에너지안보의 국내적 대응을 설명해 주는 핵심적 측면이다. 간략히 설명해 보자면 에너지믹스란 한 국가가 사용하는 에너지의 수요와 공급을 어떤 에너지원으로 충당하여 맞추어 가는지를 보여주는 분포를 의미한다. 이는 한 국가의 에너지안보를 확보해 나가는 전략적 측면뿐만 아니라 그 국가의 에너지 정책의 구조적 단면을 드러내준다는 의미에서 한 나라의 에너지 수

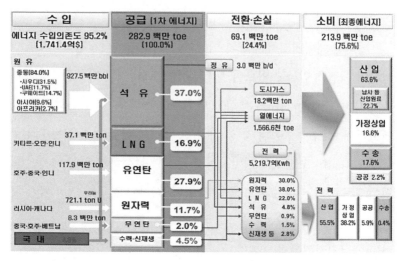

수 입	공급 [1차 에너지]	전환·손실	소비 [최종에너지]
에너지 수입의존도 95.2% [1,741.4억$]	282.9 백만 toe [100.0%]	69.1 백만 toe [24.4%]	213.9 백만 toe [75.6%]

원 유
중동[84.0%]
· 사우디[31.5%]
· UAE[11.7%]
· 쿠웨이트[14.7%]
아시아[9.6%]
아프리카[2.7%]

927.5 백만 bbl

석 유 37.0%

정 유 3.0 백만 b/d

도시가스 18.2백만 ton

열에너지 1,566.6천 toe

전 력 5,219.7억Kwh

산 업 63.6%
납사 등 산업원료 22.7%

37.1 백만 ton
카타르·오만·인니

L N G 16.9%

117.9 백만 ton
호주·중국·인니

유연탄 27.9%

우라늄
721.1 ton U
러시아·캐나다

원자력 11.7%

원자력 30.0%
유연탄 38.0%
L N G 22.0%
석 유 4.8%
무연탄 0.9%
수 력 1.5%
신재생 등 2.8%

가정상업 16.6%

수 송 17.6%

공공 2.2%

8.3 백만 ton
중국·호주·베트남

무연탄 2.0%

국 내

수력·신재생 4.5%

전 력

산 업 55.5% | 가정 상업 38.2% | 공공 5.9% | 수송 0.4%

그림 2 한국의 에너지수급과 에너지믹스(2014년 기준)
출처: 에너지경제연구원 에너지정보통계센터

급구조와 정책을 이해하는 핵심이라 할 수 있다.

한국의 경우를 보면, 2014년에 총 1,741억 4천만 달러를 들여 에너지 소요량의 95.2%(국내 에너지자급률 4.8%)에 해당하는 각종 에너지를 수입함으로써 289.2백만toe의 1차 에너지를 확보하였다. 〈그림 2〉에 보듯이 한국의 1차 에너지 구성을 보면, 석유가 37%, 유연탄이 27.9%, 액화가스가 16.9%, 원자력이 11.7%, 무연탄이 2% 그리고 수력 및 신재생이 4.5%이다. 이는 한국의 에너지 공급구조에서 2/3에 달하는 에너지원으로 석유와 석탄을 사용하고 있으며, 액화가스까지 더하면 84%를 화석연료에 의존하고 있다는 점을 보여준다.

이러한 1차 에너지는 정유, 발전, 전환 등의 과정을 거쳐 24.4%

가 손실되며, 나머지 75.6%가 가공된 에너지 내지 전력으로 공급되어 소비되고 있다. 가공된 에너지는 석유제품, 도시가스, 열에너지 등의 형태로 산업(63.6%), 수송(17.6%), 가정(16.6%), 공공부문(2.2%)에 공급되고 있으며, 발전으로 얻어진 전력은 산업(55.5%), 가정·상업(38.2%), 공공(5.9%), 수송(0.4%)에 공급되고 있다.

이 같은 수급 구조는 한국의 에너지수급 구조가 대단히 높은 수입 의존도를 보이며, 화석연료에 대한 의존도 매우 높다는 것을 드러낸다. 또한 에너지효율성이 높지 않으며, 산업과 가정을 중심으로 한 에너지 소비패턴의 특성을 보이고 있음을 알려준다.

에너지믹스를 살펴보면서 흥미로운 점은 2017년 새 정부가 발표한 에너지정책이 한국의 에너지정책에 매우 중요한 전환점을 가져올 수도 있다는 것이다. 새로운 에너지정책 기조에 따르면 현재 12%에 가까운 원자력에 대한 의존을 줄여가는 방향으로 에너지믹스를 전환하려는 모습이 보이는데, 이처럼 원자력에 대한 의존을 줄이는 과제는 향후 4차 산업혁명과 더불어 급증하게 될 새로운 전기의 수요를 충당하기 위하여 과연 어떤 에너지원을 늘릴 것인가의 문제를 그 이면에 깔고 있는 정책적 과제인 것이다.

최근까지 지속되고 있는 저유가 시대에 저렴한 석유 및 석탄 소비를 늘리는 방향으로 가는 것이 가장 손쉬워 보이지만, 신기후체제 시대에 석유와 석탄에 대한 의존을 무작정 늘릴 수만은 없다는 것이 고민이다. 그래서 새 정부는 미세먼지 등의 오염물질 및 온실가스 배출을 줄이기 위하여 저렴하지만 소위 친환경적이지 못한 노후화된 석탄화력발전소를 줄여가려는 정책도 동시에 추구하려 하고 있다. 그렇다면 한국이 선택할 수밖에 없는 대안은 가스와 신재생에너지에 대한 의존을 늘려가는 방향으로 에너지믹스를 조정하는 것이다. 장기적으로 이 방향의 정책적 노력을 기울이는 것은 타당해 보인다. 그런데 한국은 신재생에너지를 급속히 늘려갈 수 있는 여건을 갖추고 있지 못하며, 이는 타국의 사례에서 보듯이 단시간 내에 급속히 늘릴 수 있는 성격의 에너지원이 아니며, 추진 과정에서 많은 재원을 필요로 한다. 결국 남는 대안은 가스에 대한 의존을 늘리는 것이 당분간 한국이 취할 수 있는 가장 유력한 대안이며, 여기에서 발생하는 에너지수입을 위한 비용의 증대를 최소화하는 것이 에너지안보의 중요한 전략적 목표가 되어야 한다. 이런 의미에서 한국은 석유의 시대를 버티는 에너지원으로서 가스의 보조적이며 전환적 역할을 재평가하고 가스의 시대를 준비해야 할 것이다.

최근 가스시장과 관련하여 한 가지 첨언해 보자면, 셰일혁명 이후 미국이 비전통 화석연료인 셰일가스를 액화가스로 수출하게 됨으로써 발생한 가스시장의 변동과 이 상황이 제공하고 있는 기회를 놓쳐서는 안 된다는 점이다. 셰일혁명 이후 세계 가스시장이 요동치고 있다는 점은 중대한 도전이면서 동시에 기회가 될 수 있다. 저유가 상황과 셰일가스 물량이 대거 가스시장으로 진입하면서 최근 가스가격은 매우 낮게 형성되고 있다. 그런데 미국으로부터 아시아 시장으로 공급될 셰일가스와 동북아의 새로운 가스공급자로서의 지위를 차지하고 싶어 하는 러시아의 전통가스를 두고 어떤 가스 수입의 포트폴리오를 구성하여 가격안정성과 공급안정성을 동시에 달성할 수 있을 것인가는 한국을 비롯한 동북아 국가들이 당면한 중요한 과제로 부각되고 있다. 따라서 새로운 에너지믹스로의 전환을 추진하려는 한국 정부가 최근 저유가와 저가스가의 시기를 적절히 활용하는 정책을 신속히 수립하고 집행하는 것이야말로 향후 한국의 에너지안보를 위한 적정 에너지믹스의 달성을 위한 절호의 기회를 포착하는 지름길이 될 수 있을 것이다.

이처럼 에너지안보 및 기후변화 등과 관련된 다양한 새로운 도전들에 대한 대응은 에너지믹스를 전환함으로써 에너지 수급구조의 안정성과 에너지안보를 강화해 나가는 국가에너지정책에 의해서 결정되며, 이 같은 대응을 단계적으로 추적하는 것은 에너지믹스의 변동에 대한 이해를 통해서 가능하다.

세계 에너지믹스 변동의 전망은 어떤 도전적 과제를 제기하는가?

세계에너지기구(IEA, 2015)에 따르면, 2013년 세계 발전량 23,318TWh의 전기 중 석탄이 41%, 석유는 4%, 천연가스가 22%, 원자력이 11%, 수력이 16%, 신재생에너지는 5% 정도의 전기를 생산하였다. 2040년에는 39,444TWh의 전기를 생산하게 될 것으로 보이는데, 그 중 석탄은 30%, 석유는 1-2%, 가스가 23%, 원자력이 12%, 수력이 15%, 바이오매스, 풍력, 태양광 등이 각각 4%, 9%, 4%의 전기를 생산하게 될 것으로 전망되었다. 석탄에 대한 의존이 크게 줄어들겠지만, 여전히 30%의 전기를 석탄발전에 의존하게 될 것이고, 가스가 석유의 적은 지분을 대체해 가면서 원자력과 함께 에너지믹스의 변동에서 과도적 에너지믹스의 안정자로서의 역할을 하게 될 것이고, 신재생에너지의 비중이 성장해 갈 것으로 보인다. 전반적으로 선진국의 석유 수요는 감소하는 가운데 중국과 인도를 비롯한 신흥국들의 수요는 지속적으로 증가할 것으로 예상되는데, 2010년 현재 주요 에너지원에 대한 수요 중 43%를 차지하는 북미와 유럽(러시아와 터키 포함)의 비중과 25%를 차지하는 인도와 중국의 비중은 2040년경을 지나면서 30-33% 수준에서 수렴되거나 역전될 것으로 예측되고 있다.

그런데 이 같은 지구적 수준에서 일어나는 에너지믹스의 전환과 관련해 주목해야 할 것은 전기화의 비율이 증대할 것이라는 점이다. 세계에너지위원회의 전망에 따르면, 현재 10%대 후반에 머물고 있는 전기화율이 지역별 여건의 차이와 기타 여러 요인에 의하여 차이를 보이겠지만 〈그림 3〉에서 보듯이 2050년까지는 대체로 30%대 중후반에서 40%에 달하면서 거의 1.5-2배 가까운 성장을 하게 될 것으로 예측되고 있다(WEC, 2013). 이는 향후 발생하는 에너지 수요에 대한 증가

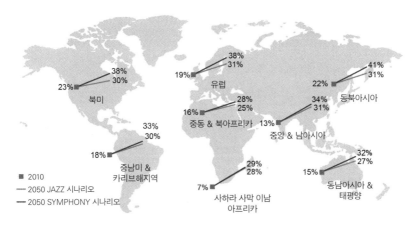

그림 3 최종 에너지소비에서 전기화율 수요에 대한 지역별 전망
출처: World Energy Council(2013), p. 99.

분에서 특히 전기에 대한 수요의 증가가 중요한 몫을 차지하게 될 것이라는 점을 의미한다.

　이러한 예측들을 근거로 판단해 보건데, 4차 산업혁명 시대는 기본적으로 탈석유와 새로운 전기의 시대가 열리게 될 것이라는 전망에 힘을 실어주고 있다. 따라서 신기후체제의 제약 속에서 탈석유 및 새로운 전기의 시대를 이끌기 위하여 석탄과 석유의 발전 비중을 줄이면서도 새로운 전기의 수요를 충당할 수 있는가가 가장 중요한 과제로 등장하고 있다는 점이다. 이러한 과제와 관련하여 신재생에너지의 발전 비중을 늘리려는 노력은 지속적으로 추진되어 왔으며, 최근 들어서는 운송 부문에서 높은 사용비중을 차지하는 석유제품의 사용을 줄이려는 시도가 자동차산업 부문의 가장 핵심적인 화두가 되고 있다. 하이브리드 차량은 이미 상용화되었고, 전기차가 상용화 단계에 들어가고 있으며, 수소차의 개발도 진행되고 있다. 특히 최근에는 인공지능을 탑재한 무인운전 기술 등이 결합된 새로운 운송수단의 혁명이 4차 산업혁명의 물결과 궤를 같이 하면서 운송수단의 혁명적 변화가 진행되고 있다. 이런 의미에서 전기차 시대의 도래는 에너지믹스의 변동에 커다란 영향을 미치면서 동시에 4차 산업혁명의 주요한 추동력을 만들어 낼 수 있는 에너지 이슈와 4차 산업혁명이 만나는 주요한 지점이 되고 있다.

그뿐 아니다. 제레미 리프킨은 그의 저서 『한계비용 제로 사회』에서 공유경제의 활성화 등에 따라 한계비용이 현저히 줄어드는 사회의 도래를 예측한 바 있는데, 특히 동력기계와 커뮤니케이션 기술의 결합이 에너지 기반의 변화와 맞물리면서 제도·조직·기업의 혁신적 변화를 추동하게 될 것으로 예측하고 있다. 1차와 2차 산업혁명의 시대에는 각각 석탄과 석유의 에너지 기반과 인쇄술·전보 및 전화·라디오·TV 등에 의존하는 커뮤니케이션 기반에 근거하여 기업이 수직적으로 통합되면서 대규모 자본이 소요되는 "소유의 시대"라는 특징을 보여주었다면, 새로운 4차 산업혁명 시대에는 신재생에너지 기반에 사물인터넷 등의 첨단 ICT 커뮤니케이션 기반이 결합되면서 생산자와 소비자가 결합되는 프로슈머가 주역이 되는 "공유의 시대"로 전환해 갈 것이라 예측한 바 있다.

따라서 신기후체제의 출범과 지구적 에너지믹스의 전환이 진행되는 가운데, 4차 산업혁명의 추동이 만나게 되는 지점에 위치하고 있는 새로운 전기 시대의 도래와 새로운 에너지 프로슈머의 등장에 주목하면서, 과연 이 같은 변화가 시대적 도전에 대한 적절한 답이 될 수 있는지 살펴볼 필요가 있다.

4차 산업혁명은 신기후체제의 도전에 어떤 해법을 제시할 수 있을까?

앞선 논의에서 계속 등장하고 있는 기후변화의 문제와 이에 대응하는 신기후체제의 문제는 사실 오늘날 에너지 이슈를 토론하는 데 있어서 가장 중요한 도전거리 중 하나로 떠올랐다. 기후변화와 그에 따른 모든 도전들은 기본적으로 화석연료를 기반으로 발전해 온 인류의 문명적 특징으로 인해 야기되었다는 점에서 에너지의 문제라고 볼 수 있다. 현재 발생하고 있는 CO_2의 2/3 이상은 화석연료에서 발생하고 있다. 따라서 탄소를 줄일 수 있는 기술을 개발하거나 새로운 에너지원을 개발해 4차 산업혁명의 에너지기반을 전환하는 것이 기후변화 도전의 핵심적 부분이다.

물론 트럼프 대통령이 최근 파리협약 탈퇴 의사를 표명함으로써 신기후체제가 크게 타격을 받으리라는 전망도 있다. 하지만 실질적인 탈퇴 과정은 파리협약의 탈퇴 규정과 미국 내에서 조약 탈퇴에 대한 의회의 논의 과정들을 필요로 하기 때문에 실질적 탈퇴에는 적지 않은 시간이 필요할 것이다. 에너지원 중에서 현재 여전히 중요한 위상을 차지하고 있는 석유를 중시하는 트럼프 대통령으로서는 탄화수소 경제의 부흥을 통하여 미국 경제의 회복을 꾀하려는 의욕이 강하지만, 이 노력이 얼마나 지속가능한 미국의 정책이 될 수 있을지에 대한 의심도 만만치 않다. 게다가 의회의 견제는 논외로 하더라도 이미 시작된 지방정부의 친환경 정책은 지속적으로 추진되고 있으며, 기업들이 주도하고 있는 친환경 사업 부문이 성장하고 있는 상황과 특히 유럽과 중국을 축으로 신기후체제의 추동력이 국제적으로 강화되고 있는 상황 등을 고려해 보면, 향후 신기후체제가 에너지 문제를 논함에 있어서 상수적인 구조적 영향력으로 작용할 것이라고 보는 것은 상당한 타당성을 가진다.

따라서 기후변화와 에너지안보 사이의 딜레마를 해결하는 것은 21세기 인류가 생존과 번영을 동시에 구가하기 위해 해결해야 할 가장 핵심적인 안보와 공영의 문제이다. 즉 온실가스를 줄이기 위해 어떻게 화석연료에 대한 의존도를 줄일 수 있을지, 그리고 4차 산업혁명을 추동하기에 부족함이 없는 충분한 양의 대안적 에너지를 개발하거나 아니면 다른 기술적 해법을 찾을 수 있을지가 관건이 될 것이다. 주요 에너지 관련 기관들의 연구 결과들에 따르면 2040년대 중반까지 에너지수요는 꾸준히 내지 기하급수적으로 증대될 것이 분명한 데 비해 에너지공급은 화석연료 이외의 신재생에너지 등과 같은 여타 분야에서 감당할 수 있는 획기적 증대를 기대하기에는 난망하다는 것이 공통된 분석이다. 셰일혁명 이후 화석연료는 어떤 의미에서는 상대적으로 더욱 풍부해지고 있는데, 이에 대한 의존을 줄이면서 새로운 친환경적 에너지원을 찾아내는 것은 과연 가능할 것인가?

이에 대한 해답으로 크게 에너지의 효율을 높이는 방안, 에너지소비를 줄여가는 방안, 신재생에너지를 발전시키는 방안을 두고 벌어지는 기술혁신에 대한 기대가 크다. 이미 언급한 바와 같이 4차 산업혁명은 그 자체의 발현을 위해서 엄청난 추가적 에너지를 요구하고 있는 가운데, 추가적 에너지를 발굴하기 위한 기술적 해법이 다양한 산업분야에서 시도되고 있다.

우선, 저탄소 발전의 가능성을 모색하는 일이 가장 시급한 일이다. 많은 온실가스를 배출하는 기존의 화력발전소를 효율화하고, 탄소저감장치를 획기적으로 개선하는 일 등이 중요하다. 하지만 발전소 못지않게 중요한 것이 바로 송전과 배전을 포함하는 전력망의 효율화이다. 기술적으로는 스마트마이크로그리드의 실현이 이미 거의 가능한 상황이다. 인공지능의 발전까지 가세하면 놀라운 효율의 전기사용을 가능하게 할 수 있는 그린스마트그리드의 구축은 불가능한 일이 아니다. 다만 이 발전, 송전, 배전과 관련된 기업과 중앙정부 및 지방정부의 착종된 이익구조가 변화를 저해하는 요인으로 남아 있다.

또한 산업 부문에서 진행되고 있는 친환경 공정의 실현도 중요하다. 앞서 언급한 에너지믹스 논의에서 살펴보았듯이 가장 많은 에너지

소비는 역시 산업 부문에서 이루어지고 있다. 따라서 이 부분을 공략하기 위해서는 제조 공장의 에너지사용 효율을 고도화하는 일부터 시작해야 할 것이다. 특히 버려지는 미활용열에너지를 재활용하는 산업을 적극 개발하는 등 산업 부문의 에너지 고효율화는 현재 가장 적극적으로 시도되고 있는 분야이기도 하다(대니얼 예긴, 2013, pp. 748-761). 특히 온실가스를 배출하는 공정을 억제하거나 대체하는 기술적 혁신은 에너지소비의 고효율화와 탄소저감을 동시에 이루는 데서 가장 중요한 분야가 될 것으로 보인다. 이미 이 같은 분야에서의 기술적 발전은 빠른 속도로 이루어지고 있으며, 기술적 가능성을 경제적 적용 가능성으로 전환하는 과제가 남아 있을 뿐이다.

그리고 전기자동차의 발전과 관련된 운송수단의 혁명도 빠른 속도로 진행되고 있다. 전기자동차 제조업 자체도 유망한 분야임에 틀림없다. 전기자동차 회사인 테슬라(Tesla)는 이미 미래 신기업으로서의 이미지를 구축하였을 뿐만 아니라 미래 산업의 실제적인 모델로 많은 연구의 대상이 되고 있다. 하지만 여기서 그치지 않는다. 전기차와 연관된 새로운 산업생태계의 활성화에도 주목할 필요가 있다. 전기차의 개발과 발전은 인공지능 기술과 결합되면서 무한한 산업의 가능성을 확장해 내고 있다. 자동차가 도시의 모든 정보를 나르고 나누고 관리하는 유동형 정보허브로 거듭나게 될 수도 있을 것이다. 나아가 이는 도시의 기능과 모델 자체를 완전히 새로운 방식으로 재구성해낼 가능성도 있다. 자동운전과 수동운전이 모두 가능한 전용화 도로와 모든 정보가 통합적으로 관리되는 교통체제는 진정한 의미에서의 GSS(Green-Smart-Sustainable)라는 내용을 갖춘 새로운 미래도시를 구축하게 할 것이다.

놓치지 말아야 할 또 하나의 분야가 바로 에너지 프로슈머의 등장과 발전이다. 신재생에너지와 정보통신기술 등이 결합하여 누구나 직접 전기를 생산하고, 남는 전력을 판매하는 다양한 유형의 신산업 발굴이 시도되고 있다. 프로슈머의 등장은 앞서 언급한 다목적 스마트마이크로그리드의 구축을 통하여 완전히 혁명적인 변화의 출발점이 될 수 있을 것이다. 이는 단순한 기술 발전의 문제가 아니라 수직적 소유구조로 특징지어지던 기존 산업의 특성과 위계적 제도의 특징을 근본적으로 변화시키는 촉매제가 될 것이다. 누구나 에너지를 생산하고 소비하는 프로슈머의 세계에서는 더 이상 에너지 공급자의 독점이나 제도적 장벽에 의한 에너지 차별이 존재하지 않는 세계가 도래할 가능성이 매우 높아지게 될 것이다.

이처럼 4차 산업혁명은 그 추동을 위한 에너지의 발굴이라는 필요를 넘어 친환경적이며 새로운 에너지원의 발굴과 발전, 새로운 산업 발전의 촉발, 그리고 새로운 에너지 생산·소비체제의 출현을 통하여 다양한 산업분야에서의 동시다발적 혁명의 시너지를 창출하게 될 계기로 이해될 필요가 있다.

새로운 에너지기반 구축에서 주목해야 할 기술적 혁신은?

앞서 부분적으로 언급하였지만, 4차 산업혁명은 사회, 경제, 문화 외에도 에너지 분야에서 에너지의 디지털화를 촉진시킴으로써 "에너지 4.0"의 시대를 개척할 것으로 예상되고 있다. 그렇다면 4차 산업혁명이 에너지기반의 변화를 추동해 나가는 데 중요한 역할을 하게 될 것으로 기대되는 기술적 혁신들로는 무엇이 있는지 에너지기반의 여건, 그리고 핵심 신기술과 그 적용부문으로 나누어 살펴보도록 하자.

일단 무엇보다 새로운 전기 시대의 개막은 에너지기반 환경의 변동을 추동할 중요한 계기를 제공할 것으로 보인다. 전기의 시대는 사실 이미 2차 산업혁명 시대에 열렸지만, 전기가 인류의 에너지믹스에서 차지하는 비중은 그렇게 급속하게 성장한 것은 아니다. 하지만 최근 전기는 4차 산업혁명 시대에 가장 급속히 사용량이 증대될 에너지 소비의 최종적 형태가 될 것임에 분명해 보인다. 기하급수적으로 증대하는 전기에 대한 수요는 전기를 어떤 방식으로 생산할 것인지에 대한 고민과 함께 다양한 기술적 발전을 부추기고 있다.

특히 무선전기의 등장은 인간의 일상생활과 밀접한 관련을 가지는 다양한 형태의 기기들을 개발할뿐더러 이것이 다시 사물인터넷(IoT) 기술과 빅데이터 기술이 함께 결합함으로써 인간과 인간, 인간과 사물, 사물과 사물 사이의 네트워크가 구축된 사회적 기술네트워크

그림 4 전기자동차 회사인 테슬라(Tesla)는 이미 미래 신기업으로서의 이미지를 구축하였을 뿐만 아니라 미래 산업의 실제적인 모델로 많은 연구의 대상이 되고 있다.

시대의 도래를 더욱 촉진할 것으로 예상되고 있다.

게다가 자율주행 기능을 구비한 전기자동차가 멀지 않은 시기에 대중화되어 인간 운송수단의 획기적인 변혁이 시작되면, 전기의 완벽한 수요와 공급의 균형을 구현해내기 위한 유무선 전기기술의 발전과 다양한 기술을 활용한 독립전원 체제의 개발 및 확산이 이루어질 것으로 보인다. 이로써 에너지 생산·소비의 복합적 기재의 등장은 전혀 새로운 에너지 소비의 트렌드가 출현하게 될 것으로 예상된다.

문제는 이 같은 새로운 전기화와 사회적 기술네트워크화에 따른 급격한 전기 수요의 증대를 충족시킬 새로운 에너지원을 어디에서 충당할 것인가가 중요해질 것이다. 향후 20여 년간 석유·석탄으로 대별되는 화석연료는 천연가스의 비중을 높여가는 방향으로 에너지믹스의 변화가 진행될 것이다. 하지만 무엇보다 에너지 4.0 시대에는 신재생에너지를 활용하면서 지능적인 제품의 생산·발전이 뒷받침되는 가운데 스마트한 에너지 사용이 이루어질 것이 분명하다. 특히 이 시기에는 에너지 고효율화와 에너지 저소비형 기기의 등장에 따라 미시화되고 소량화된 소비 패턴이 확대될 것이 확실시 된다. 이러한 에너지 소비 패턴에 대응하는 새로운 신재생에너지 기술의 적용과 새로운 에너지원 개발은 4차 산업혁명의 전반적 성패를 가를 중요한 에너지기반의 과제가 될 것으로 보인다. 화석에너지의 지속 필요성과 온실가스 감축의 필요성이 충돌하고 있는 에너지 환경이 난제로 떠오르지만, 사물인터넷(IoT)의 발전에 따라 다양한 분배와 소비의 패턴을 가능하게 할 첨단 기술들이 에너지 산업에 적용됨으로써 새로운 에너지소비 체제의 등장에 대한 희망을 가지게 하고 있다.

이처럼 4차 산업혁명 물결 속에 다가올 전기차 확산 및 무선전기의 등장 그리고 사회적 기술네트워크 체제의 구축 등 새로운 산업 및 에너지소비 생태계의 출현은 전기를 중심으로 하는 새로운 에너지기반 시대로의 진입을 추동하게 될 것이다. 또한 이로 인하여 발생하게 될 전기에 대한 수요 증대를 충당해야 하는 과제에 대해 에너지믹스의 변화와 다양한 에너지 신기술이 적절히 대응함으로써 다양한 도전들을 헤쳐 나가게 될 것으로 보인다. 나아가 이는 국익과 관련해 국가 간의 경쟁과 협력의 요소를 동시에 담고 있는 새로운 산업적 기반, 교역적 기반, 가치사슬의 기반으로 작동하게 될 것이다.

그렇다면 이 같은 에너지 분야에서의 기술적 핵심은 4차 산업혁명의 본질과 그 궤를 같이하면서 에너지 분야와 타 분야의 기술적 융합에서 찾아야 할 것이다. 이와 관련하여 최근에 주목을 받고 있는 몇가지 신기술들로는 다음과 같은 기술들이 있다.

'에너지 하베스팅': 최근 들어 특별한 관심을 받고 있는 분야로 이는 태양광, 풍력, 조력 등과 같은 기존 재생에너지원들은 물론 우리 주변에 다양한 형태로 존재하고 있는 버려진 또는 활용되지 않고 흘려보내는 에너지를 비롯하여 완전히 새로운 에너지들까지도 새로운 방법으로 발굴하고 활용하는 기술이다. 특히 공간에 가득 차 있는 전파들을 포집하여 에너지로 전환·저장하는 기술과 에너지 초절약형 반도체의 결합을 통해 향후 4차 산업혁명에서 대폭 증대될 것으로 예상되는 전기 수요를 획기적으로 줄이는 기술 개발의 노력으로 나타날 수도 있다. 또한 투명한 도료의 형태로 창문을 포함한 건물이나 자동차 등의 교통수단 등에 도료처럼 도포하고 이것이 태양광에 반응하면서 전력을 발생하는 도료(염료)반응형 전지를 개발하려는 노력과 같은 시도들을 포함한다. 이 같은 에너지 하베스팅 기술들의 개발과 발전은 어떤 의미에서는 태양광발전 같은 기존 기술을 응용한 것으로 보일 수도 있지만, 그 적용 가능성을 거의 무한대로 확장할 수 있다는 점에서 완전히 새로운 가능성을 가진 계기를 마련할 수도 있을 것이다.

'사이버물리 시스템': 사이버세계와 물리세계의 융합을 추구하는 사이버물리 시스템(Cyber-Physical System, CPS)을 에너지 생산 및 송전, 교통 및 운송 시스템, 사회적 핵심인프라 등 다양한 영역에 적용하여 전기의 공급과 수요를 조절함으로써 완전 균형 수급체계를 구현하는 기술은 에너지 고효율화와 적정화를 획기적으로 개선할 것으로 기대되고 있다. 게다가 여기서 그치지 않고 다양한 센서를 활용하여 사람, 건물, 설비 등을 연결하는 네트워크의 통합화를 통해 에너지 활용의 최적화를 실현해 나갈 수도 있을 것이다. 이러한 기술은 우리의 에너지 사용을 가장 최소화하는 대안으로 떠오르고 있다.

'인공지능 에너지 수요관리': 4차 산업혁명 발전의 가장 중심적 축을 담당하게 될 인공지능의 발전은 에너지기반의 혁명을 이루는 중요한 기술적 기반이 될 것으로 기대되고 있다. 정보통신기술 및 에너지 빅데이터를 결합한 인공지능 에너지 관리체제를 구축하게 되면, 에너지 수요와 공급을 최적화하여 관리함으로써 시스템 차원의 효율 개선 효과를 거두게 될 것이다. 소위 에너지관리체제(Energy Management System, EMS)가 구축되면 상술한 기술적 가능성이 에너지 분야에서 가져올 수 있는 효과를 극대화하게 될 것이다.

'스마트시티'의 구축: 사물인터넷(IoT) 기술을 기반으로 한 도시 단위의 사이버물리 시스템이 활용되는 한편 도시의 스마트마이크로그리드 체제가 구축되면 도시의 에너지 효율은 크게 증가할 것이다. 이것은 도시가 발생시키는 오염물질을 최소화할 뿐만 아니라 교통·

산업·난방 등 도시의 삶을 지탱하기 위한 온실가스배출을 최소화하는 한편, 새로운 전기의 시대에 걸맞은 송·배전망 관리 시스템에 인공지능이 운영하는 에너지관리체제를 결합하여 유비쿼터스 에너지 공급망을 구축함으로써 전혀 새로운 에너지 패러다임을 실현하게 될 것이다.

각종 '신기술의 융합'에 따른 시너지: 3D 프린팅과 태양광 산업의 융합은 최근 들어 많은 주목을 받고 있다. 기존 태양광 패널의 효율성을 높이기 위해 3D 프린팅을 통해 3D 블록 형식을 고도의 태양반응성 및 다양한 여건에 적정화된 태양전지를 제작함으로써 이미 기존 태양전지 대비 20% 정도의 효율성을 증대시킨 새로운 태양광 전지판이 시장에 공급되기 시작하였다. 또한 생체에너지 기술과 초저전력반도체 기술이 결합해 나타나게 될 각종 웨어러블디바이스 및 각종 사회적 기술네트워크 구현을 위한 장치들이 추가적 에너지공급망의 구축 내지 무선전기 공급망 등과 관련된 추가 투자 없이 쉽게 작동될 수 있는 여건을 창출할 수 있을 것이다.

사실 위에서 소개한 몇몇 기술적 경향들 이외에도 상상을 뛰어넘는 수많은 기술적 진보를 실현하기 위한 노력들이 진행되고 있다. 이러한 노력들이 축적되면서 인류는 새로운 산업패러다임의 시대로 진입하게 되고, 새로운 생활패러다임의 도래를 조만간 목도하게 될 것이다. 석유와 가스의 시대가 당분간 지속되겠지만, 이와 더불어 새로운 에너지원을 두고 벌어지는 경쟁은 또 다른 부가가치의 원천으로서뿐만 아니라 권력의 원천으로서 치열한 모습을 띠게 될 것이다. 이 같은 경쟁에 적정한 유연한 산업구조 재편, 사회적 기술개방성과 수용적 체제의 구축 그리고 국가적 역량의 창조적 분권화 등은 기술의 발전 자체뿐만 아니라 그 적용과 구현의 과정에서 매우 중요한 사회적 자본으로 작동하게 될 것이다. 따라서 기술 자체의 발전 못지않게 이 같은 사회적 및 국가적 역량을 쌓아가기 위한 변화민감성은 미래의 핵심적 자본으로 고려되어야 한다.

복합적 도전에 대한 주요국과 주요 지역의 대응 양상은 어떠한가?

개별 기업 및 국가적 노력을 통한 기술혁신의 가능성 못지않게 국가 간의 협력이나 지역적 협력의 틀 속에서 새로운 에너지안보의 해법을 모색하려는 노력에도 주의를 기울일 필요가 있다.

유럽지역부터 살펴보자. 개별 국가들의 경우, 영국은 북해의 풍부한 석유·가스에 의존할 수 있지만, 스코틀랜드의 독립이 실현될 경우 새로운 위기에 직면하게 될 가능성이 높다. 프랑스는 원자력발전을 중심으로 에너지안보의 틀을 짜고 있는 것으로 알려져 있다. 일찍이 독일을 중심으로 석유수출국기구로부터의 석유 수입을 줄이면서 러시아의 천연가스를 수입하여 에너지믹스를 전환하여 온 유럽은 최근 러

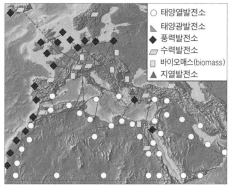
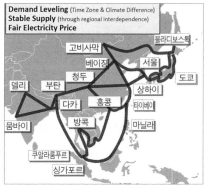

태양열발전소
태양광발전소
풍력발전소
수력발전소
바이오매스(biomass)
지열발전소

Demand Leveling (Time Zone & Climate Difference)
Stable Supply (through regional interdependence)
Fair Electricity Price

블라디보스톡
고비사막
베이징
서울
청두
델리
부탄
도쿄
다카
홍콩
상하이
타이베이
뭄바이
방콕
마닐라
쿠알라룸푸르
싱가포르

그림 5 지중해지역 슈퍼그리드 계획
http://discuss.epluribusmedia.net/commentary/hvdc-piping-sun-city-near-you

그림 6 아시아 슈퍼그리드
정규재(2017), p. 8.

시아의 가스가 차지하는 비중을 줄이기 위해 노력하고 있다.

이 같은 개별 국가의 노력 이외에도 유럽연합을 중심으로 이루어지는 지역적 노력에 대해서도 주목할 필요가 있다. 유럽은 풍력을 비롯한 신재생에너지의 발굴과 사용을 확대해 가고 있으며, 특히 에너지 효율성을 제고하기 위한 노력을 기울이고 있다. 최근 들어 기술혁신과 시장여건의 개선을 통한 에너지 수급의 균형화와 적정화를 위한 노력에 더욱 힘쓰고 있으며, 특히 광역전력망(슈퍼그리드) 구축을 위한 노력은 눈여겨볼 만하다. 지역적으로 인접한 다수의 국가가 전력망을 연계하여 전력에너지를 공유하여 사용하는 체제인 광역전력망은 대규모 신재생 발전기술, 고압직류(HVDC) 송전기술, 정보통신기술의 발전에 따라 '전력융통의 슈퍼 하이웨이'라는 개념으로 주목을 받고 있다(정규재, 2017).

현재 전 세계적으로 추진되거나 논의되고 있는 대표적인 슈퍼그리드 프로젝트로는 북유럽 슈퍼그리드(Nord EU Supergrid), 남유럽-중동·북아프리카 슈퍼그리드(Sud EU-MENA Supergrid), 아프리카 슈퍼그리드(Grand Inga Project) 및 동북아 슈퍼그리드(NEA Supergrid) 등이 있다. 이 가운데 북유럽 슈퍼그리드가 가장 활발하게 추진되고 있으며, 〈그림 5〉의 지중해 인근 남유럽-중동·북아프리카 슈퍼그리드는 4차 산업혁명 시대에 의미 있는 성과를 보여주고 있어서, 전 세계적인 에너지안보의 새로운 해법으로 각광을 받고 있다. 동북아 지역을 놓고도 〈그림 6〉에서 보는 바와 같이 유사한 시도들이 오랫동안 제안되어 왔는데, 긴 노력에도 불구하고 아직 사업화 단계에 도달하지 못하고 있는 상황이다. 지역 슈퍼그리드가 성공적으로 추진되기 위해서는 지역 국제정치의 안정과 관련국 정부의 전향적 인식과 적극적인 협력이 중요하다.

동아시아의 에너지안보 관련 문제는 훨씬 복잡한 양상을 띠고 있다. 16억 명의 거대 인구가 밀집한 지역으로 에너지 수요가 꾸준히 증대되고 있는 이 지역에서는 원래 원자력발전에 대한 높은 기대를 가지고 있었다. 후쿠시마 사태 이전까지만 해도 중국이 180기, 일본이 60기, 한국이 36기 등 총 260기의 신규 원전이 이 지역에 신설될 계획이었으나 후쿠시마 사태 이후 이 계획은 중대한 도전에 직면하게 되었다. 더욱이 흥미로운 것은 이 지역은 지역 전력망이나 에너지운송망의 연계가 부재하고 있는 지역이기도 하다. 한국과 일본은 지역적 및 지구적 에너지망에 연결되지 않은 유일한 국가라 할 수 있다. 따라서 최근 들어 역내 슈퍼그리드의 구축에 대한 논의가 탄력을 받고 있으며, 유라시아 가스를 수입하기 위한 가스관의 구축(중국은 이미 중앙아시아와 가스관을 연결하여 수입하고 있고, 러시아와의 장기계약에 의한 수입을 위해 가스관 건설이 진행되고 있다!)이 논의되고 있다. 이러한 변화와 관련하여 〈그림 6〉에서와 같은 아시아 슈퍼그리드 구축 등을 주장하는 소프트뱅크의 손정의 회장을 비롯한 많은 전문가들의 목소리가 높아지고 있다.

그리고 최근에는 동아시아 가스시장의 형성과 관련된 논의가 활발해지고 있다. 한국과 중국 및 일본을 합치면 세계에서 소비되는 천연가스의 51%를 소비하는 거대시장이면서 아직도 도착지 제약과 같은 가스수입과 관련된 주요 한계는 물론이고 가격 면에서도 아시아프리미엄을 해소하지 못하고 있는 상황에서 동아시아 가스시장의 형성은 이 같은 한계를 넘어서 동아시아 지역의 에너지안보를 강화하는 중요한 기반이 될 수 있을 것으로 기대되고 있다.

한편 미국의 경우 에너지믹스와 국제적 협력 전략에서 커다란 차별성을 보인다. 기본적으로 미국은 최근 10년간 진행된 셰일혁명 덕분에 충분한 양의 비전통 화석연료를 확보하게 되었고, 에너지믹스의 변동은 물론 셰일가스를 유럽 및 아시아 지역 국가들에게 판매하는 국가가 되었다. 그 결과 미국은 국내 전력 생산에서 가장 많이 사용된 석탄 사용을 대폭 감축하고 이를 청정 화석연료인 가스로 대체함으로써 비교적 수월한 해법을 찾을 수 있게 되었다. 게다가 주와 기업들이 주도하는 다양한 신재생에너지산업은 비록 중앙정부 차원에서 친환경적 에너지체제의 구축에 미온적이었음에도 불구하고 미국이 여전히 신재생에너지 기술 강국으로서의 면모를 유지하는 힘이 되고 있다. 이같은 신재생에너지 관련 기업의 활약은 미국이 4차 산업혁명 시대에 에너지 관련 신산업의 강력한 경쟁력을 가지는 이유이다. 따라서 셰일혁명과 기술혁신이라는 두 축을 통하여 보장하는 미국의 에너지안보 전략은 비교적 굳건해 보인다. 어쩌면 이 같은 여유가 미국으로 하여금 복잡한 중동정세로부터 과거보다 상대적으로는 좀 더 거리를 유지할 수 있게 만드는 근거라고 해석해 볼 수도 있을 것이다.

도리어 흥미로운 것은 미국의 에너지수출 관련 정책의 변화인데, 에너지안보법은 그동안 자국의 에너지안보를 위하여 자국에서 생산되는 석유와 천연가스 수출을 예외적인 경우를 제외하고는 금지하고 있었다. 하지만 셰일혁명으로 인해서 미국은 법을 개정하여 셰일가스를 수출할 수 있는 제도적 기반을 마련하고, 기존의 엘엔지 수입기지를 보수·확장하거나 새로운 수출터미널을 확충해 가고 있다. 이 같은 미국의 정책적 변화는 최근 트럼프 대통령의 파리기후조약 탈퇴 의사 표명과 맞물리면서 미국의 에너지시장에서의 지구적 역할의 증대를 두고, 일부 전문가들은 미국이 향후 아시아 가스시장은 물론이고 지구적 가스시장에서 게임체인저로서의 역할을 감당하며 세계 가스시장의 구조적 개편을 일으키게 될 것이라고 예상하기도 한다.

최근 중국의 변화도 흥미롭다. 중국은 세계의 공장으로 성장하면서 빠른 에너지소비 증가율을 기록하였고 세계에서 가장 많은 에너지를 사용하는 국가 중의 하나가 되었다. 이 같은 급속한 산업화의 결과 중국의 환경문제는 급속히 악화되어 성장이라는 명분으로 이를 감내하기에는 더 이상 버틸 수 없는 지경에 이른 것으로 평가된다. 중국은 크게 다섯 가지 정책적 목표를 가진 새로운 에너지안보 전략을 추진 중에 있는 것으로 보인다. 우선, 중국 정부는 2020년까지 에너지 집약도를 15%, 이산화탄소 집약도를 18% 감축하는 목표를 실천함으로써 에너지의 집약도와 총량을 관리하는 노력을 시작하였다. 또한 중국은 특별히 값싼 석탄의 소비를 억제함으로써 온실가스 배출을 줄이려는 노력을 기울이고 있는데, 일단 2015년 수준을 넘어서지 않는 석탄소비수준을 유지하려 하고 있다. 그리고 비화석연료에 대한 사용을 높이기 위하여 비화석연료 사용을 2020년까지 15%, 2030년까지 20%로 확대하는 목표를 설정하였다. 그리고 탄소거래체제를 도입하기로 결정하고 거래시장을 위한 제도적 기반을 구축하였다. 20여 개가 넘는 대도시들이 참여하는 화석연료소비감축을 위한 첨단도시연합을 출범시킴으로써 2030년을 목표로 에너지소비감축을 지자체 수준에서 실천해 나가는 노력도 기울이고 있다. 이 같은 중국 정부의 노력은 기후변화 대응체제에 대한 적극적인 참여와 맞물리면서 더욱 시너지를 낼 수 있을 것으로 기대되고 있다. 더구나 중국은 이미 태양광발전과 같은 신재생에너지 분야에서 앞서 가고 있는 기술선진국이기도 하다. 최근에는 4차 산업혁명의 물결과 궤를 같이하여 청정석탄기술 등을 비롯한 첨단기술을 활용한 에너지산업 분야에서의 혁신에도 적극적으로 나서고 있다.

따라서 새로운 에너지기반을 향한 중국의 움직임은 이미 시작되었다고 볼 수 있을 것이다. 다만 빠른 시간 내에 급속한 전환을 이뤄내기에는 한계가 있으며, 이 전환의 시기를 어떻게 지혜롭게 극복해낼 것인가의 과제는 중국의 문제일 뿐만 아니라 인접한 이웃나라들과 더불어 세계가 주목하며 함께 고민해야 할 문제로 부각되고 있다. 하지만 긍정적인 신호는 중국이 신기후체제의 성공적 안착을 위한 노력을 지속할 것이며 신재생에너지 기술 강국으로서의 면모를 더욱 강화시켜 나갈 것이라는 의지를 강하게 견지하고 있다는 점이다. 이런 관점에서 중국의 에너지믹스 전환은 점진적이지만 지속되고 심화될 것이며, 새로운 에너지기반을 구축하기 위한 노력도 점진적으로 일정한 결실을 거두게 될 것으로 보인다.

4차 산업혁명과 '미션이노베이션'의 복합적 솔루션은 가능한가?

환경과 에너지 분야에서도 신기술을 개발하는 데 있어서 국제적인 협력은 매우 중요하다. 이와 관련하여 특히 주목할 만한 시도는 최근 '청정에너지혁명의 가속화를 위한 미션이노베이션'(Mission Innovation for accelerating Clean Energy Revolution)이다. 이것은 오바마 대통령 임기 당시의 미국이 전 지구적인 기후변화 대응체제를 구축하기 위한 적극적인 노력을 기울인 결과, 신기후체제의 출범을 가능하게 한 환경·에너지 정책의 한 축에서의 성과를 이룩한 이후 에너지 분야에서의 국제적인 협력을 추동하기 위한 노력으로 시작되었다. 1차 미션이노베이션 장관급 회의는 2016년 6월 1-2일에 샌프란시스코에서 개최되었고, 미국 주도하에 한국, 중국, 일본, 캐나다, 영국 등 21개국이 참가하였다. 회의의 주된 목표는 신기후체제의 출범에 조응하여 향후 5년 이내에 청정에너지 기술의 연구개발에 대한 투자를 획기적으로 늘리는 방안을 마련하는 데 있었다. 2016년 현재 세계적으로 청정에너지에 대한 연구개발에 대한 투자는 약 150억 달러 수준이었는데, 2021년까지 300억 달러 수준으로 증대시키겠다는 것이다. 〈그림 7〉에서 보듯이, 회의에 참가한 여러 나라들은 청정에너지 기술에 대한 연구개발에 적극적으로 나서고 있으며, 기본적으로 태양광과 풍력 등 신재생에너지에 대한 투자는 물론이고 특히 산업과 도시 분야에서의 에너지 절약, 운송 부문에서의 에너지 변혁, 에너지 저장기술, 그리고 전력망 건설 등과 관련된 기술 분야에 대한 연구개발에 적극적으로 나서고 있는 것으로 나타나고 있다. 한국도 에너지 기초분야에 대한 연구개발을 제외하고는 향후 청정 및 미래 에너지 기술 분야에서의 국제적인 협력에 주의를 기울이며 뒤처지지 않기 위한 노력이 필요하다.

한편 지역 수준에서 에너지 분야를 통합하고 연계하는 노력에도 주의를 기울일 필요가 있다. 동북아 및 유라시아 국가들 간의 "에너지 연계"는 다양한 분야에서 시도되고 있는데, 대표적인 것들로는 파이프라인 건설사업, 전력망 사업, 북극항로 사업, 신실크로드 망(network) 사업 등이 있었다. 그 외에도 동북아 석유시장 및 가스시장에서 새로운 가격체제의 도입을 위한 협력이라든지, 1.5트랙의 에너지협력체 구축을 위한 시도 등과 같은 노력도 있었다.

이와 같은 구체적인 프로젝트나 지역지도의 완성을 위해서 좀 더 신경을 써야 할 분야로는 인적 및 기술적 네트워크를 구축하는 작업이

	호주	브라질	캐나다	칠레	중국	덴마크	유럽연합	핀란드	프랑스	독일	인도	인도네시아	이탈리아	일본	사우디 아라비아	멕시코	네덜란드	노르웨이	한국	스웨덴	아랍 에미리트	영국	미국
산업 및 건축물	●	●	●	●	●	●	●		●	●	●	●	●	●	●	●	●	●	●	●	●	●	●
자동차 및 운송수단	●	●	●	●	●	●	●	●	●	●	●	●		●	●	●		●	●	●	●		●
바이오 연료 및 에너지	●	●	●			●	●	●	●	●	●	●	●			●	●	●	●	●	●	●	●
태양, 풍력 및 재생에너지	●	●	●	●	●	●	●	●	●	●	●	●	●	●	●	●	●	●	●	●	●	●	●
핵 에너지	●	●	●		●											●			●		●	●	●
수소 및 연료전지	●	●	●		●	●	●	●	●	●	●			●	●	●	●	●	●			●	●
청정 화석에너지		●	●		●	●		●		●	●	●			●		●		●				●
이산화탄소 포집 및 저장	●	●	●		●	●	●		●	●	●	●		●	●	●	●	●	●		●	●	●
전력망	●	●	●	●	●	●	●	●	●	●	●	●	●	●		●	●	●	●	●	●	●	●
에너지저장시스템	●	●	●	●	●	●	●	●	●	●	●	●	●	●	●	●	●	●	●	●	●	●	●
기초 에너지 연구	●		●			●	●		●	●	●	●	●	●	●		●	●		●	●		●

Indicators are for key areas of R&D investment, but do not imply a comprehensive representation of a country's full R&D portfolio.

그림 7 주요국들의 청정에너지 연구개발 포트폴리오

출처: http://mission-innovation.net/

다. 동북아시아의 에너지전문가 네트워크를 구축하여 사이버에너지공동체와 사이버에너지사무국을 설치해 각종 협력 사업을 소프트한 분야로부터 시작할 수 있을 것이며, 동아시아 수준의 "미션이노베이션"을 론칭함으로써 청정에너지기술의 발전을 위한 협력적 연구개발 프로젝트를 진행시켜 볼 수 있을 것이다.

또한 지역 에너지시장의 형성을 추동하면서 이를 기술개발과 접목시키는 방안에 대해서도 생각해볼 필요가 있다. 동아시아 수준에서 통합탄소거래시장의 출범을 궁구해볼 만하며, 셰일혁명과 북극항로의 발전에 따른 동아시아 천연가스시장의 구축을 추진해 봄직하다. 물론 최근 들어 각광을 받고 있는 청정에너지에 대한 공동 연구개발은 물론 전기차의 표준화를 위한 공동의 노력도 가능할 것이다.

결국 신기후체제 시대에 에너지 청정기술의 개발과 4차 산업혁명은 지구적 및 지역적 수준에서의 다양한 협력 과제들을 제시하고 있으며, 향후 신기후체제에서의 통합적 연구개발 기금의 운용 등을 비롯한 국제적인 협력의 중요성을 더해가고 있다. 따라서 1국 중심의 노력만으로 다가오는 신기후체제의 파고와 4차 산업혁명의 격변에 대응하기에는 분명한 한계가 있을 것이며, 국제적인 협력 체제의 틀속에서 이를 소화해낼 수 있는 체제를 구축하는 것이 점점 더 중요해지고 있다.

복합적인 도전에 직면한
한국의 에너지안보 전략은?

한국은 기후변화의 도전과 4차 산업혁명이라는 이중적 도전 속에서 친환경적 산업구조로의 개편과 환경·에너지 외교의 변혁 그리고 신기술시대의 표준을 만들어내기 위한 다중적 과제들을 안고 있다. 최근 10년간 한국 정부는 이 같은 과제들에 대한 비교적 전향적인 노력을 기울여온 것은 사실이다. 가령, 이명박 정부는 "저탄소 녹색성장"(2008. 8)을 표방하는 새로운 경제발전의 패러다임을 제시하면서 적극적인 기후 외교를 전개하였다. 환경적 필요와 경제성장의 요청이 지속가능한 발전을 위한 신성장동력의 창출을 통하여 가능하다는 기조하에 녹색성장 정책과 기후변화 대응체제 구축을 위한 국제적인 협력에 적극적으로 기여해 왔다. 2009년에는 2020년까지 통상산업추세 (BAU) 대비 24-27%의 이산화탄소를 감축하겠다는 대범한 계획을 발표하기도 했다.

박근혜 정부 들어서는 '창조경제'(2013. 5)를 표방하면서 기후·에너지 정책에서의 신기술 발전에 기반한 대응책을 모색하였다. 정보통신기술의 발전을 적용하여 새로운 일자리를 창출하고 혁신을 가속화하려는 목표를 설정하였다. 2015년 12월 21차 파리기후변화 당사국총회(COP-21)에서는 2030년까지 25.7-37%(BAU 기준)의 이산화탄소 배출을 감축하겠다는 기여목표를 약속하였다. 2016년 미션이노베이션에 참가하여 2021년까지 청정에너지 연구개발을 배가하겠다고 약속하였다. 특히 2021년까지 '에너지 신산업'을 발전시키기 위하여 400억 달러의 투자계획을 발표하여 이러한 시대적 도전에 적극적으로 대응하기 위한 의지를 보여주었다. 하지만 한국 국내 정치의 대격변은 이러한 계획들이 성공적으로 추진되는 데 커다란 장애가 되고 있다. 한국은 새로운 시대적 도전에 대응하여 다시 한 번 목표와 수단을 재점검함으로써 전략적인 환경·에너지 정책을 재정비해야 할 시점을 맞이하고 있다.

문재인 정부는 앞서 언급한 바와 같이 신기후체제에 호응하면서 4차 산업혁명을 주도적으로 적용해가기 위하여 탈원전, 석탄화력발전의 청정화 등을 포함하는 에너지정책의 지향을 실천하기 위한 방안들을 마련하는 가운데 신재생에너지 및 청정화기술 등을 포함한 에너지 분야에서의 대응에도 부심하고 있다. 2016년 다보스포럼에서 한국의 4차 산업혁명에 대한 적응도는 45개국 중 25위에 머물고 있는 것으로 발표되어(UBS 조사 결과) 비교적 그 역량이 낮은 것으로 평가되고 있는 것이 사실이다. 하지만 ITU에서 2016년 11월에 발표한 글로벌 정보통신기술(ICT)의 발전지수는 1위에 오르기도 하였다. 한마디로 말하자면 4차 산업혁명 시대에 한국은 그 대응에 있어서 강점과 약점을 모두 가지고 있는 상황에 처해 있다고 할 수 있다. 따라서 조속한 시일 내에 기술혁신을 위한 전략을 수립하고 이를 실현할 수 있는 제도적 및 재정적 기반을 구축할 필요가 있는 것이다.

이에 한국 정부는 '4차 산업혁명 전략위원회'를 신설하고, 4차 산업혁명 대책 및 분야별 대응방안을 마련하고 있다. 에너지 신기반의 구축과 관련해서는 새롭게 열리는 전기의 시대를 대비하여 전력 부문에서 차세대 지능형 전력망을 구축하기 위하여 조속한 투자 확대를 한국전력공사를 중심으로 추진하기로 하였다. 또한 2017년 국가가 투자하는 연구개발비 총 4360억 원 중 1060억 원을 에너지 관련 신산업의 연구개발에 투자하기로 하였다. 그리고 고급기술을 기반으로 하는 고부가가치 산업으로서 에너지신산업을 발전적으로 추구하여 ESS/EMS 융복합 산업, 스마트 공장-발전소-가전-홈의 연계 체제 구축, 친환경 도시·타운의 개발과 건설, 제로에너지 기술 기반 건축 등과 같은 미래적 신에너지기반 구축 산업에 대하여 본격적인 투자에 나서기로 하였다고 한다.

문재인 정부는 고리 원전 1호기를 폐쇄함으로써 새로운 에너지정책에 대한 의지를 강력히 천명했다. 탈원전과 탈석탄을 특징으로 하는 새로운 에너지정책이 대세가 되고 있는 가운데, 탈피해야 할 기조에 대한 보완으로 지향해야 할 에너지에 대한 분명한 방략도 필요하다는 의견이 나오고 있다. 신재생에너지로 대변되는 친환경에너지를 지향하는 정책이 주요한 과제가 될 것이다. 하지만 이에 머물지 않고 4차 산업혁명에 따라 새롭게 열리고 있는 신에너지기반의 가능성을 새롭게 평가하고 국가의 경제와 산업 및 국민생활의 가장 기본적인 기반을 미래지향적으로 전환해 나가는 에너지정책을 실현해야 할 것이다. 물론 이 같은 에너지정책은 그 지속성을 담보하기 위하여 국민적 지지에 기초한 정당성의 문제뿐만 아니라 현실적인 부담의 분산을 가능하게 하는 시간적 점진성에 대한 충분한 고려도 포함되어야 할 것이다. 여기서 중요한 것은 신에너지기반 구축과 4차 산업혁명은 따로 떨어져 가는 별개의 기획이라기보다는 함께 발전하면서 정합성을 구축하게 될 발전의 축으로 이해하면서 시너지를 노리는 계획과 투자 그리고 실행이 필요하다는 점이다. 기후변화의 도전과 신기술기반 산업화의 요청을 받는 가운데 한국의 에너지안보 전략은 전통적인 에너지원의 확보에 매달려 수동적으로 대응하기보다 적극적인 기술개발과 국제적인 협력 구도를 주도해 가면서 보다 전향적인 입장에서 기획되고 추진될 필요가 있다.

4차 산업혁명과
사회통합

이승주 중앙대학교

과거의 산업혁명과 달리, 4차 산업혁명은 제조업은 물론
서비스업의 혁신으로 그 범위가 급격하게 확대되고 있다는
점에서 노동과 사회통합에 미치는 영향이 지대할 것으로
예상된다. 개인 차원에서는 고용 감소의 위기에 노출되고,
기업 차원에서는 필요한 인재를 충원하는 데 어려움을 겪는
역설적 현상을 초래할 것으로 예상된다. 개인과 기업의
필요를 체계적으로 일치시킬 수 있는 사회적 시스템을
성공적으로 구비하는 국가가 4차 산업혁명 시대를 선도하는
데 우월한 위치를 차지하게 될 것이다. 또한 4차 산업혁명을
기술적 관점에서만 접근할 경우, 노동 및 고용이 감소하면서
경제적 불평등이 급격하게 증가하고 사회통합의 기반이
약화되어 정치적 양극화가 진행될 가능성이 높다. 이를
차단하기 위해서는 기술혁신 자체를 조절하기보다는
기술 변동과 사회 체제 사이의 선순환을 촉진함으로써
기술혁신의 효과를 사회적으로 확산시키는 가운데, 협업을
활성화하는 국가전략이 필요하다.

· 4차 산업혁명이 초래하는 인적 기반의 변화는
· 4차 산업혁명은 과거의 기술 변동과 본질적으로 다른가
· 고용은 감소하는가
· 고용의 관점에서 4차 산업혁명은 모두에게 위기일까
· 기업은 4차 산업혁명 시대가 요구하는 인재를 충원할 수 있을까
· 4차 산업혁명이 사회통합에 미치는 영향은
· 4차 산업혁명의 이면에 작용하고 있는 국제정치적 배경은
· 4차 산업혁명 시대를 선도하기 위한 국가전략은

4차 산업혁명이 초래하는
인적 기반의 변화는?

기술적 차원에서 4차 산업혁명이 초래할 산업적 영향은 잘 알려져 있다. 데이터 처리 및 빅데이터 기술의 발전은 정보통신기술 및 금융서비스에 본질적 변화를 일으키고 신재생에너지 관련 기술은 에너지, 인프라, 운송 산업에 엄청난 변화를 초래할 것이다. 소비와 엔터테인먼트 미디어 산업 또한 4차 산업혁명의 영향을 크게 받을 것이다.

4차 산업혁명의 산업적 영향에 대한 전망은 대체적으로 방향성과 영향력의 규모에 대해 의견이 모아지고 있지만, 4차 산업혁명으로 인해 초래될 노동과 사회통합의 미래에 대해서는 그 전망이 극단적으로 엇갈리고 있다. 4차 산업혁명을 무수한 기회의 창출로 인식하는 측과 기존 직업의 대대적인 재편에 따른 위협으로 인식하는 측 사이에 팽팽

한 의견의 대립이 유지되고 있다. 4차 산업혁명에 대한 전망이 극명하게 엇갈리는 이유는 개인, 산업, 국가 별로 그 영향이 차별적으로 나타나는 것과 관련이 있다. 차별적 영향의 어느 면에 주목할 것인가에 따라 4차 산업혁명은 기회이기도 하고 중대한 위협이기도 하다.

4차 산업혁명이 모든 국가에 고르게 영향을 미칠 것으로 보이지는 않는다. 국가들은 인구 구조, 경제 및 기술 발전 정도에 따라 차별적인 영향을 받을 것이기 때문이다. 선진국에서는 노동의 변화가 경제 전반의 변화의 핵심적 요소가 되는 반면, 개도국에서는 중산층이 변화를 추동하는 요소로 작용할 전망이다. 신흥개도국에서는 중산층이 증가함에 따라 소비, 금융서비스, 정보통신 관련 산업 부문이 급성장할 것으로 전망된다. 개도국들은 특히 이동통신의 보급으로 사용자들이 급증함에 따라 커다란 영향을 받게 될 것이다. 신재생에너지의 개발은 중동 산유국에 커다란 영향을 미치는 반면, 기후변화에 대한 적응은 독일 등 유럽 선진국에서 가장 중요한 변화의 동인이 될 것이다(WEF, 2016a).

변화의 성격과 영향에 대한 다양한 전망과 해석이 있지만, 분명한 것은 4차 산업혁명으로 인한 변화의 속도가 이전의 산업혁명과는 비교할 수 없을 정도로 빠르다는 점이다(WEF, 2016a). 그리고 4차 산업혁명은 인류가 직면한 문제를 해결하는 데 기여할 것으로 기대되는 한편, 변화를 적극적으로 수용하는 국가와 그렇지 않은 국가를 양분하는 결과를 초래할 수도 있다(Schwab, 2017). 결국 핵심은 국가적 차원에서는 개인, 기업, 산업 별로 차등화되어 급속하게 전개되는 4차 산업혁명의 영향을 체계적으로 관리하여 새로운 발전 전략을 수립하는 것이 될 것이다. 한편, 세계적 차원에서는 4차 산업혁명의 국가별 차별성이 확대될 경우, 지구적 차원의 지속가능한 발전을 저해할 가능성이 있기 때문에, 그 부정적 영향을 완화할 수 있도록 국가 간 경쟁과 협력의 새로운 균형을 찾아가는 노력이 필요하다.

4차 산업혁명은 과거의 기술 변동과 본질적으로 다른가?

4차 산업혁명은 여러 가지 곱씹어 보아야 할 측면들이 있지만, 기술혁신의 영향을 어떻게 인식할 것인가의 문제에서 그 논의를 시작해야 할 것이다. 과거의 역사를 살펴보면, 기술 변동에 대한 인간의 반응은 대체로 두 가지 방향에서 이루어졌다. 기술혁신이 인류가 직면한 다양한 문제를 해결할 수 있는 효과적인 대안 가운데 하나이기 때문에 그 필요성을 인정하고 적극적으로 수용하고 더 나아가 촉진해야 한다는 주장이 있다. 기술혁신은 대체로 이러한 견해를 갖고 있는 개인들에 의해 선도되어 왔다. 반면, 급격한 기술혁신은 과거와의 연속성보다는 단절을 가져옴으로써 기존 사회질서의 급격한 변화를 초래하고, 오랜 기간 유지되어 온 사회적 안정을 저해하는 위협이 될 것이라고 보는 시각이 존재한다.

두 가지 시각은 정도의 차이는 있지만, 1차 산업혁명 이후 현재 진행되고 있는 4차 산업혁명에 이르기까지 기술 변동에 대한 인간의 상반된 인식의 단면을 보여준다. 기술혁신에 대해 부정적인 견해는 기술혁신 자체에 대한 우려나 반감보다는 기술혁신이 초래할 사회적 변화에 대한 우려가 커지고 있다. 본질적으로는 기술혁신이 지속됨에 따라 과거에는 상품화하기 어려웠던 것들 또는 상품화되어서는 안 될 것들이 상품화됨으로써 사회의 불안정성이 급격하게 증대될 수 있기 때문이다(Polanyi, 2001). 기술혁신의 결과가 사회적으로 균등하게 배분되지 않을 것이라는 우려 역시 작용한다. 기술혁신으로 인해 발생하는 경제적·사회적 보상이 소수에게 집중되는 경향이 있기 때문에, 사회구성원 대다수는 그 혜택을 실질적으로 누리지 못하거나 오히려 상대적 빈곤에서 벗어나기 어려운 사회적 변화가 불가피할 것이라는 우려이다. 그 결과 기술혁신이 사회적 불평등을 축소하기보다는 오히려 확대하는 결과가 초래될 것이라는 것이다. 더욱이 기술혁신에 따른 불평등의 확대가 구조화될 경우, 사회적 이동성은 급격하게 제약될 것이라는 비판적 인식이 제기되고 있다.

그렇다면 우리는 4차 산업혁명이 과연 기존의 기술혁신, 구체적으로 1, 2, 3차 산업혁명이 초래했던 사회적 결과와 본질적으로 다를 것이라는 기대를 해도 좋을 것인가라는 의문에 자연스럽게 다가서게 된다. 이 질문에 답하기 위해서는 기술혁신과 사회적 영향이라는 측면에서 1, 2, 3차 산업혁명의 성격과 4차 산업혁명의 특성이 상이한지 여부를 탐색할 필요가 있다.

우선, 4차 산업혁명은 기술혁신이 초래할 사회적 결과 면에서 이전과 상이할 수 있다. 1차 산업혁명은 기계화를 통해 일부 노동을 자동화하고 철도 및 도로 등 인프라 건설을 통해 국가 간 연결성을 증대시키는 결과를 초래하였다. 2차 산업혁명은 생산시설의 자동화와 분업으로 인해 대량생산을 가능하게 하였다. 3차 산업혁명은 IT혁명에 기반한 고도의 자동화와 인간과 자연의 연결성을 대폭 증대시키는 변화를 가져왔다. 기술혁신의 관점에서 보면, 4차 산업혁명은 극단적인 자유화와 극단적인 연결성에 기반하고 있다. 자동화는 기업, 정부, 일상생활에서 로봇과 인공지능의 활용이 지속적으로 증가하는 데 따른 결과이다. 연결성은 인간 간 또는 인간과 기계 사이의 통신 장벽을 제거함으로써 가능하게 된다. 4차 산업혁명은 한층 더 향상된 자동화와 연결성의 획기적 증대는 물론, 인공지능의 광범위한 활용을 수반하는 변화를 초래할 것으로 예상된다(UBS, 2016).

이전의 산업혁명이 주로 제조업의 혁신에 기반한 것이었다면, 4차 산업혁명은 제조업은 물론 서비스업의 혁신으로 그 범위가 급격하게 확대되고 있다는 점에서 노동과 사회통합에 미치는 영향이 지대할 것으로 예상된다. 4차 산업혁명에 대한 기대와 우려가 모두 큰 것은 이 때문이다. 4차 산업혁명의 영향이 모든 개인에게 무차별적이기보다는 차별적 영향을 초래할 것으로 보인다. 산업혁명이 지속적으로 진행될 경우, 저임금 노동이 자동화되고, 중숙련 직업군에게까지 확대됨으로써 노동의 양극화를 더욱 확대할 것이라거나, 주로 저임금 노동자들의 임금을 더욱 하락시키고 중숙련 노동자들의 고용에도 상당한 위협을 가하는 반면, 고숙련 노동자들에 대한 보상은 더욱 커질 것이라는 전망이 이에 해당한다.

고용은 감소하는가?

4차 산업혁명이 고용 또는 노동에 미치는 영향에 대해 다양한 전망이 제시되고 있다. 이 가운데 가장 빈번하게 인용되고 있는 세계경제포럼의 전망은 2015-2020년 기간 중 직업군 간 상대적 변화에 대한 전망을 묻는 서베이에 기초하여 15개국 약 18억 6천만 명에 대한 고용 전망을 시도하였다. 세계경제포럼은 이 자료에 근거하여, 2015-2020년 사이에 약 710만 개의 일자리가 없어지고, 약 2백만 개의 일자리가 만들어지기 때문에, 약 510만 개의 일자리가 순감소할 것으로 전망하였다(WEF, 2016b).

세계경제포럼은 화이트칼라 계층은 소멸될 위기에 처하는 반면, 컴퓨터, 수학, 건축, 공학, 분야의 고용은 견고하게 성장할 것으로 전망한다. 4차 산업혁명으로 인해 새로운 고용이 창출되는 것은 분명하지만, 주로 소규모, 고숙련 직종 중심으로 고용이 이루어지며, 전체적으로는 다른 분야에서 발생한 고용의 감소를 흡수하기에는 역부족일 것으로 전망한다(WEF, 2016b). 세계경제포럼은 또한 현 시점에서 초등학교에 입학하는 아동의 65%는 현재 존재하지 않는 새로운 유형의 직업군에서 일하게 될 것으로 전망하고 있다(WEF, 2016b).

한편, 맥킨지글로벌연구소(McKinsey Global Institute, 2017)는 전체 직종 가운데 약 60%가 30% 이상 자동화될 수 있으나, 완전히 자동화될 수 있는 직종은 5% 미만이라고 보는 다소 신중한 전망을 제시하고 있다. Arntz 등(2016)의 연구는 OECD 21개국에서 평균 9%의 일자리가 자동화될 것이며, 한국의 경우 일자리 대체율이 약 6%로 연구 대상국 중 가장 낮은 수준을 기록할 것으로 전망하였다.

고용의 관점에서 4차 산업혁명은 모두에게 위기일까?

그 다음으로 제기되는 의문은 그렇다면 고용의 관점에서 4차 산업혁명은 모두에게 위기가 될 것인가 여부이다. 저숙련 및 고숙련 노동자들이 기술 변동의 영향을 상대적으로 적게 받는 반면, 중숙련 노동자에게 영향이 집중적으로 발생할 것이라는 것이 일반적인 전망이다(Acemoglu and Autor, 2010). 저숙련 노동은 자동화가 어렵고,

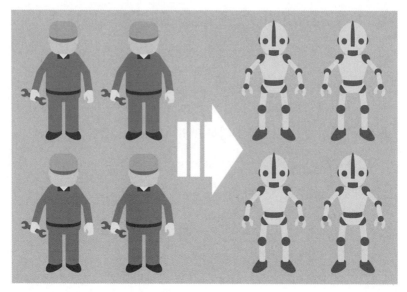

그림 1 4차 산업혁명이 본격화되는 시기에 이르러 로봇의 노동력 대체는 사회적 문제로 떠오를 것이다.

고숙련 노동은 경험과 상호작용 기반의 직업이기 때문에 인공지능이나 로봇으로 대체하기 어렵다는 것이 주요 근거이다.

한편, 4차 산업혁명은 자동화의 영향이 매우 광범위하지만 저숙련 저임금 및 서비스 직종에 주로 영향을 미칠 것이라는 주장이 있다. 이러한 관점에서 볼 때, 4차 산업혁명은 과거의 1, 2, 3차 산업혁명과 차별화된다. 1차 산업혁명이 업무의 단순화를 통해 숙련 노동자를 대체하고, 3차 산업혁명이 중산층의 축소를 초래하였다. 4차 산업혁명은 저숙련 노동자를 빠르게 대체할 것으로 예상된다. 미국의 경우, 전체 고용의 47%가 위험에 처할 것으로 예상된다. 구체적으로 운동 및 배송, 사무행정직, 생산직 종사자들이 가장 큰 위험에 처할 것으로 예측된다(Frey and Osborne, 2013. 이 연구의 특징은 특정 기간 내 자동화로 인해 사라질 직업의 숫자를 전망하는 대신, 기간을 특정하지 않고 자동화의 가능성을 추정하는 데 있다. 이들은 이러한 전제하에 향후 '10-20년 내' 자동화될 가능성이 높은 고용의 비중이 약 47%에 달할 것이라는 결론을 내리고 있다). 이들은 더욱이 미국 등 선진국의 고용 창출을 주도했던 서비스업의 상당 부분이 자동화에 취약하다는 점에서 전반적인 고용 전망은 밝지 않은 것으로 보고 있다(Frey and Osborne, 2013). 이는 자동화가 단순 반복 작업에 국한되었던 과거와 달리, 자동화와 로봇 기술의 발전으로 인해 과거와 비교할 수 없을 정도의 광범위한 작업의 수행이 가능해진 데 따른 변화이다. 다만, 노동의 측면에서 4차 산업혁명에 대한 대응의 핵심은 저숙련 노동자들을 자동화의 영향이 비교적 작은, 즉 창조적이고 사회적 지능이 요구되는 업무 영역으로 재배치할 경우, 4차 산업혁명은 노동시장의 양극화 추세를 다소 완화하는 효과를 초래할 것으로 기대된다(Frey and Osborne, 2013).

기업은 4차 산업혁명 시대가 요구하는 인재를 충원할 수 있을까?

한편, 노동을 필요로 하는 기업의 관점에서 이 문제에 접근

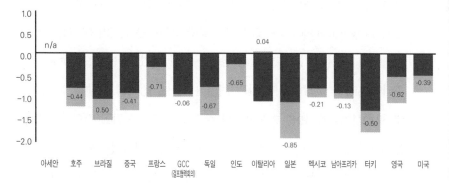

그림 2 고용의 용이성에 대한 인식 비교

출처: WEF. 2016b. p. 18.

할 경우 전혀 다른 상황이 전개될 수 있다. 〈그림 2〉에서 알 수 있듯이, 주요국들은 4차 산업혁명이 진행됨에 따라 필요한 능력을 갖춘 전문가를 충원하는 데 상당한 어려움을 겪을 것으로 예상하고 있다. 2015년-2020년 노동자의 충원이 얼마나 용이할 것인지에 대한 의견을 묻는 질문에 이탈리아를 제외한 국가들에서 모두 새로운 충원이 어려울 것으로 전망하였다. 이미 현재에도 소비, 정보통신기술, 인프라, 엔터테인먼트 산업 등에서는 전문성을 갖춘 인재들을 충원하는 데 어려움을 겪고 있으며, 이러한 어려움은 향후 더욱 가중될 것으로 보인다(WEF, 2016b).

　일본의 경우 －0.85를 기록하여 새로운 충원이 가장 어려울 것으로 전망하고 있다. 일본이 이처럼 전문가를 충원하는 데 어려움을 겪을 것으로 보이는 이유는 노령화와 소자화(少子化)에 따른 인구구조의 변화와 관련이 있다. 인구구조가 변화함에 따라 인구의 절대 규모가 감소할 뿐 아니라, 노인 인구가 증가할 것이기 때문에 4차 산업혁명 시대에 요구되는 능력을 갖춘 인재를 충원하는 데 어려움을 겪을 수밖에 없을 것이기 때문이다(WEF, 2016b). 프랑스(-0.71), 독일(-0.67), 영국(-0.62) 등 대다수 선진국들 역시 다소의 차이는 있으나 능력을 갖춘 전문가를 충원하는 데 어려움을 겪을 것으로 전망하고 있다. 선진국 가운데 미국(-0.39)이 인재 충원을 큰 어려움 없이 할 수 있는 국가이다. 이는 미국이 이민 등을 통해 전문성을 갖춘 인재들을 개방적으로 충원하고 있기 때문이다. 그에 반해, 중국(-0.41), 멕시코(-0.21), 남아프리카(-0.13) 등 개도국들은 상대적으로 인재 충원의 어려움이 적을 것으로 보인다(WEF, 2016b).

결국 4차 산업혁명은 개인의 차원에서는 고용 감소의 위기에 노출되고, 기업 차원에서는 필요한 인재를 충원하는 데 어려움을 겪는 역설적 현상을 초래할 것으로 예상된다. 국가의 역할은 개인과 기업의 필요를 체계적으로 일치시킬 수 있는 사회적 시스템을 구비하는 일이 될 것이다. 양자 사이의 불일치를 성공적으로 해소하는 국가가 4차 산업혁명 시대를 선도하는 데 우월한 위치를 차지할 가능성이 높다.

4차 산업혁명이
사회통합에 미치는 영향은?

4차 산업혁명은 노동과 고용뿐 아니라 소비에서 생산과 소유에 이르기까지 다양한 분야에서 혁명적 변화를 예고하고 있다. 우버(Uber)의 사례와 같이 노동도 전통적인 근무 형태에서 벗어나 기업이 필요할 때 근로자를 고용하고, 근로자 역시 자신의 필요에 따라 유연하게 근무하는 기그 이코노미(gig economy)가 활성화될 것으로 보인다. Zipcar와 Airbnb의 사례에서 볼 수 있듯이 공유경제가 활성화되어 필요한 시간에, 필요한 장소에서 소비하는 방식이 본격화됨에 따라 소유에 대한 관념 자체가 변화할 수 있다. 4차 산업혁명은 생산성의 비약적 증가로 인해 단순 반복 노동으로부터 인간을 탈피시키고 삶의 편의성을 획기적으로 증대시킬 수 있기 때문에, 인간은 창조적인 활동을 할 수 있는 '유희적 인간'(Homo Ludens)으로 탈바꿈될 가능성을 내포하고 있다.

기술혁신을 촉진하는 요인이 무엇인가에 대해서는 상반된 견해가 존재한다. 전통적 견해 가운데 하나는 기술혁신을 위해서는 일정 수준 이상의 불평등이 불가피하다는 것이다. 기술혁신에 대한 보상이 기업가정신을 촉진하고, 그 결과 불평등이 발생한다는 것이다. 영미식 시장경제모델이 3차 산업혁명의 기반이었던 IT혁명뿐 아니라 4차 산업혁명을 선도할 수 있었던 것은 도전과 성공에 대한 보상 체계가 명확

했기 때문이라는 것이다. 특허 출원이 기술혁신의 대표적인 지표 가운데 하나라는 점에서, 1995년 이후 인구 백만 명당 특허출원 건수를 주요 국가들을 중심으로 비교함으로써 주요 국가들의 혁신의 정도를 간접적으로 추정할 수 있다. 이에 따르면, 미국이 특허출원 건수 면에서 압도적 우위를 점하고 있으며, 뉴질랜드, 영국 등이 그 뒤를 따르고 있다. 미국을 필두로 이른바 영미식 경제모델을 채택한 국가들에서 기술혁신이 활발하다는 주장을 통계적으로 뒷받침한다.

물론 이러한 견해를 주장하는 측에서도 4차 산업혁명이 처한 특수한 상황을 무시하지는 않는다. 위에서 언급하였듯이 4차 산업혁명은 세계화와 결합될 수밖에 없는데, 신자유주의 이념에 기반한 세계화가 전제로 했던 낙수효과(trickle-down effect)가 제한적으로 발생하였다. 세계화로 인해 경제적, 사회적, 정치적 불평등이 확대된 상황에서 4차 산업혁명이 이를 더욱 확대할 가능성이 있다는 우려가 제기되고 있는 것이다. 세계화가 20여 년 이상 진행된 가운데 발생한 4차 산업혁명의 경우, 기술혁신에 대한 저항이 상대적으로 클 수밖에 없다. 4차 산업혁명이 지속적으로 진전되기 위해서는 불평등의 문제를 완화하기 위한 정치사회적 합의가 필요하다.

반면, 최근에는 기술혁신을 촉진하는 사회적 조건에 대한 새로운 탐색이 이루어지고 있다. 최근 연구에 따르면, 기술혁신과 불평등은 직접적인 관계가 없으며 오히려 소득불평등이 낮은 국가에서 기술혁신이 촉진되는 경향이 있다는 것이다. 스칸디나비아 국가들은 낮은 소

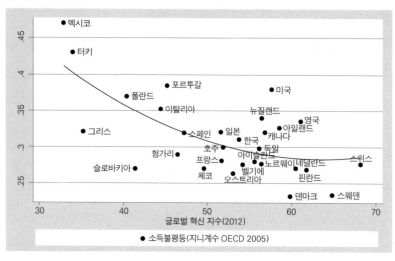

그림 3 소득불평등과 혁신 지수(2012년 기준)

출처: Hopkin, Lapuente, and Moller (2014).

득불평등, 높은 복지 지출, 상위층에 대한 보상의 낮은 집중도 등을 특징으로 하는데, 이러한 환경이 오히려 기술혁신을 촉진한다는 것이다. 즉, 소득불평등이라는 새로운 요소를 추가적으로 고려할 경우, 기술혁신의 양상은 달라진다는 것이다.

〈그림 3〉은 소득불평등과 기술혁신의 관계를 나타낸다. 이 그래프는 기술혁신이 소득불평등과 대체로 부의 관계를 갖고 있음을 보여주고 있다. 소득불평등이 가장 큰 멕시코의 기술혁신 지수는 조사 대상 국가 중 가장 낮은 반면, 가장 낮은 수준의 소득불평등도를 보이고 있는 스위스, 스웨덴, 덴마크의 기술혁신 지수가 높은 것으로 나타났다. 이러한 기준에 따를 경우, 높은 소득불평등도를 보이고 있는 국가 가

운데, 기술혁신이 활발하게 이루어지는 국가로는 미국 정도에 불과하다. 이러한 점에서 앞서 언급한 영미식 경제모델을 채택하고 있는 국가들이 상대적으로 큰 보상을 하기 때문에 기술혁신이 활발하게 이루어진다는 주장에 대한 반론이 가능하다.

이와 관련, 아제모울루, 로빈슨, 베르디어는 기술혁신에 친화적인 정치경제체제는 무엇인가라는 흥미로운 질문을 던진 바 있다. 이들에 따르면, '경쟁적 자본주의'(cutthroat capitalism) 국가는 불평등을 확대하는 반면 기술혁신을 촉진하여 기술 선도국이 될 가능성이 높다. 반면, 복지체제를 잘 갖춘 '온정적 자본주의'(cuddly form of capitalism) 국가는 위에서 언급한 기술 선도국이 이룬 기술혁신에 편승하는 경향이 있다(Acemoglu, Robinson, and Verdier, 2012).

경쟁적 자본주의의 대표 국가인 미국은 기업가정신이 충만한 개인에게 큰 보상을 하는 혁신형 경제라고 할 수 있다. 일반적으로 혁신은 보상의 크기와 관련이 있기 때문에 평등과 사회적 보장에 상대적으로 소홀한 경향이 있다. 예를 들어, 성공한 기업가에 대한 보상의 크기를 확대함으로써 소득 격차가 커지고, 그 결과 불평등 역시 증가하게 된다. 불평등은 위험을 감수한 데 대한 보상의 이면인 셈이다. 반면, 덴마크, 핀란드, 노르웨이와 같은 스칸디나비아 국가들은 사회적 안전망, 복지, 평등 등을 제공함으로써 기술 선도국에 대응하는 경향을 보인다. 이 국가들은 미국과 같은 기술 선도국보다 소득 수준이 낮기는 하지만 보다 평등주의적인 특징을 보인다(Acemoglu, Robinson, and

Verdier, 2012).

이들의 주장이 특이한 것은 국가별로 기술혁신과 불평등의 문제에 접근하는 방식은 상이하지만, 경쟁적 자본주의와 온정적 자본주의가 세계적 차원에서는 균형을 이루고 있다고 주장한다는 데 있다. 즉, 두 가지 유형의 자본주의가 세계적 차원에서 균형을 이루고 있기 때문에, 경쟁적 자본주의 국가가 온정적 자본주의 체제로 변화를 시도할 경우 세계 전체의 경제성장에 부정적 영향을 미칠 뿐 아니라, 자국의 복지도 축소시키는 결과가 초래될 것이라는 주장이다(Acemoglu, Robinson, and Verdier, 2012).

4차 산업혁명의 이면에 작용하고 있는 국제정치적 배경은?

4차 산업혁명의 이면에서 작용하고 있는 국제정치적 배경은 그 이전과 상이하다. 과거의 산업혁명도 저마다의 국제정치적 배경 속에서 진행되었지만, 4차 산업혁명은 세계화와 긴밀하게 결합되어 있다는 면에서 특히 그렇다. 세계화와 결합된 4차 산업혁명의 진행은 말 그대로 영향력의 범위가 전 지구적이라는 면에서 과거의 산업혁명보다 그 파급 효과가 이전과 비교할 수 없을 정도로 광범위하다. 특히 2000년대 세계화가 급속하게 진전될 수 있었던 이유는 신자유주의 이

그림 4 최근에 벌어진 브렉시트(Brexit) 및 트럼프 당선은 신자유주의 정책으로 인한 고용 및 소득불평등 확대와 밀접한 관련이 있다. 4차 산업혁명이 본격화되는 시점에 이르면, 이는 더 큰 사회적 문제로 자리할 가능성이 높다. 뿐만 아니라 국내정치적 문제에서 국제정치적 문제로까지 확산될 가능성이 자리하고 있다.

넘과 결합하였기 때문이다. 세계화가 국제정치적 공백 상태에서 진행된 것이 아니라, 특정 국가의 이념적 리더십에 기초하여 진행되었다는 점에 주목할 필요가 있다. 정치적·제도적 측면에서 볼 때, 신자유주의 정책의 실행은 낮은 복지 수준과 소득불평등의 확대를 초래할 가능성이 높다.

문제는 경제적 불평등이 몇몇 국가에 국한된 것이 아니라 지구적 차원에서 진행되고 있다는 점이다. G7의 경우, 1983년에서 2010년까지 모든 국가의 지니(Gini) 계수가 증가하였다. 이 가운데 물론 미국은 가장 높은 지니 계수를 나타내고 있다. 좀 더 범위를 넓혀 OECD 회원국의 사례를 보더라도 유사한 추세가 발견된다. 1980년에서 2008년에 이르는 기간 중 OECD 회원국들의 지니 계수는 평균 0.29에서 0.316으로 증가하였다(OECD, 2011). 주요 선진국들의 소득불평등 확대는 상위 1퍼센트의 소득 비중을 기준으로 할 때, 모든 OECD 회원국에서 상위 1퍼센트의 소득 비중이 확대되었다. 다만, 덴마크와 프랑스의 경우 상위 1퍼센트의 소득 비중 증가세가 상대적으로 완만한 것으로 나타나고 있다. 그러나 복지 시스템이 잘 갖추어진 북유럽 국가들 가운데 스웨덴과 노르웨이에서 상위 1퍼센트의 소득 비중이 2배 가까이 증가하였다는 점을 고려할 때, 복지 서비스의 효과도 제한적인 것으로 보인다. 실제로 스웨덴의 경우, 빈곤율이 1995년 4%에서 2010년 9%로 증가했고, 핀란드와 룩셈부르크 역시 빈곤율이 2% 증가했다(OECD, 2011).

4차 산업혁명이 이러한 국제정치적 배경에서 진행되고 있다는 점을 감안할 때, 국내정치적으로 4차 산업혁명의 과실을 평등하게 배분할 것에 대한 요구가 급증할 것이라는 점을 예상하기는 어렵지 않다. 4차 산업혁명은 2000년대 진행된 세계화가 소득불평등을 상당히 확대시킨 가운데 진행되고 있기 때문에, 4차 산업혁명은 2차 세계대전 이후 수립된 국제정치경제 질서의 재편을 수반할 가능성이 있다. 세계화로 인한 불평등의 확대는 개개인의 삶에 미치는 영향이 지대할 뿐 아니라, 국가 간 격차와 갈등을 초래한다는 점에서 새로운 안보 위협 요인이 될 것이며, 이에 대한 정책적 대응의 기반을 갖추는 것이 매우 필요하다.

4차 산업혁명 시대를 선도하기 위한 국가전략은?

급변하는 현실 속에서 4차 산업혁명으로 인해 전개될 미래에 요구되는 직무 요건과 고용에 대한 전반적인 영향을 예측하고 대비하는 것은 개인과 기업뿐 아니라 정부에게도 매우 시급한 과제이다. 개인 차원에서는 4차 산업혁명으로 인해 촉발된 경쟁에서 생존하기 위해 창조적 능력과 사회적 지능을 갖추기 위해 노력하고, 국가 차원에서는 이러한 업무의 효율적인 재배치를 촉진하는 정책과 제도를 수립해야 하는 중대한 도전에 직면하고 있다. 세계경제포럼의 연구도 기존 산업에서 실직한 노동자들이 자동적으로 재배치되는 것이 아니라 재교육 및 재훈련이 효과적으로 이루어져야 한다는 점을 지적하고 있다(WEF, 2016b). 결국 중요한 것은 기술혁신과 고용에 대한 이분법적 접근이 아니라, 양자를 어떻게 연결할 것인가의 문제로 귀결된다.

그렇다면 4차 산업혁명에 대응하는 데 필요한 국가전략은 무엇인가? 한국의 4차 산업혁명에 대한 적응 수준은 주요 경쟁국에 비해 뒤떨어지는 것으로 평가되고 있다. UBS(2016)에 따르면 4차 산업혁명

그림 5 2017년도 미래창조과학부는 '과학기술과 ICT 혁신으로 지능정보사회 선도'라는 정책목표를 달성하기 위하여 4대 전략을 발표했다. 그중 네 번째 전략은 '지능정보화를 통한 제4차 산업혁명 선제적 대응'이다.

에 대한 한국의 적응 수준은 139개국 중 25위를 기록하였다. 한국은 또한 OECD 국가들과 비교하여 교육 수준, 노동시장 유연성, 법적 보호 부문에서 상당한 격차를 보이고 있다. 현대경제연구원(2016)은 4차 산업혁명 관련 한국 기업의 성과가 주요국들에 비해 악화되고 있다고 지적한다. 2011-2015년 기간 중 미국, 중국, 독일, 일본 등 주요국들의 4차 산업혁명 관련 기업들의 매출액 증가율은 지속적으로 상승하는 데 비해, 한국의 4차 산업혁명 관련 상장기업 매출액 증가율은 2006-2010년 9.7%에서 2011-2015년 1.8%로 급격히 하락하였다.

정책 환경과 기업 실적의 악화는 한국이 4차 산업혁명 혜택을 극대화하기 위해서는 교육 수준과 방식을 획기적으로 개선하고, 이를 바탕으로 노동시장의 유연성을 개선하는 전략적 접근을 할 필요가 있음을 시사한다. 특히 한국이 그동안 구축한 ICBM 인프라와 인공지능 기술 발전 사이의 시너지를 창출할 수 있는 전략을 수립하기 위해서는 기술혁신과 인간의 관계 재정립, 인문학적 통찰에 따른 기술의 발전 방향 제시, 다가올 사회에 대한 정책 대안 제시 등에 대한 심층 연구가 필요하다.

유연한 경제구조를 가지고 있는 국가들이 4차 산업혁명으로 인한 이익을 가장 잘 향유할 수 있을 것이다. 관료주의와 규제에 대한 전향적인 접근이 부각되는 이유는 여기에 있다. 적어도 단기적으로는 불평등이 증가할 것이기 때문에 장기적으로 4차 산업혁명의 효과를 극대화하기 위해서는 노동 유연성을 확보하는 노력이 필요하다(UBS, 2016).

결국 노동과 여가 관계의 재구성은 4차 산업혁명 시대에 가장 요구되는 인간의 창조성을 향상시킬 수 있는 열쇠가 된다. 이는 인간에 대한 본질적 이해를 필요로 한다. 4차 산업혁명 시대를 사는 인간에게는 적응성과 유연성이 요구된다. 기술혁신의 속도 증가는 인간이 끊임없이 변화에 노출되는 사회에 살아야 함을 의미한다. 이러한 맥락에서 WEF(2016b)에 따르면, 4차 산업혁명 시대에 필요한 능력은 이른바 '복합 문제해결 능력(Complex-problem solving skills)'인데 이러한 능력은 개인의 개별적 노력만으로는 성취되기 어렵다. 이때 중요한 적응성은 인간관계와 사회관계에 대한 이해에서 비롯된다. 이러한 능력은 과학과 기술에 대한 이해 못지않게 인간과 사회관계에 대한 이해를 기반으로 한다. 그러나 인간 및 사회관계는 때로는 기술 변동의 유무와 관계없이 유기체처럼 지속적으로 변화하기도 하기 때문에 기술과 인간의 관계를 보다 쌍방향적이고 동태적으로 이해하는 기반 위에서 4차 산업혁명에 대한 체계적 대응을 할 필요가 있다.

4차 산업혁명으로 인한 노동과 고용 패턴의 변화 및 공유경제의 진전은 사회통합과 관련하여 기존과는 본질적으로 다른 접근을 필요로 한다. 4차 산업혁명을 기술적 관점에서만 접근할 경우, 노동 및 고용이 감소하면서 경제적 불평등이 급격하게 증가하고, 사회통합의 기반이 약화되며, 그 결과 정치적 양극화가 진행될 가능성이 높다. 이러한 가능성이 현실화되는 것을 차단하기 위해서는 4차 산업혁명으로부터 예상되는 정치사회적 문제점에 선제적으로 대응하는 노력이 필요하다. 빼놓을 수 없는 것은 사회관계의 유지를 위한 협업의 중요성이 증대되고 있다는 점을 감안할 때, 이를 위한 국가 차원의 전략이 필요하다는 점이다. 즉, 4차 산업혁명으로 인한 기술 변동과 사회 체제 사이의 선순환을 촉진함으로써 기술혁신 자체를 조절하기보다는 기술혁신의 효과를 사회적으로 확산시키는 가운데, 협업을 활성화하는 방안을 모색할 필요가 있다. 이를 위해서는 생산, 소비, 노동, 소유 사이의 관계를 재정립하는 국가 차원의 공감대를 마련하는 것이 중요하다.

한편, 기술혁신의 파급 범위가 지구적인 반면, 그에 따른 경제력의 변화가 국가 간 이기적 경쟁을 기본으로 하는 국제정치의 본질 사이에 긴장관계가 성립할 수 있다는 점에서 4차 산업혁명이 초래할 국제정치적 영향에 주목할 필요가 있다. 이러한 긴장관계는 21세기 세계화에서 이미 발생된 바 있다. 세계화는 국가 간 경제적 상호의존을 매우 높은 수준으로 올려놓은 반면, 영토적 주권을 기반으로 하고 있는 국제정치의 속성은 기본적으로 변화하지 않았기 때문에 세계화를 효과적으로 관리할 수 있는 세계적 거버넌스가 수립되지 않았다. 21세기 세계화가 급격하게 진전되었음에도, 세계 곳곳에서 파열음을 내고 있는 이유는 이와 무관하지 않다. 최근에는 경제통합에 따른 사회적 혼란의 증가로 인해 영국이 EU를 탈퇴하기로 결정한 브렉시트(Brexit)와 세계화를 추진하는 대표적 수단인 자유무역에 대한 국내정치적 불만을 활용한 트럼프 현상은 세계화에 대한 효과적 관리가 국제정치적 차원에서 이루어지 않은 결과, 그 불만이 국내정치적으로 폭발한 것이라고 할 수 있다. 이러한 점에서 4차 산업혁명은 경제적 세계화와 정치적 차원의 주권국가 체제 사이의 긴장관계를 강화하는 요인으로 작용할 수 있다. 4차 산업혁명의 지속을 위해서는 그 이익을 극대화하는 가운데 부정적 영향을 효과적으로 관리할 수 있는 세계적 차원의 거버넌스를 수립하는 것에 대한 논의를 본격적으로 진행할 필요가 있다.

The 4th Industrial
Revolution

3부

4차 산업혁명과
정치외교의 변환

4차 산업혁명과
미래 정부의 역할

구민교 서울대학교 행정대학원

이 글은 4차 산업혁명 시대에 정부의 존재 이유에 관한
근본적인 질문에서부터, 정부와 시장과 사회를 연결하는
관념이 어떻게 변할 것인지, 정부가 일하는 방식에서
달라지는 것과 달라지지 않는 것은 무엇인지를 다룬다.
첫째, '사람 중심의 행정', '민주 행정'을 실현하기 위해서는
새로운 형태로 정보를 독점할 수 있는 정부를 견제하고
통제할 수 있는 정교한 제도적 장치가 필요하다. 둘째,
기업과 시민사회는 행정 서비스의 단순한 소비자에서 소비-
공급자로, 정부는 행정 서비스의 일방적 공급자에서 쌍방적
공급자로 변할 것이다. 셋째, 중앙 및 지방 정부기관이나
공기업 등의 정형화된 업무는 인공지능 로봇이 대체할
가능성이 높다. 반면에 빅데이터 활용으로 그 동안 정부가
해결하지 못한 저출산 고령화와 같은 메가 이슈들의
사각지대가 줄어들면서 새로운 행정서비스를 창출할
것이다.

· 공직사회의 인적 구성은 어떻게 바뀔까
· 국가의 일, 정부의 책무는 무엇인가
· 미래의 정부는 더 민주적일까
· 미래의 정부는 꼭 해야 할 일만 하게 될까
· 미래의 정부는 포퓰리즘의 유혹을 극복할 수 있을까

가까운 미래나 먼 미래 모두 언제나 우리의 상상력을 자극한다. 미래의 모습은 때로는 유토피아(utopia)로, 때로는 디스토피아(dystopia)로 그려진다. 대개의 경우 지금보다 더 좋아지거나 나빠질 미래를 상상하지 지금과 똑같은 미래를 상상하지는 않는다.

현재와는 다를 다양한 미래의 모습은 영화산업의 단골 메뉴이기도 하다. 필자에게 가장 친숙하고 유쾌했던 유토피아 영화는 〈백 투 더 퓨처 2(Back to the Future 2)〉이다. 1편과 달리 과거가 아닌 미래로의 여행을 다룬 이 영화는 주인공이 타임머신을 타고 2015년 10월 21일 힐데일(Hill Dale)이란 곳에 착륙하면서 벌어지는 일을 그린다. 필자가 대학생이었던 1989년에 이 영화가 개봉될 때만 해도 '2015년'은 택시와 보드가 하늘을 날아다니고, (지금 생각하면 사물인터넷과 인공지능 덕분에) 집 안에서는 TV가 없이도 자연스레 TV가 나오고 채널도 말만 하면 바뀌는 등 과학기술의 유토피아가 이루어질 시대로 상상되

었다는 사실이 새롭다.

필자가 어린 시절 즐겨 보았던 만화영화 〈미래소년 코난〉(1978년 방영, 26부작)도 핵무기를 능가하는 가공할 초자력 무기로 인한 전쟁으로 모든 대륙이 바닷속으로 가라앉은 서기 '2008년' 이후의 시대적 상황을 배경으로 한다. 그 시작은 디스토피아에 가깝지만 결국 괴력을 지닌 주인공 코난이 기형적 기계문명 정부인 '인더스트리아'의 독재자 레프카의 세계 정복 야욕을 꺾는 과정을 그렸다는 점에서 유토피아 애니메이션이라고 하겠다.

2017년 현재의 시점으로 이 영화들을 보면 실소를 금할 수 없지만 영화를 만들 당시만큼은 무척 심각한 고민 끝에 나온 상상들이었으리라.

1516년 영국의 사상가이자 성인인 토마스 모어(Thomas More)가 쓴 책에서 유래된 '유토피아'는 소유와 생산에 있어서 서로 평등하고 경제적으로 궁핍하지 않으며, 도덕적으로 타락하지 않는 사회를 그리고 있다. 어디에도 없는, 그러나 누구나 꿈꾸는 그런 사회 말이다. 여기서 그는 이상적인 법과 제도로 구현되는 '국가'를 이야기한다. 인간의 이기적이고 끝없는 욕심을 제어하기 위한 제도, 많은 악의 근원인 왕권과 사유재산권을 제한하기 위한 법, 모든 국민들이 법과 제도를 이해하고 정치에 참여할 수 있도록 법과 제도의 숫자를 줄이고 쉽게 만드는 임무를 부여받은 국가 등에 관한 얘기가 꽤나 자세히 묘사되고 있다.

그런데 여기서 한 가지 의구심이 생긴다. 결국 유토피아는 국가의 엄청난 개입을 통해서만 이루어질 수밖에 없다는 말인가? 근대 이후의 상식으로 볼 때 국가의 개입은 인간의 다양성, 자율성 등을 제한하게 되어 결국 더 큰 문제를 양산하지 않았던가?

그래서 나오는 것이 디스토피아적 미래관이다. 디스토피아는 암울하고 부정적인 시각으로 미래사회를 예측한다. 디스토피아 영화 속의 단골 메뉴는 로봇, 인공지능, 빅데이터 등으로 무장한 전체주의적 국가, 독재자의 모습이다. 이 세계에서는 과학기술이 남용되어 개인의 자유가 억압되고, 개인보다는 전체가 우선시 되고, 도덕성이 발전하는 과학기술을 따라가지 못하는 상황이 전개된다. 가장 대표적인 디스토피아 영화가 조지 오웰(George Orwell)의 동명소설을 바탕으로 한 〈1984〉이다. 소설과 영화 속에서 '빅 브라더(Big Brother)'로 불리는 가상의 인물은 가상의 나라인 오세아니아(Oceania)의 절대 권력자이다. 그는 집안과 거리에 설치된 '텔레스크린(telescreen)'을 통해 주민들의 일거수일투족을 감시한다. 주민들은 어디를 가든 "빅 브라더가 당신을 주시하고 있다(BIG BROTHER IS WATCHING YOU)"라는 표어를 보고 살아야 한다. 텔레스크린은 끊임없이 정부의 선전 영상과 조작된 통계를 내보내는 송신기 역할도 한다.

4차 산업혁명에 대한 관심이 늘어난 최근 들어 이러한 영화들이 다시 주목을 받고 있다고 한다. 4차 산업혁명 시대의 핵심기술로 인공

그림 2 조지 오웰의 소설 속 빅 브라더를 형상화한 이미지. 그림 속의 모습은 소련의 독재자 조세프 스탈린을 모델로 했다는 설이 있지만 빅 브라더는 특정한 개인이라기보다는 국가라는 제도의 의인화로 보아야 한다는 설이 설득력 있다.

지능과 기계학습(machine learning), 사물인터넷, 빅데이터 등이 거론된다. 그 중에서도 초지능(hyper-intelligence)을 가능케 하는 인공지능(artificial intelligence, AI)이 4차 산업혁명의 대명사가 되었다. 과거에도 그랬지만 지금도 인공지능과 관련하여 많은 이들의 주된 관심은 인간과 인공지능의 대결에서 궁극적으로 누가 승리할 것인가이다.

2016년 3월에 이루어진 알파고와 이세돌 9단 간의 대결, 2017년 5월에 이루어진 알파고와 중국의 커제 9단 간의 대결 모두 알파고의 승리로 끝났다. 인공지능과 프로 바둑기사들 간의 대국이 세간의 관심을 끈 것은 앞으로 다가올 커다란 변화를 많은 이들에게 학습시키는 효과를 가져왔다는 점에서는 긍정적이다. 하지만 기술과 인간의 대결 구도로 이야기를 끌고 가는 것은 대단히 공상과학적이다. 성급한 이들은 벌써부터 디스토피아적 종말론으로 달려가고 있다.

아직 4차 산업혁명의 실체가 무엇이고 그 파급효과가 어디까지 미칠지에 대한 의견이 모아지지 않고 있는 상황에서, 특히 그것이 정부의 역할에 미칠 영향을 논하는 것은 대단히 사변적인 작업이 될 수밖에 없다. 미리 이 글의 결론을 말하자면, 4차 산업혁명이 가져올 변화의 끝은 유토피아도 디스토피아도 아닐 것이다. 4차 산업혁명은 분명 패러다임의 변화를 가져올 것이고, 이것은 정부 부문도 예외가 아닐 것이다. 그러나 그 변화의 주체는 여전히 사람이고, 그 변화를 이롭게 만들거나 해롭게 만드는 것도 결국 사람일 것이다. 지금 시점에서 결정된 것은 그리 많지 않다는 말이다.

이 글은 4차 산업혁명 시대에 정부의 존재 이유에 관한 근본적인 질문에서부터 출발하여 정부와 시장과 사회를 연결하는 관념이 어떻게 변할 것인지, 인공지능의 등장 등으로 인해 정부가 일하는 방식에 있어서 달라지는 것과 달라지지 않는 것은 무엇인지를 다룬다. 4차 산업혁명이 가져올, 하지만 아직 실현되지 않은 기술적 변화에 대한 현란한 예측보다는, 정부의 존재 이유와 새로운 역할에 대한 탐색적인 고찰에 초점을 맞추려고 한다.

　이 글의 핵심 주장은 다음과 같다.

　첫째, 인공지능으로 대표되는 4차 산업혁명 시대의 행정이 구현할 수 있고, 또 구현해야 할 가장 중요한 가치는 인간의 존엄성을 충실히 실현하고 인간사회가 봉착하는 여러 문제를 해결할 수 있는 '사람 중심의 행정', '민주 행정'이다. 4차 산업혁명이 우리를 그곳에 거저 데려다 주지는 않는다. 이를 위해서는 새로운 형태로 정보를 독점할 수 있는 집단, 특히 정부를 견제하고 통제할 수 있는 정교한 제도적 장치가 필요하다. 이에 대한 새로운 국민적 합의도 필요하다.

　둘째, 4차 산업혁명은 그간 존재하던 기업-정부-시민사회의 벽을 무너뜨리고 새로운 공사파트너십(public-private partnership, PPP)을 구현하는 데 큰 기여를 할 것이다. 개방된 디지털 정보 생태계에의 참여를 통해 기업과 시민사회는 행정 서비스의 단순한 소비자에서 소비-공급자로, 정부는 행정 서비스의 일방적 공급자에서 쌍방적 공급자로 변할 것이다. 이러한 변화는 궁극적으로 현대 행정을 지탱해온 견고한 계급제와 권위주의 문화를 완화시킬 것이다.

셋째, 4차 산업혁명 시대에도 정부는 여전히 필요할 것이다. 물론 정부의 역할이 줄어드는 분야가 존재한다. 특히 중앙 및 지방 정부기관이나 공기업 등 공공기관 일선관료제(street-level bureaucracy)의 정형화된 업무는 인공지능 로봇이 대체할 가능성이 높다. 반면에 정부의 역할이 오히려 커지는 분야도 생길 것이다. 예를 들어 빅데이터 활용으로 그 동안 정부가 해결하지 못한 저출산 고령화와 같은 메가 이슈들의 사각지대가 줄어들면서 새로운 행정서비스를 창출할 것이다.

이 글은 이와 관련된 다섯 가지의 질문을 던지고 여기에 대한 답을 구하는 형식으로 구성된다.

공직사회의 인적 구성은 어떻게 바뀔까?

이 글이 던지는 첫 번째 질문은 공직사회의 인적 구성에 관한 것이다. 국가마다 차이는 있지만 대부분의 현대국가는 직업공무원제를 채택하고 있고, 따라서 국가가 공개경쟁 채용시험을 엄격하게 관리한다. 우리나라나 일본의 고시제도가 대표적이다. 민간과 공직사회의 인적 교류가 활발한 미국이나 서유럽 국가들도 별도의 공직임용 시험제도를 운영하고 있고 일단 공직에 발을 들인 이들에게는 보다 엄격한

청렴의 의무를 부과하고 민간과의 접촉이나 교류를 제한한다. 각종 인 허가권과 자원배분 권한을 가진 공무원들이 쉽게 민간의 포획 대상이 되기 때문이다. 학창시절까지는 나와 비슷한 동년배, 선후배로 생각되 던 사람들이 졸업 후에 공직에 발을 들이느냐 민간에 발을 들이느냐에 따라 전혀 다른 길을 걷게 되는 이유도 바로 그 때문이다.

지금까지의 지배적인 패러다임은 정부 부문과 시장 또는 민간 부 문은 각자에게 고유한 영역이 있기 때문에 이 둘을 엄격히 구분해야 한다는 것이었다. 2016년 9월 시행된 이후 줄기차게 논란의 중심에 서 있는 '김영란법'도 같은 전제를 깔고 있다. 관과 민을 같이 붙여놓으면 늘 사고(?)가 터지기 때문에 3만 원 - 5만 원-10만 원이라는 인위적 기 준을 적용해서라도 이 둘을 떼어 놓아야 한다는 발상 말이다.

지난 30년간 정부와 시장의 역할과 그 실패를 둘러싼 이념적 논쟁 은 '행위자' 중심이었다. 미래의 환경에서도 여전히 행위자 중심의 관 점이 유효할 것이다. 더불어 정부-시장과 기술 간의 이념적 논쟁이 본 격화될 것이다. 인공지능의 역할과 한계를 둘러싸고 벌어지고 있는 많 은 논란을 보면 잘 알 수 있다. 하지만 인공지능과 사람의 대결 그 자 체보다는 인공지능이 어떤 이들에게 새로운 권력을 부여할 것인가 하 는 점이 더 중요한 관전 포인트다.

18세기에 시작된 1차 산업혁명이 경제권력을, 그리고 궁극적으로 정치권력을 귀족 지주계급으로부터 신흥 자본가계급으로 이전시켰다. 국가와 시장의 이분법의 출발점도 여기에서였다. 마찬가지로 4차 산업혁명은 새로운 기술계급의 출현을 촉진할 것이다. 다만 새로운 계급의 출현이 19세기 후반 20세기 초반에 인류가 겪었던 극적인 경제, 사회, 그리고 정치혁명으로 이어질지는 미지수이다.

여기서 한 가지 주목할 점은 1차 산업혁명이 그 전까지는 미분화 상태에 있던 '국가'와 '시장'을 확실히 구분지었을 뿐만 아니라 신흥 부르주아 계급의 공직진출을 촉진함으로써 유럽 제국 정부의 능력과 수준을 괄목할 만하게 성장시켰다는 것이다. 봉건시대의 관직은 대개의 경우 귀족계급의 가난하고 우둔한 친척들이 도맡았다. 고위 귀족들은 자신의 가족 가운데 갈데없는 사람들을 부양하기 위한 수단으로 공무원 제도를 이용했던 것이다. 그러나 능력주의의 확대에 따라 개방적 인재 등용이 확대되었고, 이는 결국 봉건적 특권의 철폐로 이어졌다. 영국에서 능력주의 정책의 이정표가 되는 사건은 1870년 경쟁시험을 통한 공무원 선발제도의 도입이었다.

과거 신흥계급이 공공부문에서 약진했듯이 앞으로의 공공부문에서도 디지털 역량(digital capability)을 가진 계층의 약진이 예상된다. 자본가 계급의 등장에 따라 정부의 역할과 기능이 오히려 강화된 것처럼 인공지능과 디지털 세대의 등장은 정부의 역할을 축소시키기보다는 강화시킬 것이다. 정보통신기술이 모든 이들에게 개방되어 있는 한 성별, 나이, 혈연, 지연, 학연에 관계없이 '능력주의(meritocracy)'가 확대될 것이다.

그렇다면 어떤 방식으로 공무원 선발제도가 바뀌고 또 바뀌어야

그림 3 20대 청년층 구직자 중의 50% 전후가 공무원 시험을 준비하는 공시족이라는 것이 우리나라 직업시장의 현실이다. 다가올 4차 산업혁명 시대에는 이러한 비정상적인 현상이 바뀌어야 하고 또 바뀔 수밖에 없을 것이다.

할까?

우리나라의 공무원 선발제도는 그간 많은 개혁 노력에도 불구하고 1950년대의 원형(?)을 유지할 정도로 놀라운 회복탄력성을 보여왔다. 행정고시로 알려진 국가공무원 5급 공개경쟁채용시험의 2017년 선발인원은 338명이다. 7급 선발 예정인원은 730명, 9급은 4,910명이다. 매년 6천 명가량이 '행정직' 공무원으로 입직한다. 이는 군인, 경찰, 교원 등 특정직 공무원을 제외한 수치이다. 문제는 이보다 50배가량이나 많은 수험생들이 있다는 것이다. 2016년 한 해에만 총 30만 5천 명이 행정직 공무원 시험에 응시했다고 한다. 2017년 치른 9급 공무원 경쟁률은 기네스북에 오를 만한 수준이다. 무려 22만 8천 명이 접수해서 46.5 대 1의 경쟁률을 보였다.

소위 '공시족'은 전체 청년 구직자의 40%에 육박한다는 황당하지만 현실적인 통계도 있다. 4차 산업혁명 시대에 우리의 미래를 짊어질 청년들에게 가장 인기 있는 직업이 공직이라니.

공무원 채용을 늘려 청년실업 문제를 해결하려는 인기영합주의적 정책도 비정상적인 공무원 시험 열풍을 조장하지만, 근본적으로는 국가가 필요로 하는 인재들을 논술식 또는 선다형 문제풀이 시험을 통해 선발할 수 있다는 시대착오적 발상이 아직까지 우리 사회 저변에 뿌리 깊게 남아 있기 때문에 가능한 현상이다.

때문에 현행 공무원 선발제도가 하루아침에 송두리째 바뀌지는 않을 것이다. 하지만 시대적 흐름을 거스르는 데에 따른 정치적, 행정적, 사회적 부담이 갈수록 커짐에 따라 어느 시점에서는 혁신적인 변화가 찾아올 수밖에 없다. 4차 산업혁명은 "매년 비슷한 수의 공직자들이 (주로) 필기시험 성적에 따라 입직한다"는 전제를 크게 흔들 것이다.

아래에서 논의하는 것처럼 국가의 일, 정부의 일 자체가 줄어들기보다는 일하는 방식 자체가 바뀔 것이기 때문에 앞으로 선발인원은 꾸준히 줄어들 수밖에 없고 또 줄어들어야 한다. 전통적인 공직자의 인재상에 더하여 단순히 시험만 잘 보는 인재가 아닌 '디지털 능력'을 갖춘 인재들의 입직을 촉진할 수 있는 제도적 혁신이 필요하다.

이를 위해서는 구체적인 공공관리 전략이 요구된다. 효율적 인사 관리, 유능한 인재 채용, 역량 발휘를 가능케 하는 직무구조 설계, 연공 서열식 인사제도의 타파, 통제와 감독 위주의 근무환경 개선 등은 4차 산업혁명 시대의 도래와 함께 더욱 중요해질 것이다.

국가의 일, 정부의 책무는 무엇인가?

다음으로 보다 근본적인 질문을 던져보자. 국가의 일, 정부의 책무는 무엇인가? 특히 4차 산업혁명 시대의 정부의 책무는 무엇인가? 그 답을 구하기 위해 시계를 30년 전으로 돌려보자. 1989년 프란시스 후쿠야마(Francis Fukuyama)가 선언한 "역사의 종언(the end of history)" 시대에 공산주의와의 이념 대결에서 승리한 자본주의 국가의 역할과 책무는 비교적 명확해 보였다. 시장중심주의를 더욱 강화시키는 것이 그것이었다. 이를 위한 행정개혁, 정부혁신(government restructuring), 정부변혁(government transformation) 등에 관한 무수한 논의와 노력이 있었다.

신자유주의적 개혁의 성과도 많았지만 최근 들어 그 한계가 더욱 분명해지고 있다. 신자유주의 시대가 본격적으로 도래되던 시점부터 신자유주의 이념의 부작용에 반론을 제기한 이가 로버트 라이시(Rob-

268

ert B. Reich)였다. 그는 1992년 저작 *The Work of Nations*에서 자본이 자유롭게 국경을 이동함으로써 자본의 국적이 날로 애매해져가는 세계화 시대에 국가의 책무는 과연 무엇인가 하는 문제를 고민한 이였다. 그는 국가의 경쟁력은 기업이 창출하는 이윤이 아니라 시민들의 교육과 기술, 그리고 그들을 연결시켜주는 사회적 자본에 달려 있다고 주장했다. 국가는 거대 다국적기업 육성에 노력하기보다는 자국민 한 사람 한 사람의 부가가치를 높이는 데 주력해야 한다는 것이었다.

지금은 흔한 주장이 되었지만 인적 자본이야말로 국가 경쟁력의 원천이라는 주장은 당시로서는 신선한 것이었다. 그의 사상은 빌 클린턴(Bill Clinton) 행정부(1993-2001)의 주요 정책인 '사람 중심의 행정(Putting People First)'의 근간이 되었다. 인수위원장을 거쳐 노동부 장관을 역임한 그는 장관 재임시절 미국 노동자들이 새로운 경제 환경에 적응할 수 있도록 최저임금제 확대뿐만 아니라 직업훈련프로그램, 학교-직장 연계법(School-to-Work Opportunities Act) 등을 시행하였고, 근로자들에게 새로운 기술을 배울 수 있는 기회를 최대한 많이 제공하기 위해 노력한 것으로 유명하다.

그러나 1990년대 중반부터 본격화된 신자유주의 바람은 '사람 중심' 패러다임이 아닌 '효율 중심' 패러다임으로 변질되면서 공공부문과 민간부문을 망라하고 인간소외를 심화시켰다. 규제개혁, 시장주의, 민영화, 작고 효율적인 정부와 같은 신자유주의적 화두의 홍수 속에서 '국가의 일'은 혼란에 빠졌다. 정부는 개입해야 할 곳에 개입하지 않거나 개입하지 말아야 할 곳에 여전히 개입하는 것은 물론, 무엇을 어떻게 해야 할지 모르는 오류 속에서 헤어나지 못하고 있다.

정보통신기술의 발전으로 인해 국가와 시장 간의 경계구분이 갈수록 모호해지면서 과거와 같은 정부-시장 이분법은 더 이상 유효하지 않을 것이다. 다만 정부에 의한 권위의 독점을 가능하게 하는 사회계약은 유지될 것이다. 4차 산업혁명 시대의 급속한 환경변화에 적절히 대응하기 위해서는 정부의 역할이 필수적이다. 정부와 시장의 이분법에 기반을 둔 신자유주의적 패러다임이 쇠퇴하고 공공-민간 파트너십이 강조됨에 따라 정부의 역할에 대한 새로운 인식과 이해가 요구된다. 요즘 유행하는 말로 정부와 시장의 역할에 대한 "리셋"이 필요하다. 정부와 시장 모두 새로운 흐름을 사전에 파악하고 정책대응을 해야 하는 세상이 다가오고 있기 때문이다. 불확실성이 커지는데 정부의 일, 시장의 일을 나누는 것은 무의미하다.

많은 이들이 정부를 비난하지만 결국 정부만큼 문제해결 능력을 보유한 집단이 없기 때문에 결국 국민들의 기대는 정부로 향하게 된다. 4차 산업혁명은 시장과 사회에 커다란 변화를 가져올 것이다. 이는 결국 정부의 일, 공공부문에도 영향을 미칠 것이고, 그러한 압력에 정부가 어떻게 대응하느냐는 다시 시장과 사회에 영향을 미칠 것이다. 사회가 복잡다단해지면서 중심가치가 무너지고 온갖 문제에 대한 서로 상충되는 해법이 제시되어 더욱 혼란스러워질 우려가 있는 시대일수록 '충어근본(忠於根本)', 즉 기본에 충실해야 한다는 고사성어를 되새길 필요가 있다.

국가와 정부의 기본은 '사람 중심의 행정'을 구현하는 일이다. 미국의 3대 대통령 토머스 제퍼슨(Thomas Jefferson)은 "인간의 생명과 행복의 파괴가 아닌 그들에 대한 존중이 처음이자 유일한 좋은 정부의 목적(The care of human life and happiness, and not their destruction, is the first and only object of good government)"이라고 강조했다.

비슷한 맥락에서 공자는 "법으로 이끌고 형벌로 다스리면 백성들은 무슨 일을 저질러도 부끄러워하지 않는다. 도덕으로 이끌고 예로 다스려야 백성들은 비로소 부끄러움을 알고 바른 길을 가게 된다"고 설파하였다. 공자의 맞수였던 노자 또한 "큰 덕은 덕을 의식하지 않기 때문에 유지할 수 있고, 작은 덕은 그 덕을 잃지 않으려 하기 때문에 유지할 수 없다. 도둑은 법령이 치밀하게 정비될수록 더 많아진다"고 하여 덕치(德治)를 강조하였다는 사실을 다시 음미해보자. 시대가 변해도 국가의 일, 정부의 책무는 결국 '사람'에서 찾을 수밖에 없다.

미래의 정부는
더 민주적일까?

'사람 중심의 행정'이란 '민주 행정'을 의미한다. 4차 산업혁명 시대의 정부는 더 민주적일 수 있을까?

4차 산업혁명의 핵심은 개방과 공유이다. 과거 소수에 의해 독점되었던 많은 정보들이 이제 디지털 문맹만 벗어나면 누구나 접근할 수 있다. 정부도 더 많은 정보를 개방하고 공유할 것을 주문받고 있다.

우리 정부도 부처할거주의를 극복하고 정부기관 간, 정부와 민간 간의 협업과 소통을 강화하기 위해 지난 몇 년 동안 정부3.0 정책을 펴왔다. 그간의 정부3.0 정책의 성과를 이 글에서 하나하나 평가하는 것은 어렵지만 이 정책이 오히려 부처 간의 칸막이만 높였다는 비판도 꽤 존재한다는 점만 지적하고 넘어 가도록 하자.

협업과 소통은 방법론의 문제이지 방향성의 문제는 아니다. 정부가 더 많이 개방하고 공유하는 것은 이제 시대적인 흐름이다. 이는 단순한 전자정부, 전자민주주의 이상의 의의를 가진다.

전통적 행정의 패러다임은 분업의 논리에 입각한 계급제(hierarchy)와 권위(authority)에 천착해왔다. 하지만 정보통신기술의 발달에 따라 정부의 일이 점점 덜 계층적이 되면서 비권위적 방식에 의한 행정 서비스의 전달이 중요해졌다. 한걸음 더 나아가 초연결 사회가 구현되고 플랫폼 기반의 지능형 정부, 스마트 정부가 등장하면 정부는 더 효과적으로 다양한 의견과 주장을 수용하여 정책형성 과정에 반영할 수 있을 것이다. 다양한 민의를 반영한 적재적소의 정책설계와 행정 서비스의 제공은 민주주의의 향상을 의미한다. 시민들은 단순한 정책의 '대상집단'에 머물지 않고 적극적인 정책 참여자가 된다.

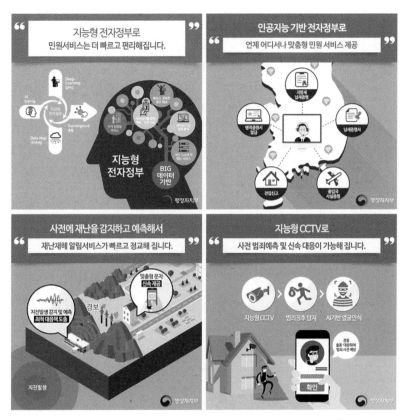

그림 4 우리나라 정부가 추진하는 '지능형 전자정부'의 개념도. 2017년 8월 9일 행정안전부는
인공지능, 빅데이터, 사물 인터넷 등 첨단 신기술을 활용하여 행정을 혁신하고 맞춤형 대국민
서비스를 제공하는 차세대 전자정부 개념인 '지능형 정부 추진계획'을 발표하였다. 그림 출처:
행정안전부

    국내외를 막론하고 지금까지 각국 정부는 공공서비스를 직접 제
공하거나 민간조직이나 비영리조직을 통하여 위탁 제공하는 아웃소
싱 방식을 활용하였다. 그러나 미래의 정부는 직접제공 방식과 아웃소

싱 제공 방식 외에도 개별 국민으로 하여금 직접 공공서비스를 제공하게 하는 참여형 서비스 방식인 크라우드소싱(crowdsourcing) 방식을 적극적으로 활용할 것으로 보인다. 공공서비스의 제공 방식이 인소싱(insourcing) 모델에서 아웃소싱(outsourcing) 모델로, 그리고 더 나아가 크라우드소싱 모델로 진화할 것이라는 말이다(문명재, 2017).

비슷한 맥락에서 앞으로 미래 정부는 지렛대형 정부(leveraged government)가 될 것이라는 전망도 나온다. 도날드 케틀(Donald Kettl, 2015)에 따르면 지렛대형 정부란 혼자서 커지는 정부가 아니라 정치와 시민사회 등 정책 이해집단과의 연계를 강화하는 정부, 국민으로부터 신뢰받는 정부, 정책역량 향상을 위해 노력하는 정부, 명확한 증거에 기초하여 정책을 실행하는 정부, 그리고 협업형 정부(joined-up government)를 말한다.

진정한 스마트 정부나 지렛대형 정부는 중앙집권적인 방법으로는 새로운 문제해결이 불가능하다는 인식을 공유한다. 정책문제 해결을 위해서는 다양한 조직, 지지, 자원을 동원해야 한다. 관료들은 전지전능하지 않다. 적절한 조정과 협력 없이는 자원의 낭비가 계속되고 사회문제는 부분적으로만 해결될 뿐이다. 아니, 오히려 사회문제를 악화시킬 수 있다. 수평적 협력 확대가 필요한 이유이다.

미국의 저명 행정학자인 해럴드 라스웰(Harold Lasswell)은 "인간 존엄성의 보다 충실한 실현(the fuller realization of human dignity)"을 위해 "사회 속에서 인간이 봉착하는 근본문제(the fundamental problems of man in society)의 해결을 위해 노력하는 것"이 민주적 행정의 본질이라고 설파한 바 있다. 바야흐로 4차 산업혁명 시대에는 행정의 민주화, 민주적 행정이 그 어느 때보다 우리에게 가까이 다가서고 있다.

한편, 정부의 권위와 정당성은 결국 민의로부터 나오지만 실제로 국가를 경영하는 과정에서는 리더십과 여론 간에 갈등이 생길 수밖에 없다. 이러한 관점은 정책의 형성과 결정은 심사숙고할 수 있는 능력과 정보를 갖고 있는 소수의 정치 및 관료 엘리트들에 의해 수립되어야 한다고 본다. 특히 거시경제정책이나 외교정책, 과학기술정책 등과 같은 특수분야에서 대중들은 자신들의 근시안적 이익에만 집착하기 때문에 장기적인 비전과 전략을 가지기 어렵다. 뿐만 아니라 이들은 그럴 만한 시간과 자원을 가지고 있지 않기 때문에 여론에 의한 정책의 형성과 결정은 부적합하다. 따라서 지혜, 인내심, 참을성, 규율, 국가와 세계사에 대한 통찰력을 요하는 국가경영(statesmanship)은 소수의 정치 엘리트들의 몫이라는 것이 이 주장의 요지이다.

이와 반대로 소수의 엘리트들에 의한 권력의 독점은 필연적으로 사실관계의 왜곡과 부패를 가져오기 때문에 국민의 여론을 통한 견제와 균형이 반드시 필요하다. 민주주의가 부패하는 이유는 대중들의 탐욕 때문이 아니라 사익을 추구하는 엘리트들 때문이며, 정치인들과 관료들은 흔히 자신들의 잘못을 숨기기 위해 대중들을 희생양으로 삼는 경향이 있다는 것이다. 이러한 견해는 정치적 다원론에 그 이론적 기반을 두고 있다. 다원론자들은 정치과정이나 정책과정을 지배하는 단일의 엘리트가 존재한다는 견해에 반대한다. 특히 4차 산업혁명에 따라 일반 국민들이 정보와 지식의 단순한 소비자에서 보다 적극적인 생산자로 바뀌었기 때문에 이들이 엘리트들보다 꼭 무지하다고 볼 수 없고, 따라서 합리적인 국가정책의 수립에 대중의 참여와 견제가 필수적이라는 주장이다.

우리 주위를 둘러보면 이러한 주장이 꽤나 설득력이 있다. 전통적인 언론을 통한 여론형성 과정에서 국민들은 단순히 여론에 휩쓸리는 대상에 불과하였지만, 소셜 네트워크 서비스(SNS)가 확대되면서 이슈의 생산과 유통에 참여하고 이슈를 선도하는 대중들의 역할이 더욱 커지고 있다. 광우병사태, 무상급식 주민투표, 세월호와 메르스 사태를 거쳐 현직 대통령을 탄핵에까지 이르게 한 촛불시위 등의 예에서 보듯이 SNS를 통한 정보의 획득과 확산이 손쉬워짐으로써 일반 국민들의 정치참여의 정도와 관심 폭이 폭발적으로 커진 것이다. 익명성의 뒤에 숨은 악플러, 마녀사냥식 사생활 침해 문제가 새로운 사회문제로 부각되기도 하지만 정보통신기술의 확산은 국민들에게 정책형성과 결정에 영향력을 행사할 수 있는 권능을 부여하고 있다.

빅데이터나 인공지능 그 자체는 더 민주적이거나 덜 민주적이지 않다. 그것을 어떻게 활용하느냐에 달려 있다. 4차 산업혁명은 전자 민주주의, 더 나아가 지능형 민주주의의 확산을 가져올 수도 있다. 반면, 앞서 언급한 바와 같이 개인의 프라이버시와 자유를 침해하는 빅 브라더를 만들 수도 있다.

앞으로의 새로운 균형은 이 둘 사이에서 이루어지지 않을까 한다. 정보통신기술에 의해 새로운 힘을 부여받은 민의가 정책에 미치는 영향은 사안에 따라 다르며, 여러 우연적인 요소와 이해관계로부터 파생되는 정치적 균형에 따라 달라질 것이다. 예를 들어, 의료, 연금, 교육 등에 관한 사회정책은 여론과 이익집단의 영향을 좀더 많이 받게 되는 반면, 거시경제정책이나 외교정책은 유사시가 아닌 평상시에는 여론의 영향을 거의 받지 않을 수 있다.

미래의 정부는
꼭 해야 할 일만 하게 될까?

국가의 정책은 모두 법적인 근거를 갖고 있다. 우리 법제처에 따르면 2017년 5월 현재 헌법, 법률, 대통령령, 총리령, 부령, 기타 국회규칙 등을 포함한 현행법령의 총 수는 4,652개에 달한다. 2012년부터 5년 동안 평균적으로 늘어난 숫자를 보면, 법률은 35.2개, 대통령령은 39.8개, 총리령 및 부령은 26.2개로 각 법령별로 30개 안팎으로 증가하는 추세이다. 이는 곧 국가가 하는 일이 점점 더 늘고 있다는 것을 의미한다.

그런데 왜 여전히 많은 사람들이 정부가 해야 할 일을 제대로 하고 있다고 생각하지 않을까? 혹시 늘어나는 정부의 정책들 중에 불필요한 것들이 많아지는 것은 아닐까? 어떤 공공영역이든 잘 관리하고 적절한 정책을 설계하고 집행할 수 있는 정부의 구현이 가능할 것인가?

합리적 정책결정을 내리기 위한 가장 중요한 열쇠는 정부가 정책목표에 대해 통제력을 행사할 수 있는지 여부를 파악하는 것이다. 우리 모두는 자신이 바꿀 수 있는 것과 없는 것의 차이를 알 수 있는 지혜를 갖고 싶어 하지만 대부분은 그렇지 못하다. 정부 정책도 마찬가지다. 정부가 실현 가능하지 않은 정책목표를 세우고 무리한 정책수단을 동원하거나 변화시킬 수 없는 선택 사항들 중에서 선택을 하고 향상시킬 수 없는 무언가에 대해 정책수단을 동원하는 경우가 흔하다. 반대로 정부의 관심과 노력을 통해 얼마든지 해결할 수 있는 문제가 있음에도 불구하고 방치되는 경우도 비일비재하다.

전 세계적으로 정부에 대한 신뢰가 낮아지고 있는 이유도 여기서 찾을 수 있다. 우리나라의 경우는 더욱 심각하다. 북핵위협, 저출산 고령화, 경제양극화, 청년실업 등의 거대 이슈들 속에서 정부에 대한 국민들의 '신뢰'는 갈수록 떨어지고 있다. 경제협력개발기구(OECD)의 2016년 통계에 따르면 대한민국 정부에 대한 국민들의 신뢰는 28%로 35개 OECD 회원국 평균 42%를 크게 밑돌며 최하위에 머물렀다. 우리 정부는 일부 국민들, 특히 노년층의 가장 기본적인 빈곤문제조차 해결하지 못하고 있다. 65세 이상 빈곤율은 50%를 넘어 OECD 평균인 12%에 비해 네 배 이상 높다. 출산율은 OECD 최하위이고 자살률은 가장 높다. 4차 산업혁명은 고사하고 3차 산업혁명 때도 이러지는 않았다는 볼멘 목소리까지 나온다.

우리는 신뢰할 수 있는 정부를 필요로 한다. 신뢰할 수 있는 정부는 해야 할 일을 잘 하는 정부, 하지 말아야 할 일을 안 하는 정부이다. 빅데이터, 인공지능의 도움으로 정부는 보다 많은 정책수단을 가질 것이다. 정부가 추구하는 정책목표에 가장 적합하고 합리적이며 효과를 거둘 수 있는 수단을 선택함으로써 비합리적 정책의 경제적·사회적 비용 낭비를 줄일 수 있을 것이다. 대안의 탐색과 검토 및 선택에 있어서 선례(先例)가 없는 비정형적 문제에 직면할 경우에도 가장 합리적인 대안을 찾을 수 있을 것이다. 조류독감 방역 시스템 구축, 메르스와 같은 신종 고위험 감염병의 국내 유입과 확산을 막기 위한 조치 등 정부는 그간 어려움을 겪었던 분야에서 보다 나은 모습을 보일 것이다.

정부의 정책은 본질적으로 복잡성, 불확실성, 모호성을 내포한다. 동시에 모든 정책은 수혜집단과 비용부담집단 간의 정치적 선택의 대상이다. 그렇기 때문에 정책의 전 과정에서 오류가 발생하는 것이 불가피하다. 오류를 수정하지 않으면 정책은 실패하게 된다. 오류 수정을 원활하게 하는 것이 정책실패를 줄이는 방안이 된다면, 정책오류 수정을 정책혁신의 단초로 이해할 필요가 있다. "실패는 성공의 어머니"라는 속담과 "실패하는 능력(ability to fail)"이라는 역설이 암시하듯이 현실세계의 정책에서는 성공과 실패가 공존한다는 사실을 이해함으로써 정책가치와 정책혁신의 필요와 대응을 정교하게 포착할 수 있을 것이다.

한편, 기대수준이 높아진 국민들은 정부에게 보다 빠르고 투명한 고품질의 서비스를 요구한다. 동시에 개인의 특정한 상황에 맞는 맞춤형 서비스를 요구한다. 때문에 정보통신기술에 기반을 둔 '스마트 정부'에 대한 관심이 높아지고 있다. 스마트 정부는 "국민 모두가 언제 어디서나 매체에 관계없이 자유롭게 원하는 정보를 획득하고 때로는 정책에 대한 개인적 견해를 제시할 수 있는 인프라를 조성함으로써 궁극적으로 국민을 위한 맞춤형 정부 서비스를 지향"한다. 해야 할 일을 잘 하는 정부의 모습이다.

아무리 인공지능이나 빅데이터 분석이 발달하고 시민참여가 늘어나더라도 정부가 꼭 해야 할 일들만을 정확하게 꼭 집어서 하기는 어려울지 모른다. 그럼에도 불구하고 4차 산업혁명은 '덜 나쁜' 정부를 구현하는 데 도움이 될 수는 있다. 나쁜 정부의 경험은 주변에 아주 흔하다. 정책결정과 집행능력이 부족한 정부, 헌법과 법률을 존중하지 않는 정부, 국민의 신뢰를 받지 못하는 부패한 정부 등등. 정보통신기술의 확산으로 정부정책의 투명성은 더욱 높아질 것이다. 투명성은 정부의 책임성을 향상시키기 위한 필요조건이다. 국민들의 디지털 지능 확대는 지금까지와는 전혀 다른 방식으로 정부가 하는 일에 대한 견제와 균형을 가능케 할 것이다.

미래의 정부는
포퓰리즘의 유혹을 극복할 수 있을까?

앞선 질문과 관련하여 이 글이 마지막으로 던지는 질문은 포퓰리즘의 유혹이다. 비단 우리나라뿐만 아니라 선후진국을 막론하고 포퓰리즘 정책이 만연하고 있다. 민주주의의 확산, 보다 정확하게는 '이행기 민주주의' 국가들이 늘어나면서 생기는 현상이다. 대부분 '민의'와 '여론'을 혼동하기 때문이다.

여론은 양면적 속성을 갖고 있다. 여론은 민주주의의 꽃이 될 수도 있지만 때로는 그 변덕스러운 성격으로 인해 중우정치, 인기영합주의정치로 흐를 위험성도 내포하고 있다. 국민의 여론이라는 것은 감성적이고 즉흥적이어서 분위기에 크게 휩쓸리기 마련이고 특정 사안에 대해 과잉반응하기 쉽기 때문에 일관되고 합리적인 국가정책의 수립을 어렵게 만든다.

원칙 없이 오락가락하는 정부 정책은 기업과 국민들을 혼란에 빠뜨리고 여러 사회적 비용을 초래한다. 최근 우리나라에서는 불과 몇 년 앞도 내다보지 않고 중요한 정책을 만드는 비합리적인 정책결정 시스템이 만연해 있다는 비판의 목소리가 높아지고 있다. 국가의 미래를 결정하는 중차대한 정책결정에 있어 합리적인 토론과 의견수렴이 이뤄지지 못하고 당장의 표심(票心)을 모으면 된다는 식의 근시안적인 시각이 작용한다는 것이다. 교육은 백년지대계라는 금언이 무색할 정도로 조변석개하는 대학입시정책에서부터 갈피를 못 잡는 부동산정책, 포퓰리즘으로 누더기가 되어가고 있는 무상복지정책 등이 대표적인 사례로 꼽힌다.

일반적으로 '귀결성의 논리(logic of consequentiality)'에 따라 행동하는 시장 행위자들과는 달리 정부 관료들은 자신에게 요구되는 의무를 충족하는 것에 더 많은 관심을 기울인다. 따라서 자신의 행동과 그의 사회적 역할 사이의 조화를 유지하려고 노력하는 '적절성의 논리(logic of appropriateness)'에 따라 행동하게 된다. 관료들의 무사안일주의와 복지부동의 뿌리도 여기에 있다. 여기에 더해 '형평성'과 '명분'을 중시하는 우리 사회의 분위기는 정부 관료들의 복지부동을 더욱 강화시킨다. 지금까지 우리나라 관료들에게 큰 불확실성이 수반된 창의적인 혁신을 기대하기 어려웠던 이유이다.

더 나아가 민주주의의 확산에 따라 '정치'가 '행정'을 압도하는 현상이 세계적인 추세로 자리 잡고 있다. 이견(異見)과 갈등을 조정하고 사회적 합의를 만들어나가야 하는 것이 정부의 역할이지만, 우리나라의 상황은 밝지 않다. 정치권의 현실은 여야가 이익집단으로 나뉘어 정쟁을 반복하고 있다. OECD 평균 가장 오랜 시간을 일하는 것으로 정평이 나 있는 우리 정부 관료제는 전체 국민들이 공감하고 실감할 수 있는 정책은 내놓지 못하고 있다.

그 사이를 비집고 들어오는 것이 대중영합주의적 정책들이다. 대중영합주의적 정책은 필연적으로 자원의 낭비를 발생시킨다. 포퓰리스트 정책으로 국가의 재정 건전성 악화, 사회적 갈등의 심화, 기업가 정신의 약화 등의 문제를 겪는 것은 비단 우리나라만이 아니다. 가까이에는 잃어버린 30년 가까이 장기불황에 허덕이고 있는 일본이 있다. 멀리 있는 남유럽 국가들의 재정위기도 부분적으로는 국가의 재정 건전성을 고려하지 않은 대중영합주의 정책의 남발에 기인한다.

동서고금을 막론하고 '다수'로 포장된 일부 계층을 위한 선심 정책의 후유증은 결국 국가가 제공하는 재화와 서비스의 질 저하와 함께 과중한 납세부담으로 나타난다. 포퓰리즘의 더 큰 문제는 본질적으로 그것이 내 편과 네 편, 가진 자와 못 가진 자, 진보와 보수 간의 타협을

그림 5 포퓰리즘의 확산은 전 세계적인 현상이지만 남미국가들이 두각을 나타낸다. 멕시코, 브라질, 아르헨티나에 이어 최근에는 세계 5위의 산유국임에도 불구하고 경제위기와 반정부 시위의 격화로 벼랑 끝에 몰려 있는 베네수엘라가 대표적이다.

전제로 하지 않는 편 가르기에 기초하기 때문에 사회통합을 저해한다는 점이다.

포퓰리즘은 민주주의(democracy)의 타락한 형태인 중우정치(mobcracy)에 보다 가깝다. 플라톤의 언명처럼 진정한 민주주의는 합리적인 정책결정을 통해 절제, 지혜, 용기, 정의라는 덕목을 구현할 수 있다. 제대로 된 민주주의라면 경제 부문을 비롯한 정치·사회·문화 등 다양한 부문에서의 정책조정과 견제가 이루어져서 행정부나 국회가 포퓰리즘에 빠진 정책을 쏟아내는 것을 막을 수 있다.

민주주의가 발전할수록 한 가지 사안에 대한 의견은 보다 다양해지고 이에 따른 갈등은 더 많이 표출된다. 정부의 역할은 이런 갈등이 극단으로 흐르지 않고 합의를 이룰 수 있도록 돕고, 다수의 의견을 수렴해 정책의 테두리로 수용하는 것이다. 충분한 토론이 바탕이 된 사회적 대타협을 통해 정책을 결정하는 것은 계층 간 갈등을 감소시킨다.

4차 산업혁명은 정책학습을 촉진시켜 합리적 정책결정과 정책혁신을 가능케 할 것이다. 4차 산업혁명 시대의 스마트 정부는 빅데이터를 활용하여 정책수요를 분석하고 해결책을 강구하는 지능적인 정부가 될 것이다. 단순한 업무절차의 자동화나 온라인 공공서비스, 그리고 온라인 시민소통을 넘어서 ICT 기술을 폭넓게 활용함으로써 선제적으로 정책수요를 파악하고 다양한 정책대안을 분석할 수 있을 것이다. 그렇게 되면 대중영합주의적 정책은 점점 더 발을 들여놓기 어려워지지 않을까?

필요는 발명의 어머니이다. 4차 산업혁명의 원동력도 여기에 있다. 이 글은 그 반대 인과관계에서 비롯되었다. 4차 산업혁명의 기수인 인공지능, 빅데이터 등 정보통신기술이 행정 서비스를 어떻게 변화시킬 것인지에 대해 자문자답을 해보았다.

4차 산업혁명 시대의 정부의 역할과 목표는 다음으로 요약할 수 있다. 복지지향, 협업중시, 지속가능성, 복잡성 관리(Target welfare, Value cooperation, Think sustainable, Manage complexity)가 그것이다.

2016년 초 전 세계에 4차 산업혁명이라는 화두를 던진 세계경제포럼은 몇 년 전부터 미래의 행정환경 변화에 주목해 왔다. 특히 2011년 보고서인 "정부의 미래(Future of Government)"에 따르면 미래의 정부 환경은 빠르고(fast) 궁금증을 자아내게(curious) 바뀔 것이다. 동 보고서는 변혁적 정부를 위한 네 가지 분야를 요약한 FAST(Flat, Agile, Streamlined, Tech-Enabled) 모델을 제시했다. 첫째, 보다 수평적인 정부(flatter government)는 시민참여(citizen engagement), 행정효율(administrative efficiency), 정부 간 및 부문 간 공조(inter-government and cross-sector collaboration) 등을 추구한다. 둘째, 민첩한 정부(agile government)는 새로운 정책문제에 선제적으로 대응하기 위해 공공부문과 민간부문의 자원을 효과적으로 동원한다. 셋째, 보다 간결한 정부(streamlined government)는 과학기술의 발전과 조직역량의 발전에 부응하여 조심스럽게 인력감축을 계획하고 실행한다. 넷째, 기술을 적극적으로 활용하는 정부(tech-enabled govern-ment)는 급변하는 네트워크 사회에 걸맞게 정책과 법적 및 규제적 프레임과 절차들을 재설계한다.

물론 4차 산업혁명 시대의 정부가 반드시 유능하고, 민주적이고, 효율적이 되리라는 보장은 없다. 매사가 그렇듯이 기회와 위기는 동전의 양면이다. 4차 산업혁명 시대에 정부는 물론 기업이 추진하고 있는 개인정보 분석에 기초한 다양한 서비스 제공은 소비자의 편익을 증대시키는 기회인 동시에 프라이버시 침해라는 개인정보보호 이슈를 제기한다.

역사적으로 대량의 수학적 데이터를 관리하는 주체, 특히 정부 관료제의 권한은 계속 확대되어 왔다. 4차 산업혁명 시대의 정부에 대한 견제와 균형을 위한 보다 정교한 제도적 장치가 없다면 정부가 자칫 빅 브라더로 전락할 수 있는 위험성이 얼마든지 존재한다. 범죄와 테러에 맞서기 위해 각국 정부는 디지털 발자국(digital footprint)을 수집하고 분석하는 분야에 지속적으로 투자 규모를 늘리고 있다. 한국정보화진흥원이 2015년 12월 발간한 『2015 정보화통계집』에 따르면 현재 우리나라에 설치된 CCTV는 약 800만 대로 추정된다. 2010년대 초반까지 세계에서 가장 많은 CCTV가 설치된 나라로 알려졌던 영국에는 500만 대 안팎의 CCTV가 설치돼 있다. 영국 정부는 범죄를 사전에 예방하고 감시를 쉽게 하기 위해서라는 이유로 모자가 달린 운동복을 입지 못하게 하는 것을 고려할 정도라고 한다. 범죄 예방도 좋지만 지나친 사생활 침해는 곤란하다.

결론적으로 4차 산업혁명은 정부에게는 새로운 기회이자 도전이다. 정부와 시장과 시민들이 하기 나름에 따라 유토피아에 가까워질 수도 있고 디스토피아에 가까워질 수도 있다. 하지만 안타깝게도 우리 정부의 4차 산업혁명 대책은 철학이 없고 즉흥적이며 근시안적이다. 주로 특정 산업과 기술 분야에 대한 투자와 진흥의 프레임 속에 갇혀 있다. 창의적인 민간기업들을 중심으로 상향식으로 4차 산업혁명에 대한 대비가 이루어지고 있는 선진국의 사례와는 달리 우리의 경우는 정부가 너무 앞서간 나머지 주객이 전도가 되었다는 비판도 나온다.

4차 산업혁명 시대의 정부의 역할에서 가장 중요한 점은 정부가 '무슨' 일을 하느냐보다 '어떻게' 하느냐이다. 그 핵심적인 철학은 '공유행정', '사람 중심의 행정'이어야 한다. 부처할거주의, 무사안일주의, 계급주의적 폐쇄성, 권위주의적 행정문화 등 우리 정부와 관료제의 고질적인 폐해들을 해결하는 데 4차 산업혁명 논의가 좋은 자극제가 되기를 바란다.

4차 산업혁명과
정치의 미래

이원태 정보통신정책연구원

4차 산업혁명은 단순히 기술과 산업 차원의 혁신일 뿐만
아니라 사회, 문화, 규범, 제도 등의 변화까지 포괄하는
그야말로 총체적 변혁의 과정이다. 이제 인공지능,
블록체인 등 4차 산업혁명의 핵심기술들은 민주주의 제도와
정치과정의 성격마저 뒤바꾸고 있다. 정치조직의 운영
방식뿐만 아니라 정치행위의 영역도 인간과 지구를 넘어
사물과 우주로 확장될 것이다. 4차 산업혁명 시대에 정치가
더 이상 뒤처지지 않기 위해서는 데이터와 알고리즘을
주체적으로 이해하고 자율적으로 통제할 수 있는
시민역량이 더욱 필요해질 것이다.

- 데이터와 알고리즘이 정치를 지배하는 세상이 올까
- 4차 산업혁명 시대, 정당은 어떻게 바뀔까
- 민주주의의 작동원리는 어떻게 바뀔까
- 과연 노동정치와 계급정치는 약화될까
- 인공지능과 로봇이 직업정치인을 대체할 수 있을까
- 트랜스휴먼이 정치의 주체가 될 것인가
- 지구에서 우주로 정치가 확장되는 세상이 올까
- 디지털 시민역량으로 4차 산업혁명 대비해야

최근 4차 산업혁명을 둘러싼 담론이 기술개발이나 산업 및 제조업 혁신전략 중심에서 점차 정치사회적 담론으로 옮아가고 있는 양상이다. 이러한 변화는 아마도 촛불, 탄핵, 대선으로 이어지는 정권교체기에서 각 정치 세력들이 4차 산업혁명을 선거전략 차원에서 미래 정치의 핵심 어젠다로 경쟁적으로 채택한 데서 비롯된 것으로 보인다. 아마도 새 정부의 '4차 산업혁명 추진위원회' 공약은 그러한 점을 가장 극명하게 보여주는 대목이라고 할 수 있다.

실제로 4차 산업혁명은 블록체인, 자동화, 로봇화, 3D프린팅, 인공지능, 새로운 교통시스템(하이퍼루프, 자율주행차, 드론 등) 등의 새로운 기술에 의해 추동되는데 경제뿐만 아니라 정치에도 큰 영향을 미칠 것으로 예견되고 있다. 4차 산업혁명의 기술들이 분산, 개방, 자율, 투명, 참여의 원리에 적절히 부합하면서 정치과정을 더욱 민주화시킬 것이라는 기대인 셈이다. 예컨대 블록체인은 분권자율적인 조직 운영

원리로 인해 세계 각국에서 수평적이고 민주적인 정치 자원으로 급부상하고 있다.

그러나 4차 산업혁명에 대한 우리나라 정치의 대응 수준은 어떠한가? 4차 산업혁명에 대한 현재 정치담론의 수준은 의제 선점을 위한 수사학적 대응 이상의 정치적 상상력으로까지 이어지지는 못하고 있는 실정이다. 미래예측 차원에서든, 정치학적 연구과제 도출 차원에서든, 4차 산업혁명이라는 새로운 전환기에서 펼쳐질 정치적 변화와 영향에 대한 논의가 기술 및 산업적 논의에 비해 그리 활발하지 못하다. 4차 산업혁명이 선거, 정당, 의회, 민주주의, 거버넌스 등 정치과정이나 제도 차원의 변화를 수반하는 데 많은 시간이 요구되기 때문에 섣부른 정치적 논의는 시기상조라는 식의 안이한 태도가 지배하기 때문이다.

4차 산업혁명에 대한 정치적 대응의 지체 현상은 기술혁신에 늘 뒤처졌던 '정치영역 전반의 위기'를 보여주는 것일지도 모른다. 과거에는 정치과정이 기술발전에 대해 다소 늦은 감이 있지만 재빨리 적응하거나 통제력을 발휘하였지만, 4차 산업혁명 시대에는 기술혁신이 정치과정보다 훨씬 더 빠르게 움직이면서 정치엘리트와 시민 유권자들의 통제를 벗어날 것이라는 우려가 제기된다. 예컨대,『사피엔스』의 저자 유발 하라리의 말을 빌리면, "정부라는 거북이가 기술이라는 토끼를 따라잡지 못하"는 형국이다(유발 하라리, 2017).

물론, ICT와 같은 기술 발전에 따른 정치변동이 새로운 현상은 아니다. 우리는 이미 2002년 '세계 최초의 인터넷 대통령' 노무현 대통령 당선, 최초의 온라인 정치인 팬클럽 노사모, 2016-17년 촛불집회와 탄핵 등 일련의 정치적 격변기에서 인터넷과 소셜미디어가 중요한 역할을 수행한 '인터넷 정치혁명'의 역사적 경험들을 가지고 있다. 그러나 4차 산업혁명은 과거와는 다른 기술혁신의 특성을 가지고 있다. 그것은 바로 데이터와 알고리즘에 의한 기술지배(technocracy)의 가능성 때문이다. 유발 하라리가 '데이터교(datism)'의 부상을 예언했듯이, 세상이 데이터의 흐름으로 이루어지고 데이터 처리에 기여하는 바에 따라 가치가 결정되는 상황이 도래한다는 것이다. 인간의 지식과 지혜보다는 빅데이터와 알고리즘을 더 숭배하는 세상이 오고 있다.

따라서 만약 정치가 데이터와 알고리즘을 제대로 효과적으로 처리, 활용하지 못한다면, 앞으로 기술이 정치보다 우위를 점하는 상황은 더욱 지속될 가능성이 높아질 것이다. 데이터의 양과 속도가 증가함에 따라 선거, 정당, 의회와 같은 정치제도들이 구시대의 유물이 될 수도 있다. 기존의 정치제도들이 비윤리적이어서가 아니라 데이터를 충분히 효율적으로 처리하지 못하기 때문이다. 어쩌면 데이터와 알고리즘은 4차 산업혁명 시대의 정치가 극복해야 할 새로운 도전인 셈이다.

문제는 아일랜드 철학자 존 대너허(John Danaher)가 '알고리즘이 지배하는 정치', 즉 '알고크러시(algocracy)'의 등장을 우려했듯이(Danaher, 2014), 인공지능, 로봇 등의 첨단 과학기술이 정치과정에까지 깊숙이 침윤되고 그러한 기술의 정치적 활용이 일반화되는 가운데 정치와 정치적인 것의 가치는 점점 더 약화된다는 것이다. 따라서 4차 산업혁명의 거대한 물결 앞에 앞으로 정치는 어떻게 대응하고 혁신할 것인가에 대한 논의가 필요한 시점인 셈이다. 그러면, 4차 산업혁명 시대 정치제도와 정치과정의 미래는 어떤 변화를 겪게 될까? 여기서는 알고리즘, 인공지능, 로봇, 블록체인 등 4차 산업혁명의 핵심기술이 정치과정에 미치는 영향과 관련한 몇 가지 현상들을 중심으로 4차 산업혁명 시대 정치의 미래 변화상을 예측해 보고자 한다.

데이터와 알고리즘이 정치를 지배하는 세상이 올까?

알고리즘이란 본래 어떤 문제를 해결하기 위해 입력된 자료(데이터)를 처리해 원하는 출력값을 유도하는 규칙, 절차, 과정 등의 모든 내용을 모아둔 것을 말한다. 그런데 인공지능의 확산으로 인해 알고리즘의 사회경제적 활용이 증대하고 있지만, 인공지능의 명령어인 알고리즘이 차별적이고 편향된 데이터 입력에 의해 윤리적·정치사회적 문제를 발생시킬 수 있다는 우려가 제기된다. 알고리즘이 내리는 자동화된 의사결정에는 우선순위 결정, 분류, 관련짓기, 필터링이라는 과정(Diakopoulos, 2015)이 존재하는데, 이 과정이 인간 개입에 따른 오류와 편향성, 검열의 가능성 등 본질적으로 차별적인 성격을 내포한다.

일반적으로 알고리즘을 객관성이 확보된 것처럼 생각해 신뢰하는 경향이 있지만, 해당 알고리즘을 만든 것은 인간이므로 다양한 편견과 관점이 알고리즘에 들어갈 수 있다. 즉 알고리즘을 구축하는 단계에서 개발자의 성향과 판단, 사회적 풍토, 외적인 압력이 개입되기 때문에 공정성이나 객관성을 지녔다고 단정하기 어렵다. 알고리즘은 정의된 명령에 따라서만 작동하는 것이 아니라 이용하는 사람 혹은 객체와의 상호작용 속에서 끊임없이 수정 및 조정되므로, 알고리즘의 통제 논리는 소프트웨어를 만드는 사람에 따라 다르며, 따라서 알고리즘은 이데올로기의 산물로서 다분히 정치적이라고 볼 수 있다.

특히 알고리즘은 과거로부터 쌓여온 데이터를 학습하면서 인종차별, 성차별 등 역사적 편향성을 반영할 가능성도 매우 높은 것으로 확인되는데, 예컨대 구글의 온라인 광고가 여성보다 남성에게 보다 높은 임금의 직업 광고를 추천하는 경향, 그리고 흑인들에게는 저렴한 상품을 집중적으로 보여주는 경향이 높다는 연구결과(Datta et al., 2015)가 대표적인 사례라고 할 수 있다.

그래서 최근 주요국에서는 인공지능 알고리즘의 위험성을 경고하는 목소리가 높아지고 있다. 미국 오바마 행정부는 잘못된 데이터를 학습한 빅데이터 알고리즘의 부작용(차별, 편견, 배제 등)을 우려하면서 이에 대한 정책 대응의 필요성을 역설한 바 있다. 2016년 5월, 미국 백악관이 발표한 '빅데이터: 알고리즘 시스템, 기회와 시민권'이라는

제목의 보고서는 인공지능 알고리즘의 잠재적 역기능에 대해 의미 있
는 경고와 문제를 제기했는데, 이 보고서에 따르면 알고리즘이 편향된
결과를 내는 4가지 요인에는 1) 데이터 자체를 잘못 채택한 것, 2) 불
완전하고 부정확한 시기에 맞지 않는 데이터, 3) 편향적인 데이터, 4)
역사적인 편향성 등이 있다고 한다. 즉 편향적인 결과를 얻기 위해 일
부러 의도하지 않더라도 데이터의 문제점 때문에 공정하지 않고 편향
된 결과가 나올 수 있음을 의미한다. 최근 독일의 메르켈 총리도 알고
리즘 투명성의 결여는 우리의 인식을 왜곡시키고 토론문화와 공론장
을 위험에 빠트릴 수 있다며 경고한 바 있다. 특히 유럽연합(EU)은 개
인정보보호 차원에서 알고리즘 규제를 제도화하려는 노력을 적극 추

진하기도 했다(이원태, 2016).

알고리즘의 정치적인 성격이 잘 드러나는 점은 알고리즘이 '블랙박스 속의 기술'이고 눈에 보이지 않게 작동하는 비가시성의 특징을 지니므로, 접근성과 공개성 등의 정치적 권리 이슈를 내포한다는 것이다. 실제로 블랙박스 속에 감춰져 있는 데이터와 알고리즘에 접근할 수 있는 권한은 프로그램을 설계한 극소수의 개발자 및 이를 소유한 초국적 거대기업들, 일부 국가권력이기 때문이다. 아일랜드 철학자 대너허가 알고리즘의 정치적 성격과 관련해서 알고리즘이 지배하는 정치체제를 '알고크라시(algocracy)'라고 부른 것도 이러한 맥락을 함축하는 것이라 하겠다.

또한 '맞춤형 정보제공'이라고도 불리는 개인화된 추천 알고리즘의 보편화 양상은 정보의 편식을 구조화시키고 사회문화적 분열을 더욱 강화시킬 수 있다는 점도 주목해야 한다. 정보의 선택과 소비를 기계(알고리즘)에 의존하면서 공적 대화와 토론이 감소하고 민주주의 기반으로서의 정치공론장이 약화될 수도 있기 때문이다.

따라서 알고리즘 사회 전반에 대한 비판적 관점이 필요하고 이를 정치적 이슈와 결부시키려는 논의가 필요하다. 인공지능이 제공하는 선택이나 결정이 기계적인 알고리즘에 따른 결과라고 하지만, 코딩을 하는 건 결국 사람이기 때문에 그들의 주관과 판단이 반영될 수밖에 없고, 따라서 알고리즘은 편향적일 수밖에 없으며, 기술적이든, 제도적이든 알고리즘의 책임성, 공정성, 투명성을 제고하기 위한 사회적 제어 노력이 요구된다.

4차 산업혁명 시대,
정당은 어떻게 바뀔까?

세계경제포럼(WEF)이 '블록체인(blockchain)'이 개별 금융
거래나 국가 간 금융거래에서 사용하고 있는 보안 시스템보다도 안전
하고 투명하며 효과적인 새로운 거래방식이 될 수 있다고 역설한 이
후, 블록체인이 4차 산업혁명의 핵심 기술로 부각되면서 기업조직뿐
만 아니라 정치조직에도 커다란 변화를 가져올 것이라는 예측이 쏟아
지고 있다. 블록체인이 '미들맨(3rd party)'이 필요 없는 P2P 네트워
크를 가능케 하므로 경제, 금융뿐만 아니라 정치 영역, 정부의 역할 변
화 등까지 거의 모든 분야에 파괴적 영향을 미친다는 것이다.

최근 유럽의 몇몇 정당 등 정치조직들도 블록체인 기반의 '분산
자율조직(Decentralized Autonomous Organization, DAO)'을 거버
넌스 및 조직운영 원리로 채택하기 시작했다. '분산자율조직'이란 조
직의 (인간)관리자 없이 알고리즘(스마트 계약 등)이나 공공거래 장부
(public ledger)에 의해 정치적 상호작용 및 의사결정이 이루어지는
것을 말한다. 조직의 관리자가 알고리즘(스마트 계약)으로 대체되어
주변부의 노동만을 인간이 수행하는 조직운영 형태라고 할 수 있다(여

기서 '공공거래 장부'는 블록체인의 가장 핵심적 요소로 인터넷을 통해 서로 연결된 P2P 네트워크상의 모든 이용자의 거래명세를 기록한 것이다. 이는 10분에 한 번씩 블록에 기록된 거래명세 대조 후 숫자 및 거래명세에 오류나 누락된 장부가 발견될 경우 다수에 기록된 장부를 복제해 데이터를 교정할 수 있게 하므로, 이용자 과반수의 블록에 기록되어 있는 데이터와 일치해야만 데이터 무결성이 인정된다. 따라서 장부 조작과 이중거래는 사실상 불가능하다. 전체 사용자의 절반이 가진 컴퓨터 계산능력을 조작자가 능가하려면 천문학적인 비용이 든다. 블록체인은 인류의 기술사를 통틀어 신뢰성 문제를 기계적 메커니즘으로 전환한 최초의 시도이다).

세계경제포럼 회장 클라우스 슈밥이 '비트 네이션(Bit Nation)'이라고 부를 정도로 4차 산업혁명 시대의 새로운 국가모델로 평가받는 에스토니아는 바로 블록체인 기반의 가상국가라고 할 수 있다. 에스토니아가 추진한 e-Estonia 국가전략은 전 국민의 92%가 일종의 디지털 주민등록증인 전자 ID카드를 보유하고, 각종 정부서비스, 대중교통, 은행업무에 이용하도록 만들었을 뿐 아니라 전자투표 등 정치참여기술로 블록체인을 활용하는 데 매우 성공적인 정책으로도 평가받고 있다.

블록체인의 정치적 활용은 다른 나라에서도 확산되고 있다. 예컨대 최근 영국정부는 '비욘드 블록체인 전략'을 수립하여 블록체인을 정부서비스 및 정부조직의 중요한 운영원리로 채택했고, 스웨덴 정부

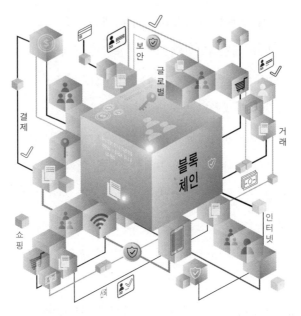

그림 2 블록체인이 4차 산업혁명의 핵심 기술로 부각되면서 기업 조직뿐만 아니라 정치조직에도 커다란 변화를 가져올 것이라는 예측이 쏟아지고 있다.

는 토지 등 부동산 등록에 '블록체인 스마트 계약(Blockchain Smart Contract)'을 채택하였으며, 미국 우정청은 블록체인 기반의 우편행정 서비스 일환으로 '우편 사물인터넷(Internet of Postal Things)' 개념을 채택하기도 했다.

블록체인은 전자투표 등 직접민주주의 시스템으로도 활용되면서 디지털 정당 등 새로운 정치조직의 등장을 가능케 하고 있다. 예컨대, 호주의 신생정당 '플럭스파티(Flux Party)'는 소위 '민주주의2.0'이라 는 전략을 통해 블록체인을 통한 전자투표, 선거캠페인 등 정치참여를 효과적으로 실현한 것으로 평가받았고, 스페인의 온라인 정당 '포데모스'가 추진한 직접민주주의 수단인 '아고라보팅(agora voting)'도 블록체인 기반의 투표시스템을 채택한 것으로 알려져 있다.

이처럼 블록체인은 직접 민주주의와 온라인 투표를 촉진하고 탈집중화를 가져와 정치적 매개 및 거래비용을 크게 감소시키며 온라인상의 개인 권리 및 프라이버시를 보호할 뿐만 아니라 정치과정상의 투명성과 책임성을 증가시키는 역할을 수행한다(Aminoff, 2017).

민주주의의 작동원리는 어떻게 바뀔까?

4차 산업혁명 시대에 부각될 민주주의의 성격에 대해서는 다양한 논의가 제기되고 있다. 지금까지 민주주의 제도를 대표해온 대의민주주의의 한계를 보완하면서, 자발적·개방적 참여와 책임성을 지닌 시민들의 권능화(empowerment)를 강조한다는 점에서 이른바 '헤테라키 민주주의(heterarchy democracy)'라고 부르기도 하고(임혁백 외, 2016), '3차 산업혁명의 도래'를 역설했던 제레미 리프킨은 기존의 경직된 민주주의 시스템을 디지털 수단으로 대체하는 가운데 정치적 유동성이 커져 시민들의 힘도 증대한다는 점에서 '액체 민주주의(liquid democracy)'라고 부르기도 한다.

특히 '액체민주주의(liquid democracy)'는 블록체인뿐만 아니라 소셜미디어 등 인터넷 기술을 활용한 새로운 민주주의 플랫폼으로 주목받고 있다. 액체민주주의는 직접민주주의의 장점과 대의민주주의 장점을 혼합한 민주주의 모델로서, 4년마다 선거를 통해 의사 표시하는 대의제를 너무 지루하고 늦다고 간주하면서 트위터 등 SNS를 통해 수시로 참여하고 자신의 권한을 이슈에 따라 다른 사람에게 자유롭게 위임하면서 수평적, 분산적으로 권력을 행사하는 제도를 말한다.

그림 3 직접민주주의, 대의민주주의,
액체민주주의의 비교

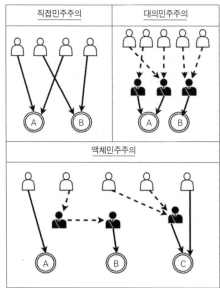

선거 등 민주주의 기제의 작동원리가 형식적이거나 엄격하지 않고 매우 유연하여 중요한 문제에 관한 투표를 자신이 직접 할 수도 있고 자신이 신뢰하는 사람(delegate)에게 위임할 수도 있다는 점에서 '위임민주주의(delegative democracy)'의 하위형태라고도 할 수 있다. 즉 자신이 투표를 안 할 수도 있다는 점에서 직접민주주의와 다르고, 자신이 하든 위임을 하든 중요한 문제에 대해서는 언제나 투표를 하는 제도이기 때문에 일정한 주기로만 투표할 수 있는 대의민주주의와도 다르다고 할 수 있다. 호주의 플럭스 파티가 추구하는 민주주의 모델의 이론적 근거를 제공한 케이와 스파타로(Kaye & Spataro, 2017)는 이 같은 새로운 민주주의 정치시스템을 '이슈기반 직접민주주의(Issue based Direct Democracy, IBDD)'라고 부르기도 한다.

독재나 과두제보다는 '위임받은 똑똑한 유권자들에 의한 정치'가 더 낫다는 점에서 본다면, '액체민주주의'는 '인지자들의 통치(rule of the knowers)'를 뜻하는 '에피스토크라시(epistocracy)'를 민주주의의 대안으로 제시하는 것이라 볼 수도 있다. 언뜻 이러한 주장은 권력남용의 가능성을 배제 못하는 극소수 엘리트에 의한 정치를 옹호하는 것으로 비추어질 수 있으나 유권자들의 민주적 역량을 다양한 전략으로 개선하면 가능하다고 본다. 즉 뛰어난 정치적 지식을 가진 유권자들의 대표성을 높일 수 있도록 다른 유권자의 투표권을 위임받을 수 있도록 한다는 것이다[미국 조지타운대 정치철학자 제이슨 브레넌(Jason Brennan) 교수는 '철인정치'와도 유사한 지식정치(epistocracy)

를 민주주의에 대한 대안으로 제시하면서, '정치적 무지'라는 문제해결을 위한 수단으로 '투표로또(enfranchisement lottery)'를 제안하기도 하였다].

액체민주주의를 작동시키는 기술적 원리는 '리퀴드 피드백(liquid feedback)'인데, 이는 독일 해적당이 '네트워크가 위계를 이긴다'는 슬로건하에서 최초로 개발한 정치적 의사결정 (오픈소스) 소프트웨어이자 전자투표 민주주의 시스템이다. 이 민주주의 기술은 독일 해적당 외에 브라질 해적당, 스위스 해적당, 이탈리아 오성운동당 등에서도 널리 활용하고 있다. 위임, 선호도 표현, 의견 수렴, 의견 수정이 가능한 대화형 민주주의를 지향하기 때문에, 중앙정부의 시민참여부터 지방정부의 지역정책 이슈, 사기업의 전략적 결정사안 등에 이르기까지 널리 활용 가능한 것으로 평가받기도 한다.

액체민주주의 외에도 4차 산업혁명 시대의 디지털 민주주의를 설명하는 다른 용어로는 사이버크라시(Cybercracy), 디지크라시(Digicracy), 헤테라키(Heterarchy), 코즈모크라시(Cosmocracy), 애드호크라시(Adhocracy), 홀라크라시(Holacracy) 등이 있다. 각 용어들의 주요 내용 및 특징은 다음과 같다.

표 1 4차 산업혁명 시대 디지털 민주주의의 주요 개념

용어	주요 내용 및 특징
사이버크라시(Cybercracy)	– 일반시민이 인터넷을 통해 정책 의사결정에 직접 참여함으로써 대의민주주의의 한계를 극복하는 방법으로, 사이버 민주주의라고도 불림

용어	주요 내용 및 특징
디지크라시(Digicracy)	– 디지털 기술과 직접민주주의가 융합된 의사결정 방식으로, 기존 정당이 개별 정책 이슈를 중심으로 시민사회와 연대하는 '정책네트워크(policy network)'로 진화함에 따라 정당의 주역이 대의제의 국회의원보다는 정책전문가 그룹이 될 가능성 높음
헤테라키(Heterarchy)	– '위계'에 기반하여 정치엘리트와 대중(유권자)을 분리하는 엘리트 중심적 대의제와는 달리, 사회구성원의 통합을 목표로 하는 '다중지배'를 지향하는 민주주의 시스템 – 정부, 정당뿐만 아니라 시민단체, 네트워크화된 개인들 사이의 권력 공유를 특징으로 하며 '지배하지만 수평적이고 협업'하는 원리에 입각해서 시민들의 민주적 참여 및 협업 촉진을 통해 정치적 책임성을 구현하며 디지털 기술이 중요한 매개 역할을 수행함
코즈모크라시(Cosmocracy)	– 전문성과 자율성을 갖춘 민간독립기구 또는 국제기구가 주권국가를 대신해 글로벌 이슈들을 해결하는 글로벌 지배구조로서, 개별 정부는 개인과 단체를 강제할 권한은 없고 협력만 가능한 글로벌 민주주의 시스템 – 세계적이면서 분권화된 권위체계를 전제로 환경, 기후변화, 인권 등 주권국가가 해결하지 못하는 글로벌 난제들을 글로벌 시민참여로 해결하는 것을 지향함
애드호크라시(Adhocracy)	– 역할이나 직제에 따라 종적으로 분리되는 기존 관료제와는 달리, 기능별로 유연하게 분화된 횡적 조직모형의 정책결정 시스템 – 관료제의 표준화된 고정적, 계층적 구조에 반해 융통성과 적응도가 높은 혁신적인 구조이며, 따라서 일정 기간 동안 필요에 따라 특정한 활동을 수행한 후 목적이 달성되면 해체된다는 점에서 '임의조직'의 성격을 지님
홀라크라시(Holacracy)	– 관리자가 없는 조직체계로 위계질서를 배제한 채 모든 구성원이 동등한 위치에서 자율적으로 업무를 수행하고 의사결정을 내리는 구조를 말함 – 따라서 조직의 구성원들에게는 참여를 유도하고 권한을 위임하며 스스로 책임을 지도록 함으로써 조직의 자율성 및 혁신을 제고할 수 있음

자료: 과학기술정책연구원 미래연구센터(2016), 144~147쪽의 내용을 재구성한 것임.

또한, 블록체인, 인공지능을 활용한 민주주의 정치실험의 전개는 기존 ICT기반의 네트워크 정치를 이끌어 왔던 시민참여 플랫폼이나 다양한 시민기술들이 기업과 정부의 권력독점을 견제하면서 시민역량 강화 혹은 시민권능화(civic empowerment)를 위한 디지털 민주주의 기반을 더욱 강화시킬 것이다. 따라서 4차 산업혁명의 기술들은 산업적 활용뿐만 아니라 정치참여, 정책참여 등 시민적 기술(시민기술 civic tech)로서의 가치를 구현한 사례들도 더욱 증가할 것이다.

표 2 4차 산업혁명 시대에서 주목받을 민주주의 기술

영역	사례
정보공개	• 우샤히디(Ushahidi): 글로벌 차원의 재난정보 및 각국의 선거부정 정보 등을 알리는 오픈소스 위기정보 플랫폼 • 열린정부(open gov) 플랫폼으로서의 코드포 운동: Code for America 등 • 정부예산공개: 영국의 Citizen Budget
의사결정(투표)	• 루미오(Loomio): 2012년 뉴질랜드에서 시작. 의견제안 → 토론자 가입 → 토론 → 투표(찬성, 반대, 유보, 차단) 방식으로 진행 • 브리게이드(Brigade): 온라인 공론장 • 열린투표, 데모크라시OS • 아고라 보팅
온라인 청원	• 체인지닷거브(Change.gov): 세계최대 청원 플랫폼 • 오픈미니스트리(Avoin Ministrio): 핀란드 비영리단체 전자민주주의 행동이 주도하는 온라인 시민의회 모델 • 디사이드 마드리드: 시민참여 포털 • 마이소사이어티의 라이투뎀(Write to Them): 의원에게 직접 연락해서 의견 표명 • 위더 피플(We the People)

자료: 조희정, 2017의 내용을 재구성.

과연 노동정치와 계급정치는 약화될까?

4차 산업혁명 시대에서는 인공지능과 로봇에 의한 인간 노동 대체에 따른 사회안전망 마련이 중요한 정치적 이슈로 대두될 것이다. 일자리 대체에 따른 직업 소멸의 위기에 대처하기 위해 직업전환 교육을 실시한다거나, 로봇 시대에 최소한의 삶 영위를 위해 로봇세, 기본소득(basic income)을 도입해야 한다는 논의는 그 예라고 할 수 있다.

그러나 4차 산업혁명은 인간 노동의 가치가 점차 하락하는 이른바 탈노동(post-labor)의 시대에 대비하기 위한 사고의 전환을 요구한다. 이를 위해서는 노동의 개념에 대한 근본적 재검토가 필요하다. 포스트자본주의 시대의 '노동 없는 세계(world without work)', 즉 노동이 인간 삶의 필수적인 조건이 아니라 선택이 되는 상황에 대비해야 한다는 것이다. 노동을 하지 않는 것과 노동을 덜 하는 것이 다른 것처럼, 탈노동 상황은 노동을 배제한다는 것이 아니라, 노동의 가치가 하락한다는 것을 뜻한다. 유발 하라리가 "산업화가 노동계급을 만들었듯이, 인공지능 혁명은 비노동(unworking)계급을 만들 것"이라고 말한 것은 그런 맥락에서이다.

인간 노동의 대부분이 생산활동과 임금활동이라면, 로봇과 인공지능 시대로 인해 인간 노동의 모습이 매우 다양한 형태로 정의될 수 있을 것이다. 이에 따라 인간 노동이 최소화된 상태에서 자원순환

(natural recycling) 경제에 의해 재화가 풍부해지는 이른바 '탈희소성(post-scarcity)'이 포스트자본주의 경제의 중요한 개념으로 등장할 것이라는 예측도 제기된다. 예컨대, 공상과학영화 〈스타트렉〉에서 나오는 연방국의 행성사회와 같이 온기가 넘치고 재화가 풍부한 사회주의의 모습을 띠는 번영하는 경제시스템을 일컬어 '스타트렉 경제(Star Trek Economy; Trekonomics)'라고 부르는데(Saddia, 2016), 이 경제시스템에서 기술은 모두에게 제공된다는 점에서 '기술 정의(technology justice)'가 매우 중요한 가치가 되는 탈노동의 사회를 연상시킬 수 있다.

그런데 방대한 데이터와 강력한 알고리즘 기반 플랫폼을 가진 자는 사람들의 선택과 의사결정을 조종할 수도 있다는 점에서, 알고리즘 시대의 지배이데올로기로 '빅 넛징(big nudging)'이라는 '온정주의(paternalism)'를 언급하기도 한다. '빅데이터'와 '넛징'의 결합이 새로운 형태의 넛징, 즉 '빅 넛징'을 초래한다는 것인데, 수많은 개인정보가 동의 없이 수집되고 활용되는 가운데 우리들의 사고와 행동을 언제든지 조종할 수 있다는 것이다. 달리 말하면, 로봇이 노동자를 대체하는 것보다 인간 노동자를 알고리즘에 의해 로봇화하는 게 더 비극적일 수도 있다는 것이다. 어쩌면 4차 산업혁명의 정치사회적 갈등을 근본적으로 해결하기보다는 인위적으로 완화하는 데 기여할 수도 있다는 것으로 풀이할 수 있다. 예컨대 구글을 통해 검색할 때 검색결과의 첫 번째 페이지는 이용자들로 하여금 90% 이상 수용하게 만든다는 인도에서의 한 실험연구 결과에서 보듯이, 그것이 정치적이든, 상업적이든 검색 알고리즘이 사람들로 하여금 특정한 선호를 유도할 수 있는지를 잘 보여준다.

따라서 4차 산업혁명 시대의 새로운 정치 갈등은 알고리즘 지배체제에 대한 저항의 정치로 표출될 것이다. 즉 정치적 개인들의 합리적 판단과 행동보다는 코드, 알고리즘, 데이터 등에 의해 판단과 행위가 조절(유인)되는 정치 상황에 대한 저항 및 계급투쟁이 증가할 수도 있다. 그래서 미국 오바마 행정부도 네오-러다이트 등 인공지능 시대의 새로운 노동정치, 계급투쟁의 가능성 증대를 우려하기도 했다.

그래서 4차 산업혁명 시대 계급정치 또는 노동운동의 미래 모습으로 평가받는 '플랫폼 협동주의(platform cooperatism)'에 주목할 필요가 있다. 자동화, 무인화 등 알고리즘 기반 경제의 확산이 플랫폼을 지닌 극소수 기업의 독과점을 강화하고 양극화를 초래하는 요인으로 지적되는데, 이 같은 플랫폼 기반 경제의 문제점들을 개선하기 위해 민주적이고 연대에 기반한 플랫폼 경제의 재구성을 위한 방안으로 이 새로운 운동정치가 부각될 수도 있다는 것이다. 플랫폼 협동조합이라는 용어를 가장 먼저 사용한 것으로 알려진 미국 뉴스쿨대 트레버 숄츠(Trebor Scholz) 교수는 플랫폼 협동주의를 플랫폼 독점에 의한 불평등에 맞서는, 모두에게 이익이 되는 새로운 경제모델로 평가한다. 그런 맥락에서 최근 영국 노동당의 제러미 코빈 대표도 '디지털 민주주의 선언문(digital democracy manifesto)'을 통해 플랫폼 협동 기반의 공유경제 실현을 위한 정책을 발표하기도 했다.

코빈의 '디지털 민주주의 선언문'은 데이터와 정보가 불평등과 착취의 원인이 될 수 있기 때문에 온라인과 사이버공간에서도 민주주의가 작동할 수 있도록 해야 하고, 더 나아가 디지털 기술 발전의 혜택이 모두에게 돌아감으로써 어떤 사람이나 지역도 배제되지 않도록 해야 한다는 포용적 발전의 원칙하에 1) 보편적 네트워크 접속, 2) 개방형 지식 라이브러리, 3) 지역미디어 다양성, 4) 디지털 플랫폼의 협력적 소유 등 플랫폼 협동조합 활성화, 5) 온라인 공공서비스 제공을 위한 디지털 시민 패스포트, 6) 디지털 포용 기반의 오픈소스 프로그래밍, 7) 디지털 자유헌장 제정, 8) 다수 시민 참여를 위한 온라인 플랫폼 구축 등을 제안했다.

인공지능과 로봇이 직업정치인을 대체할 수 있을까?

정치란 권력이라는 자원의 합리적 배분과 조정을 의미하는데, 4차 산업혁명 시대에서는 공무원이나 정치인보다는 인공지능 기술이 보다 공평하고 효율적인 자원 분배를 위해 더 많이 활용될 수도 있다. 왜냐하면 인공지능이나 로봇 알고리즘이 실시간으로 시민들의 의견을 수렴하고 정책결과를 시뮬레이션해 최적의 의사결정을 지원할 수 있기 때문이다. 그래서 정부의 운영 체계도 사람 중심의 관료제보다 더욱 똑똑해진 기계 중심의 소프트웨어로 대체될 것이라는 예측도 제기된다(황종성, 2017).

이는 인공지능이 기존의 정치 엘리트 충원방식에 근본적 변화를 가져온다는 것을 말한다. 지금까지 개인의 지적 능력이나 정치적 경험을 토대로 행정조직, 언론, 정당, 시민단체 등의 정치적 매개집단이 정치엘리트 충원의 중요한 채널로 기능했지만, 그 자리를 인공지능이 대신할 수도 있다는 것이다. 방대한 양의 데이터를 처리할 수 있을 뿐만 아니라 인간적 편견이나 오류 없이 업무를 합리적, 효과적으로 수행할 수 있기 때문에, 공무원, 보좌관 등의 정치엘리트들을 인공지능, 로봇 알고리즘으로 대체하려는 요구가 증대할 수 있다. 이미 법률시장에서는 '로봇변호사', '인공지능 변호사'가 도입되기 시작했고, 증권시장 및 금융거래 방식에서도 '로보어드바이저(robo-adviser)'가 널리 활용되기 시작한 것처럼 말이다.

최근 챗봇(chat bot), 가상비서(virtual assistant) 등의 인공지능 기술이나 서비스 확산으로 인공지능이 업무 프로세스를 자가 진단, 개선하고 주요 현안에 대해 최적화된 정책 수단, 착수 시기 등을 조언해 주는 '인공지능 보좌관'이 정치와 행정 영역에서 널리 확산될 것으로 예견되고 있다. 예컨대, 영국 지방정부에서 반복 민원에 대응하기 위한 챗봇 서비스로 도입한 '아멜리아(Amelia)'는 인공지능 보좌관의 대표적 사례라고 할 수 있다. '아멜리아'는 인허가 신청, 면허 발급, 상

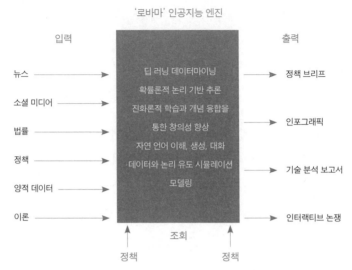

그림 1 정치인을 대체할 로봇대통령 '로바마' 인공지능 엔진의 구조도

담 등 주민들의 일상적이고 정형화된 요구를 자동적으로 처리하는 가상 에이전트인데 기계학습을 활용하여 주민들의 요구사항을 분석하고 최적의 대응방안을 제시하는 것으로 평가받고 있다.

심지어 일부 미래학자들은 정부와 의회를 대체할 수 있는 의사결정 프로세스 지원 프로그램인 '로바마 AI 프로그램'을 제시하기도 한다. 즉 인공지능 기반의 정치 소프트웨어로 의회나 정부 정치인들의 의사결정을 대행할 수 있다는 것이다(박영숙·벤 고르첼, 2016).

그런데 정치엘리트가 인공지능에 의해 단순 대체되는 측면보다도 신경향상(neuro-enhancement) 기술의 도움으로 인간의 인지적 능력이 고도화되어 트랜스휴먼화된 개인들이 정치엘리트로 등장할 수도 있다는 점에 주목할 필요가 있다. 인공지능, 로봇기술뿐만 아니라 신경과학기술과 효과적으로 접합된 트랜스휴먼, 즉 '정치적 사이보그'들이 극소수일 경우 새로운 정치엘리트 지배체제로 전환될 가능성도 있다는 것이다.

트랜스휴먼이 정치의 주체가 될 것인가?

로봇이나 인공지능 시스템이 인간과 동등한 법적 지위(권리)를 부여받을 수 있는가라는 윤리적 이슈가 제기되면서, 인간의 권리가 비인간 행위자와의 관계를 고려해 상대적인 개념으로 변화될 가능성이 높아지고 있다. 자율주행자동차 사고발생 시 책임 분배의 문제, 인공지능 창작물의 저작권 문제 등이 대표적인데, 이 때문에 로봇윤리, 알고리즘 책임성, 알고리즘 투명성 등의 규범적 이슈를 통해 정치적 권리주체의 영역이 인간 중심에서 기계, 사물, 알고리즘 등 비인간적 행위자(non-human actor)로까지 확장되고 있다.

과연 기계, 알고리즘 등과 같은 비인간 행위자도 정치적 주체(political subject)가 될 수 있는가의 문제는 아직도 학계에서 논란의 대상이 되고 있지만, 최근까지도 트랜스휴먼 정당의 등장과 같이 트랜스휴먼 또는 포스트휴먼의 가치를 정치적으로 실현하려는 흐름이 계속되고 있다. 예컨대 1998년 닉 보스트롬 등 전 세계 학자들이 '트랜스휴먼 선언(Transhumanist Declaration)'을 채택한 이래, 2015년 트랜스휴먼 정당 창립, 2016년 국제트랜스휴먼정치 대표회의(International Transhumanist Politics Representatives) 구성 등에 이르기까지 트랜스휴먼 정치의 다양한 실험들이 지속되고 있다. 영국의 트랜스휴머니스트 알렉스 캐런(Alex Karran)은 2015년 5월 영국 총선에 정당후보로 입후보한 바 있고, 졸탄 이스트반(Zoltan Istvan) 등과 같은 미국의 유명한 트랜스휴머니스트는 미국 대통령선거 출마 의향을 밝히기도 했다.

'사이보그 시민(Cyborg Citizen)'이라는 문제작을 저술한 제임스 휴즈(James Hughes) 등 이른바 트랜스휴먼 정치연구자들은 트랜스휴머니즘의 정치적 특징과 관련해서 21세기 정치가 기존의 문화정치, 경제정치에 이어 생명공학 등 과학기술의 도움으로 인간의 능력을 증강시키는 새로운 생정치학(biopolitics)으로 확장될 것이고 그것을 진보적/민주적 트랜스휴머니즘으로 간주하기도 했다(Hughes, 2002). 인간의 무한한 진화와 증강 휴먼(augmented human)을 지향하는 포스트휴먼 정치 또는 트랜스휴먼 정치를 일상적으로 실천하는 '사이보그 시민'이 4차 산업혁명 시대의 진보와 민주주의를 이끌게 될 것이라는 낙관론인 셈이다. 크리스 그레이(Chris Gray)도 "인간의 잠재력을 극대화하여 이익이든 힘이든 그 무엇을 얻든 간에, 모든 개조과정은 근본적으로 정치적 성격을 띤다"면서 "포스트휴머니티 안에서 우리가 어떤 가치를 수립할 것인지는 바로 정치가 결정할 것"이라고 주장하였다(크리스 그레이, 2016).

이처럼 4차 산업혁명 시대 포스트휴먼 정치, 트랜스휴먼 정치 현상의 증가는 인간 중심적 사회에서 배제되거나 객체화되었던 사물의 새로운 정의, 역할, 기능 및 의미가 부활한다는 것을 뜻한다. 달리 말해서 주체와 객체로 엄격하게 구분되었던 인간과 여타의 생명체 혹은 인간과 사물의 비대칭성이 와해된다는 의미이다.

지구에서 우주로 정치가 확장되는 세상이 올까?

4차 산업혁명 시대는 우주자원 개발경쟁으로 지구경제가 우주경제로 확대됨에 따라 우주(space)를 정치영역으로 간주하는 시대가 될 것이다. 테슬라 CEO 엘론 머스크의 무인우주선 개발 실험은 그 대표적인 예라고 할 수 있다. 2017년 미국 실리콘밸리 우주개발기업 '문익스프레스(Moon Express)'는 미연방항공국(FAA)으로부터 '소유권 없는 자원 채굴권'이라는 합법적 근거에 입각해서 달의 자원(물, 헬륨 등)을 이용하여 우주선을 위한 주유소 같은 연료저장소 건설에 착수한 바 있다.

대표적 소행성 채굴기업 Deep Space Industries도 우주자원을 채굴해서 지구에서 이용하는 것이 아니라 우주 현지에서 직접 가공/제조하여 우주에서 이용(locally sourced for local use)하는 인프라를 구축하기 위해 지구 주위 소행성(Near Earth Asteroid, NEA)을 지구 궤도로 가져와 인공위성, 우주선용 연료보급기지, 우주태양광, 우주공장 등의 건설 계획을 추진하고 있다.

최근 룩셈부르크 정부는 미국에 이어 두 번째로 많은 2억 유로 규모의 우주개발 예산을 책정하여, 상업용 소행성 채굴 관련법을 준비하는 등 국가 차원에서 소행성 채굴(asteroid mining), 우주태양광(space solar power), 우주 엘리베이터(space elevator) 등 국가경제의 중심을 우주자원 개발 및 우주경제에 집중하는 국가전략을 수립하기도 했다.

이처럼 4차 산업혁명 시대에는 정치의 세계가 지구에만 머물지 않고 우주로 나아갈 것이라는 '지구정치의 우주적 확장'이 중요한 어젠다가 될 것이다. 물론, 우주가 정치영역의 하나로 등장하기 시작한 것은 미소 냉전체제하에서 '스푸트니크 충격' 이후 미소 간의 우주경쟁에서 비롯되며, 이러한 '우주정치'는 중국, 인도 등 우주개발 강국들 간의 우주자원 경쟁으로 더욱 확대 발전해왔다. 그런 점에서 우주자원을 둘러싼 지구인들 간의 경쟁이라는 점에서 기존 국제정치, 달리 말하면 지구정치의 연장선에 있다고 봐야 한다.

이러한 우주정치가 더욱 본격화될 경우, 우주자원을 놓고 벌이는 국가 간 경쟁에 따른 국제정치에서의 '우주 레짐(space regime)'으로서의 국제규범 형성을 둘러싼 국가 간 신경전도 더욱 가열될 것으로 예상된다. 그러나 우주자원의 개척과 개발에 대한 규범의 공백으로 인해 기존 선진국들의 사적 독점 영역으로 전환될 가능성이 높다. 그래서 우주자원의 약탈적 사유화에 대한 비판적 대안 논의의 하나로 '우주적 경제민주화론'에 주목할 필요가 있는데, 이 또한 4차 산업혁명 시대의 중요한 정치 어젠다로 부각될 것으로 보인다(Levine, 2015).

디지털 시민역량으로 4차 산업혁명 대비해야

지금까지 4차 산업혁명이 정치의 미래에 주는 질문들을 압축적으로 요약하면, '산업화 시대의 정치적 머신(industrial-era political machine)'으로서의 정당과 대의민주주의가 점차 쇠퇴할 것이고, 4차 산업혁명 시대에서는 수평적으로 연결된 정치적 개인들이 분산자율형 정치조직들을 통해 새로운 민주주의와 정치적 주체들을 형성할 것인가이다. 물론 4차 산업혁명으로 정치의 모든 것들이 한꺼번에 바뀔 것이라고 단정하기는 어렵다. 왜냐하면 기존의 정치적 관행을 지탱시키는 낡은 제도와 문화가 변화와 혁신에 저항하는 힘으로 여전히 작용하기 때문이다. 따라서 4차 산업혁명의 기술과 산업이 좀더 확산되고 관련 정책의 성과가 지속되어야만 정치 차원의 변화와 혁신도 나타날 것이다. 물론, 그때까지는 4차 산업혁명을 선도하는 집단이나 세력들이 전개하는 다양한 정치적 실험 및 혁신 프로젝트들이 기존 정치제도 및 과정의 성격을 변화시키는 압력으로 작용할 것이다.

하지만 4차 산업혁명 시대에서는 데이터와 알고리즘에 의한 의사결정과 행동양식에 익숙한 소위 '디지털 자아들(digital selves)'이 미래 정치의 주역이 될 것이다. 그들이 주도하는 미래 정치의 모습을 구체적으로 묘사하기는 쉽지 않지만, 그들은 기계와의 협업에 익숙해진 뛰어난 개인들일 수도 있고 트랜스휴먼이나 사이보그일 수도 있다. 인간-사물/기술 간의 인터페이스 다양화로 인해 인간적 가치 못지않게 사물 자체의 고부가가치화 및 자동화된 의사결정(기계적 자율성)이 증대하면서, 정치적 행위자의 중심이 사람에서 사물로 이동, 즉 정치적 행위 주체의 탈인간화가 진행되면서, 정치영역에서도 인간과 비인간의 융합적 상호작용이 중요한 특징으로 부각될 것이다.

물론 4차 산업혁명 시대의 정치는 양면성을 지닐 수밖에 없다. 먼저 긍정적 측면으로는 지능화에 따른 정치비용을 크게 감소시킬 것이다. 예컨대 의사결정 방식의 지능화에 따른 증거기반의 합리적/과학적 정책결정을 가능케 만들 것이다. 그러나 알고리즘 정치의 일상화라는 역기능이 수반될 것이다. 민주주의에 위협이 될 수도 있다. 예컨대 가짜뉴스, 알고리즘 기반의 사회적 차별, 자동화된 정치적 상호작용에 따른 사람 중심의 정치적 리더십 약화, 정치공론장의 쇠퇴 등이 우려된다. 가장 큰 우려는 모든 사람들의 디지털 흔적들이 추적되어 '발가

벗은 시민(naked citizens)'으로 전락하여 인간 존엄성과 프라이버시가 위협받을 수 있다는 점이다.

이러한 우려들은 낙관할 수만 없는 4차 산업혁명의 미래를 인간 주체의 힘으로 이끄는 데 정치의 역할이 그만큼 크다는 것을 말해준다. 그러나 4차 산업혁명에 대한 오늘날 정치인들의 대응 방식이나 관점은 여전히 산업화 시대의 낡은 패러다임에 갇혀 있는 것으로 보인다. 무엇보다도 위기의식이 약한 것으로 보인다. 모든 정치엘리트들이 납세자(국민)의 등에 올라탄 '잉여'로 전락할 것이라는 경각심을 가질 필요가 있다. 4차 산업혁명 시대의 정치도 정치엘리트들에 의해 좌우되겠지만 결국 그 성패 여부는 데이터와 알고리즘에 대한 시민들의 정치적 통제력을 확보하느냐에 달려 있다.

4차 산업혁명 시대 정치의 미래는 디지털 자기결정(digital self-determination)에 입각하여 다양한 디지털 기술들을 민주주의 기술과 시민 기술로 전환할 수 있도록 만드는 것에 달려 있다. 인공지능, 로봇, 빅데이터 등 기술의 잠재적 위험에 대처할 수 있는 역량, 즉 디지털 위험 대응역량(digital risk literacy)도 갖출 수 있도록 해야 한다. 특히 필터버블, 가짜뉴스 등과 같이 인간의 주관적 판단을 알고리즘이 대신하면서 우리 인간의 자율적 선택과 결정이 위협받는 소위 '기술 온정주의(techno-paternalism)'의 유혹에 쉽게 빠지지 않도록 비판적 시민의식을 유지하려는 노력이 필요하다.

미국의 PEW연구센터도 프로그램 코드에 대한 의존성이 높은 알고리즘 시대의 주요한 이슈들을 분석하면서, 알고리즘의 확산과 데이터 중시로 인해 인간의 가치판단적 요소가 점차 소멸될 것이고 알고리즘으로 구성된 지식의 편향성과 격차도 심화될 것으로 우려하면서도, 알고리즘의 투명성 및 비판적 이해능력에 대한 사회적 요구가 증가할 것이라고 예측한 바 있다(Rainie & Anderson, 2017).

4차 산업혁명 시대는 새로운 정치적 상상력을 요구한다. 그런데 아직도 많은 정치엘리트들은 기존 정치제도의 틀에 갇혀 디지털 기술을 활용한 새로운 정치혁신을 과감하게 전개하지 못하고 시민들의 무한한 힘을 신뢰하지 못하고 있다. 그런 점에서 "정치인은 공상과학 소설을 읽어야 한다"는 SF 작가 아서 클라크의 말을 상기시킬 필요가 있다. 앞으로 정치권은 4차 산업혁명의 기회와 위험에 대한 균형적인 이해에 입각한 미래전략을 마련하는 데 앞장서야 할 것이다. 특히 정부, 기업뿐 아니라 시민들까지 포함하는 4차 산업혁명 시대의 민주적 거버넌스 형성에 정치의 역할은 더욱 중요해질 것이다. 4차 산업혁명 시대의 정치는 기술주도적 정치과정이 아니라 시민 주체의 권능이 발휘되는 정치과정이 되어야 하기 때문이다.

4차 산업혁명과 외교의 변환

송태은 서울대학교

4차 산업혁명은 과연 외교에도 변화를 가져오는가? 이 글은 4차 산업혁명이 국제관계의 시작점이자 국제정치의 핵심인 외교에 미칠 영향을 다양한 각도에서 살펴본다. 이미 3차 산업혁명이 야기한 정보혁명과 아울러 4차 산업혁명의 전방위 디지털 커뮤니케이션의 확장은 전통적으로 가장 보수적인 각국 외교부처와 외교영역에 근본적인 변화를 예고하고 있다. 새로운 외교영역의 출현은 새로운 외교주체와 지지기반을 등장시켰고 외교방식도 이전의 폐쇄적, 중앙집권적인 형태에서 개방적이고 투명하며 다양한 주체와의 협업이 이루어지는 형태로 변화시키고 있다. 궁극적으로 4차 산업혁명은 국가 간 관계를 기본 개념으로 하는 외교를 국가와 시민, 시민과 시민의 관계로 확장시키고, 인공지능과 집단지성이 협업하게 하며, 빅데이터와 인간의 복잡한 문제해결능력이 융합되게 할 것이다.

· 4차 산업혁명 시대의 새로운 외교영역과 외교양식은 무엇인가
· 4차 산업혁명 시대의 외교주체는 누구인가
· 인공지능과 빅데이터는 외교정책에 어떤 영향을 끼치나
· 4차 산업혁명은 왜 외교정책 투명성을 요구하는가
· 빅데이터는 국가의 위기대응에 어떻게 사용될 수 있나
· 4차 산업혁명 시대의 외교정책 여론은 어떻게 변화하는가

4차 산업혁명의 도래로 가장 빈번하게 논의되는 주제는 디지털 혁명과 인공지능의 발전으로 인한 인간노동 영역의 감소와 그 결과 예상되는 전 세계 산업구조와 노동시장의 거대한 변화이다. 이러한 논의와 맞물려 국제관계에 미칠 4차 산업혁명의 영향에 대한 관심은 자연스럽게 금융과 시장 등 세계경제의 변화에 초점이 맞춰져 있고, 군사안보 영역에서 기술혁신을 통한 새로운 무기체계나 전쟁 형태의 출현 가능성 등이 빈번하게 거론되고 있다. 즉 4차 산업혁명에 대한 각계각층의 연구에서 국제관계의 시작점이자 국제정치의 핵심인 '외교'에 끼칠 4차 산업혁명의 영향에 대한 논의는 거의 이루어지지 않고 있다.

4차 산업혁명이 세계경제와 각국 산업, 그리고 군사 전략 등 다양한 영역에서 야기할 변화의 속도와 크기를 고려할 때, 외교영역에 미칠 4차 산업혁명의 영향에 대한 논의가 생략되고 있는 것은 아마도 4차 산업혁명과 외교활동이 서로 어떻게 관련될 수 있는지에 대한 고민과 고찰이 결여된 데에 기인한다. 하지만 급작스럽게 발생하는 다양한 국제정치 상황에 단기적으로 대응해야 하는 동시에 국제정치 무대에서의 활동을 통해 장기적 국가비전을 종국적으로 성취해 내는 데서 가장 핵심적인 외교의 역할은 4차 산업혁명과 무관하지 않다. 오히려 근본적인 차원에서 외교는 이전과 다른 변화를 경험할 것으로 예상된다. 즉 4차 산업혁명은 외교의 영역과 양식, 외교의 주체와 지지기반 등 외교의 모든 측면에 중대한 영향을 끼칠 것으로 보인다.

20세기 말 시작된 3차 산업혁명의 핵심은 컴퓨터와 인터넷 기반의 정보혁명이었고 21세기 4차 산업혁명에서도 정보혁명은 사물인터넷(IoT)이나 인공지능 등과 결합되어 더욱 심화, 확장, 가속화되고 있다. 정보커뮤니케이션 환경의 이러한 융합현상은 단순히 사이버 공간에서의 현상이 아니라 사람과 사물이 연결된 삶의 전 공간과 영역에서 일어나는 현상으로 이제 더 이상 사이버 공간과 물적 공간의 경계는 점점 더 무의미해질 것으로 전망된다. 세계경제포럼이 2015년 9월 발간한 보고서 「획기적인 변화: 기술의 티핑포인트와 사회적 영향(*Deep Shift: Technology Tipping Points and Social Impact*)」은 2025년까지 나타날 기술의 다양한 티핑포인트 현상을 열거하고 있다. 816명의 정보·커뮤니케이션 분야 경영가와 전문가들의 서베이(survey) 응답 결과를 바탕으로 작성한 이 보고서에 의하면, 전 세계 인구의 10%가 인터넷이 연결되는 의류나 안경을 착용하고, 인구의 90%가 인터넷 접속이 가능해지고 스마트폰을 사용하게 될 것이며, 그 결과 세계 인구의

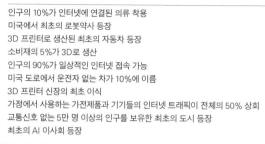

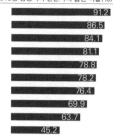

2025년까지 나타날 것으로 예상되는 기술의 티핑포인트	
인구의 10%가 인터넷에 연결된 의류 착용	91.2
미국에서 최초의 로봇약사 등장	86.5
3D 프린터로 생산된 최초의 자동차 등장	84.1
소비재의 5%가 3D로 생산	81.1
인구의 90%가 일상적인 인터넷 접속 가능	78.8
미국 도로에서 운전자 없는 차가 10%에 이름	78.2
3D 프린터 신장의 최초 이식	76.4
가정에서 사용하는 가전제품과 기기들의 인터넷 트래픽이 전체의 50% 상회	69.9
교통신호 없는 5만 명 이상의 인구를 보유한 최초의 도시 등장	63.7
최초의 AI 이사회 등장	45.2

자료: World Economic Forum, Deep Shift: Technology Tipping Points and Social Impact, 2015.

그림 1 2025년까지 나타날 기술의 티핑포인트

80%는 인터넷 공간에서 디지털 정체성을 갖게 될 것으로 예상되고 있다(World Economic Forum, 2015. 7). 궁극적으로 4차 산업혁명 시대는 사물과 공간이 모두 연결되는 초연결(hyper-connected) 사회, 그리고 인공지능과 빅데이터가 연계되는 초지능(hyper-intelligent) 사회로 이행하면서 개인과 각종 기관, 기업, 정부, 산업 각 분야가 이러한 새로운 사회에서 살아남을 수 있는 능력을 요구하고 있다.

그렇다면 이러한 초연결과 초지능 사회를 형성할 4차 산업혁명 시대에 외교는 어떻게 달라질 것인가? 달라진다면 왜, 무엇이 달라질 것인가? 4차 산업혁명이 야기할 변화는 이미 시작된 3차 산업혁명의 연장선상에서 진행된 정보커뮤니케이션 환경에서의 변화와 상당 부분 중첩된다. 먼저 4차 산업혁명으로 인해 외교에 어떤 새로운 영역이 출현하고 있고 이러한 새로운 외교영역의 등장과 함께 외교의 양식에는 어떤 변화가 수반되는지 살펴본다. 또한 외교의 주체와 지지기반은

어떻게 달라질 것이며 인공지능과 빅데이터가 외교정책에도 영향을 끼칠 것인지 함께 논의한다. 더불어 외교 전반에 걸쳐 일어나는 이러한 변화가 시민들의 외교에 대한 인식을 어떻게 바꾸고 있고, 그 결과 외교정책과 여론의 관계가 어떻게 달라지는지도 고찰한다.

4차 산업혁명 시대의 새로운 외교영역과 외교양식은 무엇인가?

'외교'라고 생각하면 보통 해외에 배치하는 영사와 외교관, 혹은 국가 간 협상이나 국제회의 등을 떠올리게 된다. 하지만 외교활동을 수행하는 데서 필요한 업무는 정보를 수집하고 분석하며 연구하는 작업, 정책을 기획하거나 국가 간 협정이나 조약 등에 대한 국제법적 조언과 지원을 제공하는 업무, 국내에 주재하고 있는 외국 외교관을 상대하고 자국 정부의 주요 외교정책을 대내외에 홍보하며 언론이나 각종 단체 및 시민사회를 상대하는 일을 포함한다(Berridge, 2016, pp. 13-24). 외교는 이렇게 어떤 형태를 취하든지 국가 간 '관계'에 대한 것이고 이 관계는 '국익' 추구의 과정에서 이루어진다는 공통점을 갖는다. 상대 국가를 염두에 두지 않는 외교는 존재하지 않으며 국익을 희생하기 위한 외교관계는 상상할 수 없기 때문이다.

이렇게 추구하는 목적이 뚜렷하고 타국과의 관계 지향적 업무가

주를 이루며 정보를 분석하는 지적인 활동이 동반되는 외교는 인터넷의 등장 이후 수행해야 할 업무의 범위가 더욱 다양해졌고 외교에 관여하는 행위자도 많아졌다. 특히 디지털 커뮤니케이션의 대중화는 정부의 모든 부처 중에서 전통적으로 가장 보수적인 그룹으로 여겨져 온 외교 부처를 변화시키고 있는데, 21세기 인터넷과 소셜미디어를 통한 사이버 공간에서의 외교활동은 세계 각지에서 e-diplomacy, twiplomacy, hashtag-diplomacy 등으로 불리며 정부 차원에서 활발하게 전개되고 있다. 또한 미국을 필두로 각국에서 전통적인 미디어 채널과 더불어 다양한 디지털 매체를 통해 공공외교(public diplomacy)가 본격적으로 추진되면서 과거에는 외교의 객체로 여겨져 온 시민사회도 이제는 외교의 대상 및 주체로 전면에 등장하기 시작했다.

위와 같이 인터넷과 소셜미디어가 외교의 수단으로 사용되는 차원을 넘어 인터넷과 소셜미디어의 디지털 네트워크가 형성한 사이버 공간은 외교활동이 깊숙이 간여해야 하는 새로운 외교영역으로 등장했다. 초국가적으로 이루어지는 디지털 상거래가 활성화되면서 지식재산권을 둘러싸고 국가 간에 다양한 분쟁이 발생하고 있고, 사이버 절도나 사이버 스파이 행위 및 해킹과 사이버 테러가 상시적으로 일어나면서 이러한 일련의 사이버 안보와 관련된 규범이나 제도 등을 마련하는 외교활동의 필요가 등장한 것이다. 사이버 공간에서의 초국경적 문제들은 사이버 공간에서 활동하는 다양한 행위자들 간의 협의와 공조를 통해서 해결될 수 있다. 즉 사이버 공간의 여러 이슈들은 국가 주체가 홀로 나서서 다루거나 해결할 수 없는 성격을 가지며 관련된 비국가 행위자들이 참여해야 하는 복잡한 의사결정 과정과 협상을 수반한다.

인터넷 공간에서 일어나는 위와 같은 초국가적 사안 외에 인터넷 공간 자체를 관리하는 '인터넷 거버넌스(internet governance)'도 21세기 국가가 다뤄야 하는 외교의 새로운 영역이며 4차 산업혁명 시대의 국가 간 경쟁 및 협업의 주요 분야로 자리매김하고 있다. 특별히, 4차 산업혁명 자체가 인터넷 거버넌스, 블록체인, 공유경제 등 탈집중적으로 분산된 수평적인 거버넌스 체계 속에서 성장하기 때문에 정부의 이 분야에서의 활동 또한 일방적인 방식으로 인터넷 공간을 규율하거나 간섭할 수 없다. 즉 인터넷 공간을 사용하는 공통의 법칙과 규범을 만들고 관리하는 인터넷 거버넌스는 정부와 민간, 전문가 및 학계의 협업을 통해서 가능하며, 그렇기 때문에 인터넷 거버넌스 영역은 공동의 목표와 문제해결을 위해 해당 분야 당사자들이 모두 참여하여 의사결정을 진행하는 다중이해당사자 모델(multistakeholder model)이 애초부터 주요한 협의 메커니즘으로 자리를 잡아왔다. 세계의 인터넷 주소를 관리하는 민간 국제기구인 ICANN(Internet Corporation for Assigned Names and Numbers) 및 그와 경쟁하는 성격을 갖는 UN 산하 국제전기통신연합(International Telecommunication Union, ITU)이 주관하는 정보사회세계정상회의(World Summit on the Information Society, WSIS), 그리고 WSIS가 설립한 인터넷거버넌스포럼(Internet Governance Forum, IGF)도 정부와 기업, 학계, 민간, 시민사회 모두가 참여하는 다중이해당사자 모델의 거버넌스를 지향하고 있다.

원래 외교는 다양한 국내외 변수의 영향을 받아 왔고 외교의 서로 다른 영역에 따라서 매우 복잡한 의사결정 과정을 거칠 수 있으며 최종적인 정책결정에 이르기까지 다양한 행위자가 개입될 수 있다. 어떤 이슈와 어젠다에 관해서든 외교는 양국 간 협상의 형태를 띨 수도 있고 다자간 협상이나 국제회의를 통한 합의도출의 방식으로 진행될 수도 있다. 물론 인터넷 거버넌스 영역에서의 다중이해당사자 모델은 외교의 영역에서 새로운 형태라고 볼 수 있지만, 다자외교 자체는 그 역사가 오래되었다. 근대 외교는 회의외교로부터 시작했고 19세기 유럽 협조체제(Concert of Europe)를 탄생시킨 열강들의 회의였던 빈회의(1815)는 사실상 현대의 G20과 같은 다자외교 형태와 다르지 않으므로 다자외교는 20세기의 새로운 현상은 아니다(Berridge, 2016, pp. 193-195).

21세기의 외교와 4차 산업혁명 시대의 외교가 이전의 외교와 달라지고 있는 부분은 다양한 비국가 행위자들의 등장과 정보커뮤니케이션 환경의 변화에 따라 거버넌스의 역할이 강화되고 중요해진 점이다. 안네마리 슬러터는 21세기 외교관들이 과거로부터 전통적으로 수행해온 보고하고 분석하는 업무보다 특정 문제를 다루기 위해 공동체를 조직하는 기술과 능력, 즉 국가 행위자들과 비국가 행위자들 간 네트워크를 만들고 연대(coalition)와 파트너십을 구축할 수 있는 기술이 필요하게 되었다고 강조한다(Slaughter, 2009). 이러한 외교역량은 4차 산업혁명 시대에는 다양한 정보커뮤니케이션 기술을 어떻게 사용하느냐와 긴밀하게 연결될 수 있다. 앞서 언급한 세계경제포럼의 보고서에서도 지적된 바, 4차 산업혁명은 인공지능이나 기계가 대신할 수 없는 복잡한 문제해결 능력(complex problem solving)과 비판적 사고, 창의력과 협업, 그리고 판단과 의사결정 및 협상(negotiation) 능력 등을 갖출 것을 요구하며 이러한 능력은 외교 분야에도 마찬가지로 요구되고 있다.

미국은 일찌감치 2003년부터 국무부 산하에 정보자원관리국(Bureau of Information and Resource Management, IRM)을 두고, 정보자원관리국 산하에 전자외교사무실(Office of e-Diplomacy)을 설치하여 국무부 직원들에게 최고 수준의 IT 관련 기술적 플랫폼을 지원하고 지식공유 이니셔티브를 제공하여 혁신적인 외교를 개시할 수 있도록 돕고 있다. 이러한 전자외교사무실은 인터넷 기술의 제공을 통해 국내와 해외의 국무부 직원들이 업무를 수행하는 데 필요한 정보와 사람을 연결해주고 궁극적으로는 국내외 외교정책 과정에서 국무부의 리더십을 강화하는 데 목표를 두고 있다. 이러한 미국의 행보는 3차 산업혁명 이후 급격하게 변하는 디지털 커뮤니케이션 환경에 대한 대응이기도 하고, 또한 2001년 9·11 테러 이후 전 세계적으로 확산된 반미감정을 무마하고 미국에 우호적인 세계여론을 형성하기 위해 인터

넷 기술을 통한 공공외교의 기반을 구축하려는 차원에서도 이해될 수
있다.

지구화로 인한 복합적 상호의존(complex interdependence)과
디지털 커뮤니케이션의 확장은 21세기 외교양식이 앞서 언급한 거
버넌스의 역할이 강화된 모습을 띠게 될 것을 예고한다. 조지 하이네
(Jorge Heine)는 21세기 외교가 클럽 차원과 네트워크 차원의 두 개
영역에서 수행되고 있고 점차 클럽모델(club model)로부터 네트워크
모델(network model)로 전이되고 있다고 주장한다. 클럽모델은 소
수의 행위자, 고도의 위계구조, 그리고 문서를 통한 커뮤니케이션과
낮은 투명성에 기초한다. 네트워크 외교는 다수의 행위자, 수평한 구
조, 구두(oral) 커뮤니케이션, 그리고 높은 투명성에 기초한다(Heine,
2013, pp. 54-69). 하이네는 클럽모델이 양자외교의 영역에 속하는 것
으로 정보와 커뮤니케이션이 민주화되고 있는 21세기 세계정치 환경
에는 적합하지 않다고 지적한다. 시민사회는 국제협상이나 양자외교
에 의해 결정된 정책에 의해 궁극적으로 영향을 받는 대상이나, 과거
에는 정부 관료들의 외교활동과 정책협상으로부터 배제되어 왔었다.
그러나 이러한 외교양식의 배제와 폐쇄성은 더 이상 21세기 외교 형
태로 적합하지 않다는 것이다.

클럽외교 모델에서 정책결정은 외부로부터 구별된 소수 엘리트
그룹에 의해 폐쇄적으로 이루어지므로 정책의 투명성(transparency)
과는 거리가 멀고 이러한 엘리트 그룹은 오히려 정보의 공개와 투명성

에 대해서 상당히 부정적이다. 이해 반해 네트워크 외교는 시민사회의 다양한 네트워크 조직을 다뤄야 하고 서로 다른 수준의 이익과 어젠다에 관심을 갖는 다양한 행위자들을 관여해야 하므로 폐쇄적이기보다 개방적인 성격을 띠게 된다. 이러한 네트워크 외교는 정보혁명과 디지털 혁명의 3차 산업혁명으로 인해 다양한 행위자들의 세계적 상호작용이 획기적으로 증대하여 나타난 현상이기도 하다(Cooper et al., 2013, pp. 21-24). 그러므로 네트워크 외교는 3차 산업혁명의 정보와 디지털 혁명이 한층 더 고도화되는 4차 산업혁명의 시기에 더욱 지배적인 외교양식으로 자리 잡게 될 것이다.

초연결과 개방성, 고도의 디지털 기술을 특징으로 하는 4차 산업혁명 시대의 외교는 더 이상 외교부와 같은 단일 정부 부처가 독자적으로 추진할 수 있는 영역의 일이 아니다. 지구 거버넌스의 효과적인 운영은 과거의 폐쇄적이며 중앙집중적이며 일방적인 형태의 외교방식으로부터 과감하게 탈피할 것을 요구하고 있다.

4차 산업혁명 시대의 외교주체는 누구인가?

21세기 정보커뮤니케이션 환경하에서 주어지는 고급정보 및 전문지식에 대한 무제한적 접근 가능성과 이러한 정보와 지식에 대한 개인의 증대된 학습능력은 곧 정보커뮤니케이션 환경의 급격한 민주화를 의미한다. 그런데 이러한 정보커뮤니케이션 환경의 민주화는 단순히 정부가 추구하는 외교정책 정보에 대한 공개와 투명성만을 요구하지 않는다. 즉 외교정책 정보에 대한 지식과 학습이 일반 시민 수준에서 가능해짐에 따라 이들의 외교영역에 대한 참여욕구와 참여능력도 함께 증대하고 있다. 4차 산업혁명 시대에 전방위적으로 활성화되고 또한 결합되기도 하는 소셜미디어와 사물인터넷은 시민사회의 정부 외교정책에 대한 정보획득과 정보생산, 그리고 이러한 정보의 공유와 확산 및 새로운 아이디어의 제공과 같은 정책제언이 쉬워지는 정보커뮤니케이션 환경을 조성할 것이다.

이미 공공외교 영역에 속하는 자국 문화에 대한 홍보와 역사적 사실에 대한 인식의 고양 등의 활동은 정부나 기업을 넘어 NGO와 일반 시민 수준에서도 활성화되었다. 한국의 경우 일반 시민들이 한국의 음식이나 의류, 음악이나 대중문화 등을 인터넷과 소셜미디어를 통해 홍보하는 일은 일반화되었고, 더 나아가 타국과 갈등에 놓인 사안을 해외 대중이나 국제사회에 호소하며 한국의 입장을 알리는 행위도 시민사회 차원에서 급격하게 증대하고 있다. 이러한 활동의 대부분이 압도적으로 인터넷과 소셜미디어를 통해서 효율적으로 이루어지고 있다는 사실은 4차 산업혁명 시대의 공공외교가 압도적으로 소셜미디어와 사물인터넷을 통해 이루어질 것을 예고한다.

외교정책과 관련한 다양한 사안에서 아래로부터 참여와 의견표출이 이루어지는 것은 정보커뮤니케이션 환경의 변화에 의해서만 진행된 현상은 아니다. 정부 고위관료와 엘리트들에 의해 폐쇄적으로 결정되는 경향이 있는 외교정책은 탈냉전 이후 일련의 변화를 거쳐 왔는데, 그 중 하나가 국제기구 등의 다양한 협의체를 통한 다자외교의 증대와 다양한 비국가 행위자들의 외교영역에의 참여였다. NGO와 같은 비국가 행위자들은 특히 환경이나 인권과 같은 비군사적인 분야에서의 광범위한 활동 경험과 네트워크, 전문성으로 이들의 역할이 점차 중요해졌다. 또한 국가 정상과 외교부가 아닌 타 부처도 타국의 같은 성격의 부처와 교류하고 다양한 협력을 추구하는 일이 잦아졌다. 게다가 정부 부처뿐만 아니라 지자체 수준에서, 혹은 각국 도시 간에도 정부의 외교활동으로부터 독립적으로 이루어지는 교류가 활발하게 전개되고 있고, 이러한 과정에서 학계나 기업, 전문가 그룹이나 시민단체 등 비국가 행위자들이 교류에 참여하며 공감하는 문제나 비슷한 의제에 대해 아이디어, 기술, 전문지식 등을 제공, 공유하고 있다.

이러한 추세 속에서 넓은 의미에서의 외교는 이미 정부가 독점할 수 없는 영역이 되고 있다. 게다가 3차 산업혁명에 이어 4차 산업혁명에서 심화되고 있는 디지털 커뮤니케이션은 여러 외교정책 이슈에서 행위자의 자유로운 참여를 용이하게 함으로써 행위자를 다양화하는 데 기여한다. 소셜미디어를 통해 개인이 외교 이슈와 관련하여 정치인이나 관료, 기관 및 단체에 접촉하고 의견을 표현하고 정책을 제언할 수 있는 일은 이제 어려운 일이 아니다. 특히 소셜미디어 사용 자체가 개인이 언론에 접촉하지 않고도 1인 미디어로서 뉴스를 생산하고 특정 이슈를 개인이 설정한 프레임으로 해석하며 관심 있는 정책과 관련한 의제를 제시할 수 있기 때문에 개인의 의사가 정책결정자에게 도달될 수 있는 통로 자체는 열려 있다. 다만 정책결정자가 그러한 의견이나 제언에 주목하고 수용하느냐의 선택이 있을 뿐이다.

한편, 다른 정부 부서와 달리 국내에 특별한 지지기반을 전혀 갖지 못하는 외교부의 경우 추진하는 외교정책이 비판의 대상이 될 경우 국내 어떤 세력으로부터도 변호를 받기 힘들다. Berridge는 이러한 측면에서 NGO와 학계, 시민사회 대표들이 외교부 활동에 참여하고 이들의 전문적 조언을 활용하는 것이 국내 지지세력을 포섭하는 방법이 될 수 있다고 언급한다(Berridge, 2016, pp. 24-25). 미국의 경우 국무부 산하 정보자원관리국이 운영하는 전자외교사무실은 다양한 온라인 프로그램들을 진행시키고 있는데, 그 중 'Diplopedia'는 위계와 상관없이 다양한 수준에서의 국무부 직원들 간에 전문적 지식과 경험을 서로 공유하도록 하는 온라인 외교백과사전 프로그램이며, Virtual Student Foreign Service(VSFS)와 Virtual Fellows Program은 미국의 대학생과 전문가 그룹들이 국무부의 다양한 활동에 참여하고 전문적 지식을 제공하게끔 하는 플랫폼의 역할을 수행하고 있다. 즉, 이러한 프로그램에 참여하는 학자들과 시민들이 곧 정부 외교활동의 지지기반이 되는 것이다.

결국 4차 산업혁명이 추동하고 있는 시민의 정치사회 이슈에 대한 관심 증대와 정치적 관여 활동의 증대는 곧 외교정책에 관심을 갖는 청중의 크기가 매우 커질 수 있음을 의미한다. 시민의 정치적 관여와 관련해서는 군사안보 혹은 무역협상, 통상정책 등 정부가 주체가 되어 추진하는 분야보다도 시민 차원에서 접근이 쉬운 비전통적 외교 분야에서 정부-시민사회 간 협업과 분업이 강화될 가능성도 있다. 개발, 환경, 인권, 여성, 보건, 기아와 난민과 같은 분야와 인터넷 거버넌스 및 사이버 보안 등의 분야는 이미 기업과 학계, NGO와 시민사회의 다양한 세력이 진출하여 활동하고 있는 영역이며 정부와 이들 간의 특정 외교영역 이슈에서의 협력과 분업은 한층 더 확대될 것으로 예상된다.

특히 공공외교의 영역은 일반 시민들의 참여와 기여가 가장 활발하게 이루어질 수 있는 부분으로 아래로부터의 피드백과 반응 없이는 사실상 의미가 없는 영역이기도 하다. 4차 산업혁명의 열린 커뮤니케이션과 풍부한 정보에의 접근력 증대와 확산은 공공외교를 시민사회가 주도하는 방향으로 나아가도록 할 것이며, 시민의 참여가 증대할수록 공공외교의 원래 목적에 더 부합하고 그 효과도 더 뚜렷하게 나타날 것이다. 궁극적으로 4차 산업혁명은 인공지능과 집단지성 모두를 활성화시켜 결국 시민과 민간 부문에서의 다양한 창의적 아이디어가 외교정책에 효과적으로 투입되게 할 것이며, 인공지능과 집단지성의 결합으로 세부 분야별로 각개격파식 활동이 나타날 가능성도 있다.

이러한 아래로부터의 참여와 지지기반 확대와 동시에 근래 나타나고 있는 흥미로운 현상은 오늘날 대부분의 세계 각국 수장들이 그 어떤 외교 주체보다도 가장 강력하고 활발한 1인 미디어로서 활동하고 있다는 점이다. 이들은 트위터, 페이스북, 인스타그램, 유튜브 등의 소셜미디어를 통해 국내외 대중과 직접 소통하고 있는데, UN 회원국 국가 수장의 88%가 페이스북 계정을 갖고 있다. 이들은 페이스북을 트위터보다 더 많이 사용하고 있는데, 이는 아마도 구체적인 글과 사진을 하나의 페이지에 상세히 게시할 수 있는 페이스북이 정책 활동을 효과적으로 보여주는 데에 더 활용가치가 있기 때문인 것으로 보인다. 정부 고위 관료들과 각계각층의 인사들은 또한 서로의 계정을 팔로우하거나 리트윗을 함으로써 사이버상에서 가상의 외교네트워크를 형성하고 있다.

수많은 팔로워를 거느리고 있는 정치인이나 관료의 소셜미디어

그림 2 미국 트럼프 대통령이 트위터를 빈번하게 사용하는 것을 희화한 이미지

계정은 국내외 청중에 대해 실시간으로 자신의 메시지를 직접 전달할 수 있는 통로를 가지는 것인데, 때로 설득력이 없는 메시지의 경우 국내외 팔로워들의 반발을 일으키기도 하고 논란이 커질 경우 일반 미디어 매체에 소셜미디어에 게시된 글이 소개되기도 한다. 세계에서 가장 많은 팔로워를 거느리고 있는 미국 트럼프 대통령의 트위터 메시지가 그러한 경우로서 트럼프 대통령은 정부 각료들과 논의되거나 합의되지 않고 조율되지 않은 메시지를 자주 트위터에 게시하여 정치적 논란을 일으키기도 했다. 미국의 주요 매체인 CNN이나 *New York Times* 등 언론과 관계가 좋지 않은 트럼프 대통령은 이러한 주요 언론을 비판하는 의견을 트위터에 빈번하게 표현하면서 기존의 미디어에 대항하는 입장을 취하기도 했다. 미국 일간지 *USA Today*는 트럼프가 2017년 1월 20일 취임 이후 4월 23일까지 총 440번의 트위터 메시지를 게시했는데, 이는 곧 하루에 약 4.68번의 트위터 메시지를 올린 것과 같다고 전하기도 했다. 북한의 핵과 미사일 도발에 대해 중국의 역할을 강조하거나 북한이나 이란의 도발행위를 비난하는 등 외교정책과 관련해서도 트럼프 대통령은 트위터에 자신의 생각을 자주 게시했는데, 이렇게 소셜미디어는 단지 부차적인 외교정책 수단이 아니라 국내외 대중에 대해 직접 호소하고 소통하는 방도로서 정치 지도자들에 의해 적극 사용되고 있다.

궁극적으로 현재의 정보커뮤니케이션 환경을 고려할 때 외교행위는 사실상 전방위적으로 일어난다고 볼 수 있다. 즉 국가 간 네트워크

그림 3 사이버 외교 사절단 반크(VANK)의 홈페이지. 4차 산업혁명의 초연결된 커뮤니케이션 환경 속에서 특정 어젠더에 대해 수많은 참여자에 의한 집단지성의 발현 또한 이전보다 훨씬 빠르고 쉽게 형성될 수 있다.

양상이 이전의 관료와 엘리트의 소수 행위자가 아닌 수많은 행위자의 촘촘하게 연결된 링크를 통해 양방향으로 그리고 탈집중적으로 형성되는 것이다. 4차 산업혁명 시대에 외교행위 참여자가 많아지고 다양해진다는 것은 수많은 행위자들 간의 교류에 의해 만들어지는 빅데이터가 생산되는 것을 의미하기도 하지만, 동시에 4차 산업혁명의 초연결된 커뮤니케이션 환경 속에서 특정 어젠다에 대해 수많은 참여자에 의한 집단지성의 발현 또한 이전보다 훨씬 빠르고 쉽게 형성될 수 있음을 의미하기도 한다.

또한 일정한 조건하에서 특정 어젠다에 대해 인공지능과 집단지성의 협업도 가능하다. 예를 들어, 민간 외교 사절단으로 활동하는 반크(VANK) 회원들은 한국의 역사나 문화에 대해 잘못된 정보를 기술한 웹사이트를 찾아내어 해당 기업이나 기관에 이러한 오류에 대한 수정을 일일이 요구하는 활동을 펼치고 있다. 수많은 인터넷 회원들이 이러한 활동을 통해 전 세계의 수많은 웹사이트에 잘못 기술된 한국 관련 정보를 바로잡는 것은 집단지성의 역할이다. 하지만, 이러한 활동에 착안하여 만약 인공지능이 적절한 알고리즘을 통해 이러한 오류를 찾아내는 활동을 대신할 수 있다면 집단지성은 또 다른 새로운 분야에서 더 창의적이며 비판적인 활동을 발굴할 여력을 발휘할 수 있을 것이다.

인공지능과 빅데이터는 외교정책에 어떤 영향을 끼치나?

인터넷과 소셜미디어가 아래로부터의 저항과 위로부터의 정치적 동원에 이용되는 것은 이제 더 이상 놀라운 일이 아니다. 4차 산업혁명 시대에는 디지털 기술이 이전에는 시도하지 못했던 분야인 정치적 의사결정 영역에까지도 활용될 가능성이 있다. 즉 인공지능을 활용한 전략적 의사결정 수단이 개발되고 있는데, 최근 카네기멜론 대학의 컴퓨터공학 연구팀이 개발한 인공지능 '리브라투스(Libratus)'는

20일에 걸쳐 진행된 포커 마라톤 게임에서 포커 고수들을 차례로 이기며 인공지능이 '협상'과 같은 의사결정 영역에도 진출할 수 있는 가능성을 선보였다. 축구 경기의 다양한 상황을 연출하며 시뮬레이션을 통해 최고의 의사결정을 내리도록 하는 인공지능인 'Football Manager' 비디오게임 프로그램은 2016년 6월 영국의 브렉시트(Brexit) 투표를 앞두고 EU 탈퇴 결정이 축구업계에 끼칠 영향을 예측하기도 했다. 이렇게 인공지능을 통해 특정 정치적 사건이 스포츠 분야에 미치는 영향을 예측하는 시도가 이루어진 것이 의미하는 바는 앞으로 이런 기법이 전쟁 시나리오와 같은 국가의 전략적 의사결정 영역에도 이용될 가능성이 크다는 것이다.

물론 인공지능을 탑재한 매우 진보된 형태의 시뮬레이션 프로그램이라도 '정치적 협상'이나 '거버넌스'의 역할 같은 고도의 의사결정 시나리오를 펼쳐 보이는 것은 결코 쉽지 않을 것이다. 더군다나 외교는 근본적으로 관계에 기반을 둔 국가 간 협상의 성격을 갖는데, 협상을 통해 어느 한 편이 국익을 증진시키거나 혹은 손해를 입는 영역이 발생한다고 해도 반드시 승자와 패자의 구분이 명확하지 않다. 또한 국가 간 협상은 각국 정부를 대표하는 고위 관료들이나 엘리트들 간의 폐쇄적인 커뮤니케이션을 통해 진행되기도 하고 국제회의 등 다자외교의 장에서 좀 더 개방적인 형태로 이루어질 수도 있다. 또한 국제정치의 장에서 국가 간에 혹은 다자간 합의한 의제라고 해도 국내 정치제도적 절차와 국내 여론에 따라서 이행되지 않을 가능성도 존재한다.

하지만 브렉시트가 축구업계에 미칠 영향을 인공지능 프로그램이 예측하는 것과 같이 인공지능을 통해 일종의 단순화된 형태의 의사결정이나 협상의 시뮬레이션 시나리오를 게임의 형태로 예측해보고 실제의 전략적 의사결정을 위해 통찰력을 얻고자 하는 시도는 진행될 것이 분명하다.

4차 산업혁명에 대한 논의에서 인공지능과 함께 가장 빈번하게 거론되는 주제는 빅데이터의 유용성에 대한 것이다. 지구상의 수많은 사람들이 인터넷 이용이 가능한 디지털 기기를 사용하게 되면서 나타난 예기치 못한 결과는 사람들이 기기를 사용할 때마다 엄청난 양의 데이터가 생산된다는 점이다. 빅데이터는 소비자들의 생활패턴이나 소비패턴을 파악하여 상품을 판매하는 비즈니스에 가장 빨리 이용되고 있다. 그러면 빅데이터는 국제관계를 파악하는 데 유용할까? 빅데이터는 외교정책 수립에 어떤 도움을 줄 수 있나?

『빅데이터가 만드는 세상(*Big Data: A revolution that will transform how we live, work, and think*)』의 저자 빅토르 마이어 쇤베르거(Viktor Mayer-Schönberger)와 케네스 쿠키어(Kenneth Cukier)는 빅데이터가 기후변화 문제나 전염병 퇴치와 같은 인류가 당면한 다양한 지구적 문제의 해결과 지구적 거버넌스를 위해서 사용될 수 있다고 언급한다. 즉 빅데이터가 국제정치현상의 여러 가지 패턴에 대해 유용한 정보를 제공할 수 있다는 것이다. 이들 저자에 의하면, 사람들이 구글에서 무엇을 검색하고 소셜미디어에 어떤 글을 올리며 온라인상에서 어떤 물건을 구매하는지 등에 대한 정보를 통해서도 어떤 지역에서 쿠데타, 분리주의 폭력이나 인종학살이 일어날 것인지 상당히 높은 정확도로 예측할 수 있다고 한다. 그러므로 적절하게 사용될 수 있다면, 빅데이터는 위기에 대한 조기경보 시스템을 구축하는 데 도움을 줄 수 있고 어떤 국가가 정치적 위험에 처해 있는지(countries at risk) 파악하는 데서 이전과는 다른 방식으로 통찰력을 제공할 수 있다. 빅데이터 분석은 기존 사회과학자들에게 더욱 익숙한, 변수들 간의 인과관계가 아닌 방식, 즉 상관성(correlation)을 통해 중요한 정치적 사건들을 예측할 수 있게 한다. 하지만 저자들은 상관성이 인과관계(causation)가 아니기 때문에 데이터가 모든 의사결정에 대한 판단을 휘두르게 하는 상황을 경계할 것을 강조하기도 했다(Mayer-Schönberger & Cukier, 2014; Stuenkel, 2016; Himelfarb, 2014).

아마도 외교정책과 관련하여 빅데이터가 유용하게 분석될 수 있는 부분은 지구상의 수많은 사람들이 인터넷과 소셜미디어를 통해 온라인상에 직접 게시하는 글과 이미지, 동영상이 만들어내는 메시지일 것이다. 만약 군사협상이나 무역협상 등 국가 간에 정치적으로 민감한 사안을 두고 대화와 협상이 시작되거나 혹은 군사적 긴장의 문제 혹은 영토분쟁 등 국내외적으로 중대한 사안을 놓고 정치적 결정이나 국제적 합의를 도모해야 하는 상황이 있을 경우, 상대 국가의 여론이나 혹은 세계여론의 추이 등을 빅데이터 분석을 통해 파악하는 것은 협상전략이나 자국의 정치적 입장을 취하는 데 중요한 지침을 제공할 수도 있을 것이다.

위와 같이 국제정치 현상을 분석하고 지구적 문제를 해결하기 위한 방도를 찾거나, 국제정치의 장에서 국가의 외교 전략을 마련하는 데서 빅데이터가 제공할 수 있는 다양한 통찰력과 유익에도 불구하고 최근 데이터 분석 전문가들은 빅데이터에 대한 맹신을 경고하고 있다. 마이크로소프트사 산하 연구소인 Microsoft Research의 주임연구원 케이트 크로포드(Kate Crawford)는 앞서 언급한 마이어 쉔베르거와 쿠키어처럼 2013년 *Foreign Policy*에 기고한 글에서 대용량의 데이터가 반드시 더 좋은 정보는 아니며 상관성이 인과성과 같은 것은 아니라는 점을 강조했다. 빅데이터에도 편견과 사각지대는 존재하는데, 젊은 세대와 도시 거주자들이 트위터에 더 자주 글이나 사진을 게시한다는 사실은 곧 빅데이터도 전체의 일부, 즉 모집단이 아닌 표본(sample)이라는 사실을 말해준다는 것이다. 빅데이터 전문가인 그녀는 트위터에 자동화된 알고리즘에 의해 반응하는 프로그램을 갖춘 수많은 가짜 계정, 봇(bot)을 예로 들어 빅데이터의 알고리즘이 갖는 맹점을 지적했다. 또한 온라인 뉴스피드와 같이 개인 선호에 맞춰서 제공되는 뉴스 제공 알고리즘은 자주 읽히는 뉴스를 중요한 뉴스로 간주하고 많이 공유된 뉴스를 모든 사람이 관심을 가질 만한 소식으로 간주하여 결국 특정 방향으로 사람들의 인식이 형성되도록 유도한다는 것이다(Crawford, 2013).

이와 같은 빅데이터의 맹점을 고려할 때, 정책적 판단을 위해 빅데이터 분석 결과에 과도하게 의존하는 것은 위험할 수 있다. 더욱이 장기 국익과 관련된 국가의 외교정책이나 전략 수립을 위한 참고로서 빅데이터를 활용할 경우 반드시 인과관계에 근거한 데이터 분석과 병행하여 대상 데이터를 검토할 필요가 있을 것이다.

4차 산업혁명은 왜 외교정책 투명성을 요구하는가?

다양한 기술적 융합으로 디지털 커뮤니케이션을 더욱 심화시키는 4차 산업혁명은 소셜미디어와 사물인터넷의 결합, 빅데이터와 인공지능의 융합 등을 통해 사이버 공간의 풍부한 정보에 대한 무제한적 접근을 가능하게 하고 있다. 4차 산업혁명이 형성하는 정보커뮤니케이션 환경은 어느 분야에서든지 정책내용과 정책결정의 투명성(transparency)과 개방성(openness)에 대한 요구를 극대화시키고 있는데 이러한 요구는 때로 정책결정 그룹 내부 혹은 외부에서의 폭로와 같은 방법, 혹은 해킹과 같은 불법적인 방법을 통해서도 이루어질 수 있다. 외교정책은 고위 관료와 엘리트에 의해 폐쇄적으로 결정되는 경향이 크고 외교부를 비롯한 관련 부서와 산하 기관은 외교안보 정책과 관련된 정보를 일반 대중에 공개하는 것을 꺼려하기 마련이다. 그러나 실시간으로 이루어지는 수평의 쌍방향 커뮤니케이션이 극대로 활성화되는 4차 산업혁명의 여론 환경은 정부의 외교정책 정보에 대한 독점이 지속되기 어렵게 하고 정책결정과 관련한 정보를 공개하고 공유하는 것을 요구하는 압력으로 작동할 것이다.

19세기 들어 근대 유럽에서 관료적인 형태를 갖추기 시작한 각국 외교부는 사실상 국가의 모든 기관 중에서도 전통적으로 가장 보수적이고 변화에 저항하는 성격을 갖는다. 그것은 외교정책을 국내정책과는 구별된 영역으로 간주하는 국가 중심적인 근대 국제정치의 성격에서 기인하기도 하고 일반적으로 외교정책은 국내정책과 달리 대중여론의 영향으로부터 독립적으로 운영되어야 한다는 국가 관료들과 엘리트층의 오래된 통념에서 비롯되기도 한다. 아몬드-립만 합의 (Almond-Lippmann consensus)를 비롯하여 여론이 외교정책에 영향을 끼치는 데 대한 부정적인 인식은 많은 논쟁과 논란에도 불구하고 현재까지도 이어지는 측면이 있다.

그러므로 4차 산업혁명 시대의 정보커뮤니케이션 환경이 정부 기관에 요구하는 투명성과 개방은 아마도 외교안보 분야의 정책결정자들로서는 가장 받아들이기 힘든 부분일 것이다. 더군다나 많은 정책 분야 중에서도 외교안보와 관련된 정책은 최고의 고급정보와 전문지식에 대한 이해를 필요로 하며 외교를 위한 정부 간 접촉은 그야말로 정부의 최상위 관료와 엘리트들 간의 대화와 교류를 통해 진행된다. 하지만 인터넷과 소셜미디어의 대중화 이후 각국 외교정책과 관련된 사회적 논란은 외교정책 결정의 폐쇄성과 정보 기밀성으로 인해 더욱 국내외적 파장이 커지게 되었다. 시민들이 외교정책 정보를 인터넷 공간의 다양한 채널을 통해 쉽고 빠르게 접할 수 있게 되면서 정치적 의견을 표출하는 일들이 잦아지게 된 것이다.

한국의 경우 인터넷 공간을 통해 외교안보 관련 정보가 확산되며 사회적 파장과 갈등이 발생한 일들이 매우 빈번했다. 2008년 미국 쇠고기 수입협상을 시작으로 2011년 한미 FTA 협상, 2012년과 2016년 한일군사정보협정, 그리고 최근 2015년 한일 위안부 협상과 2016년 사드배치 협상에 이르기까지 미국이나 일본과의 주요 협상마다 협상 내용에 대한 구체적 사실을 놓고 정부와 시민사회 간에 진실공방이 반복되어 왔다. 2008년 4월 미국 쇠고기 수입협상의 경우 협상의 구체적 내용에 대한 공영방송의 보도가 충분하지 않던 중에 정부의 협상에 대한 이의와 항의가 처음 제기된 곳이 온라인 공간, 즉 대통령의 홈페이지와 청와대 게시판이었다. 또한 2011년의 한미 FTA 협상의 경우도 협상과 관련된 다양한 정보가 인터넷과 소셜미디어를 통해 일반 시민들에게 쉽게 확산되고 ISD 조항과 같은 전문정보에 대한 네티즌 토론과 논쟁이 온라인 공간에서 이루어지기도 했다.

최근 한국에서 군사정보와 관련하여 사회적으로 논란이 되었던 일 중 하나는 2017년 4월 한반도 위기설을 들 수 있다. 2017년 4월 15일 태양절을 앞두고 북한이 6차 핵실험이나 장거리탄도미사일 발사 등 도발할 가능성에 대한 무력시위로서 미국의 항공모함 칼빈슨호가 4월 8일 싱가포르를 떠나 한반도로 향하고 있다는 사실이 4월 12일

트럼프 대통령의 발언을 통해 알려졌다. 당시 5월 초 대선을 앞두고 정치적으로 민감한 시기였던 한국에서 칼빈슨호의 향방은 북한에 대한 미국의 군사행동 가능성을 암시하는 시나리오가 소셜미디어를 통해 광범위하게 확산되게 했다. 하지만 이후 칼빈슨호가 한반도가 아닌 인도양으로 향하고 있었고 4월 15일 칼빈슨호의 위치가 한반도에서 3천 마일 떨어져 있는 위치에서 호주 해군과의 연합훈련을 진행하고 있음이 알려졌다. 이 일로 미국 트럼프 행정부의 군사적 시위에 대한 신뢰성이 손상되었고 결국 미국 정치권에서는 백악관에 대한 즉각적인 해명 요구가 이어지기도 했다.

홍미로운 것은 칼빈슨호의 위치가 원래 알려진 바와 다르다는 것을 미 해군 웹사이트에서 미국 언론인이 알아냈고 고위 관료들 간에만 공유될 수 있는 정보가 인터넷과 소셜미디어를 통해 한국 시민들을 포함하여 국제사회에 모두 알려지게 된 사실이다. 즉 칼빈슨호 에피소드는 정부의 말과 실제 행동이 사이버상의 전방위 커뮤니케이션 네트워크에 의해 그 누구에게도 쉽게 포착되고 검증될 수 있고, 또한 그렇게 포착된 사실은 세계대중에게 즉각적으로 알려질 수 있음을 보여주었다. 4차 산업혁명이 사람과 사물, 그리고 우리가 사용하는 모든 기기를 연결시키는 사물인터넷 시대로 진입시키고 있다는 것은 결국 연결되어 있는 모든 것들에 대한 엄청난 데이터가 생산되는 것임을 말한다. '떠다니는 군사기지'로 불리는 칼빈슨호의 위치를 미 언론인이 포착해 낸 것은 사물인터넷의 작동 방식과는 다른 것이었지만 4차 산업혁명 시대에 사람과 사물의 이동 궤적을 추적하는 것이 획기적으로 쉬워질 수 있음을 고려해보면 앞으로 완전하고 영원한 비밀이나 기밀은 존재하기 힘들 것이라는 상상을 쉽게 할 수 있다.

데이터 프라이버시를 연구하는 법학자 피터 스와이어(Peter Swire)는 인터넷과 정보기술의 발전으로 정부 기관이나 기업이 특정 비밀을 지킬 수 있는 주기(cycle) 자체가 짧아지고 있다고 주장했다. 즉 어떤 조직이 대중에 노출시키지 않으려는 비밀이 과거보다 훨씬 빨리 탄로가 나기 때문에 비밀 자체를 긴 시간 동안 유지하는 것 자체가 어려워진다는 것이다(Swire, 2015). 그러므로 일단 비밀이었던 정보가 대중에 알려지게 되면 그 사안에 대해 신속하게 설명을 제공하는 데 실패하는 것은 더 큰 문제를 양산하는 결과가 될 수 있다. 특히 외교정책은 국내정책에 비해서 기밀을 요하는 사안인 경우가 많고 국가 전체의 안보나 경제에 영향을 끼칠 수 있는 사안이 대부분이므로 기밀이 유출될 경우 사회적 파장이 불가피하다.

2006년 개설된 폭로 전문 단체인 위키리크스(Wikileaks)가 인터넷상에 공개하는 각국 군사외교 및 국제정치와 관련된 민감한 정보나 기밀문건은 수많은 익명의 내부 고발자들의 제보에 의해 확보되고 순식간에 전 세계 대중에게 읽혀진다. 이렇게 공개되는 정보들은 해당 국가의 정부기관이나 국가 지도자 및 엘리트들에 대한 충격적인 내용을 담는 경우가 많기 때문에 이들에 대한 부정적인 이미지가 쉽게 확산될 수 있다. 이러한 온라인 단체의 폭로 활동뿐만 아니라 공개적으로 내부

그림 4 미국 국가안보국(NSA)의 무차별적인 개인정보 수집과 외국 수장이나 타국 대사관들에 대한 도청과 이메일 해킹 실태 등을 폭로한 에드워드 스노든(Edward Snowden). 4차 산업혁명 시대에는 정부 정책의 투명성에 대한 아래로부터의 요구와 함께 위로부터의 더욱 은밀한 형태의 스파이 활동이 동시에 증가하고 강화될 것이다.

비밀을 직접 폭로하는 일들도 계속 발생하고 있으며 해킹도 빈번하게 일어나고 있다. 정부는 개인이나 타 기관을 감시하고 정보를 수집하며 기밀정보를 보존하지만 정부 또한 개인이나 집단에 의해 언제든지 폭로당하고 강압적으로 정보공개 요구에 직면할 수 있게 된 것이다.

바로 그러한 대표적인 사례가 2013년 미국 중앙정보국(CIA) 전 직원이었던 에드워드 스노든(Edward Snowden)이 미국 국가안보국 (NSA)의 무차별적인 개인정보 수집과 외국 수장이나 유럽연합, 미국 주재 타국 대사관들에 대한 도청과 이메일 해킹 실태 등을 폭로했던 일이다. 정부의 정보활동에 대한 개인의 폭로가 외교 갈등으로까지 확대되었던 이 사건은 사이버 공간에서 정보기밀은 거의 무의미하며 정부가 은밀하게 추진한 정책이나 특정 행위가 언제 온 세계 대중에게 알려질지는 예측하기 힘들게 되었음을 여실히 보여주었다.

소셜미디어와 사물인터넷 사용이 극대화되는 4차 산업혁명 시대의 정부 외교정책은 다양한 정보유출 경로와 정보확산 채널의 존재로 인해 국내외로부터 정보공개와 정책 투명성에 대한 다양한 요구에 부딪힐 가능성이 커 보인다. 하지만 동시에 이제 앞으로의 국가 간 관계는 해킹 등의 방법을 통해 어떤 국가가 타국 외교안보정책 비밀을 먼저 알아내고 그러한 정보수집 활동을 들키지 않으면서 타국 정책에 미리 대비, 대응하느냐의 경쟁이 극대화될 것을 예고한다. 요컨대 4차 산업혁명 시대에는 정부 정책의 투명성에 대한 아래로부터의 요구와 함께 위로부터의 더욱 은밀한 형태의 스파이 활동이 동시에 증가하고 강화될 것이다.

빅데이터는 국가의 위기대응에 어떻게 사용될 수 있나?

3차 산업혁명에 이어 4차 산업혁명이 추동하는 정보커뮤니케이션 환경의 특징은 풍부한 정보에 대한 무제한적 접근이 가능하다는 점과 그러한 정보가 인터넷 공간의 커뮤니케이션 네트워크를 통해 순식간에 수많은 사람들에게 도달할 수 있게 되었다는 점이다. 이는 곧 소셜미디어와 사물인터넷 등 다양한 커뮤니케이션 수단을 통해 정부의 위기대응 능력이 향상될 수 있는 조건이 형성되었음을 의미하기도 한다. 전염병의 유행, 범죄의 확산, 폭우 피해 등 인터넷과 소셜미디어가 만들어내는 빅데이터가 보여주는 이상 징후를 미리 포착하고 예방하거나 선제적인 조치를 취하고 피해 예상지도를 만드는 것과 같은 예측 프로그램이 많은 국가에서 실제로 활발하게 운영되고 있다.

특히 지진과 같은 자연재해나 원전사고와 같은 산업재해에 이르기까지 다양한 형태의 위기를 미리 공지하는 조기경보 시스템은 매우 유용한 것으로 그 효과가 입증되어 있고, 테러와 같이 사람에 의해 기획된 범죄나 인명살상 위험 등을 포착하고 위험을 알리는 시스템을 구축하는 다양한 디지털 커뮤니케이션 수단은 인명피해를 줄이는 데 효과적인 대응을 가능하게 한다. 2012년 미국에서 허리케인 샌디가 발생한 당시 트뮤터에서 나타난 샌디와 관련한 데이터의 발생 위치와 빈도를 분석한 결과 허리케인의 이동경로를 따라서 데이터 빈도가 증가하고 있음을 영국 옥스퍼드대학 연구팀이 발견하기도 했고, 미국 버지니아 대학 예측기술연구소는 빅데이터를 활용하여 19-25개 종류의 범죄를 예측해내기도 했다.

영사들이 주체가 되는 유일한 다자협의체인 세계영사포럼(Global Consular Forum)의 세 번째 회의가 2016년 10월 인천에서 진행되었는데 이때 각국 영사들이 주목했던 주제가 위기 대응에 있어서의 커뮤니케이션의 역할이었다. 세계 각지에 주재하는 영사들이 현지의 여러 위기와 재난상황에서 자국 국민을 보호해야 하는 의무와 책임에 가장 큰 관심을 갖고 있음을 보여주는 대목이다. 이 회의에서는 위기 상황을 알리거나 현지 국민으로부터 현장에서의 소식을 전달받는 가장 효과적인 수단으로 소셜미디어의 역할이 주목받았고 소셜네트워크서비스(SNS) 기업들과의 협업의 필요성이 제기되기도 했다. 사물인터넷이 대중화될 4차 산업혁명 시대에 위험의 발견과 경고의 확산 시스템 구축은 국가의 위기대응에 있어서 매우 유용하게 사용될 것으로 예상된다.

국내외에서 발생하는 위기에 대한 대응이 디지털 커뮤니케이션에 의해 효과적으로 예방되거나 조치가 취해질 수 있다는 것은 그만큼 각국 정부의 위기에 대한 대응 책임성이 커지고 있다는 것을 말해준다. 세계 각지에서 발생하는 크고 작은 사건이나 위기가 국제정치적 의미를 갖는 순간 관련 정보가 전 세계 커뮤니케이션 네트워크로 즉각적으로 확산되는 것이 너무 쉬워졌다는 것은 위기로 간주되는 사안에 대한 국가 기관의 반응과 대응도 즉각적이어야 한다는 압박으로 작동할 수 있다. 이러한 정보커뮤니케이션 환경은 외교정책 결정자들에게는 어떤 사안에 대해 대응할 수 있는 시간이 길게 주어지지 않는다는 것을 의미하며, 다른 한편으로는 정치적, 군사적으로 긴박한 상황에서 정부의 메시지를 즉각적으로 자국 혹은 타국 청중에게 신속하게 전달할 수 있음을 의미하기도 한다. 특히 각 국 정부는 자국 이미지나 평판과 관련하여 논란이 될 수 있는 민감한 사안이 발생할 경우 자국이나 타국 언론에 의해 그러한 사안이 자국에 불리하게 다뤄지기 전에 인터넷 커뮤니케이션 수단을 통해 해당 사안을 신속하게 해명하고 해결하는 등의 선제적인 조치를 취할 수 있다.

한편, 4차 산업혁명이 심화시키고 있는 초연결성은 새로운 종류의 의도되고 기획된 위험을 증폭시킬 수 있다. 최근 전 세계적으로 문제가 되고 있는 사이버테러나 랜섬웨어 공격 등 사이버상에서의 다양한 위험은 개인의 사적 정보뿐만 아니라 군사시설이나 금융, 보건, 에너지, 교통, 방송 및 정보통신 등 국가 기반시설의 운영에 막대한 피해를 일으킬 수 있다. 온라인 공간과 오프라인 공간의 구별이 무의미한 사물인터넷 시대에는 바로 사람과 사물, 사물과 사물의 연결성으로 인해 작은 한 가지의 위험이 모든 것의 위험으로 전이될 수도 있다. 또한 사이버 공간에서의 위험은 오히려 막강한 디지털 네트워크 기반을 잘 갖춘 국가일수록 그러한 위험에 더 취약할 수 있는 역설적인 상황에 놓이게 된다. 다시 말해, 국경의 의미가 없는 사이버 공간에서 더 잘 연결되어 있는 국가군들이 더 많은 위협에 동시다발적으로 노출될 수 있고, 그렇기 때문에 사이버 테러와 같은 위협에 대해 국가 간 공동 대응하는 공조의 거버넌스가 다차원척으로 모색되고 있다.

정치적 위기를 만들기도 하고 위기의 순간을 돌파할 수도 있게 하는 트위터는 이미 중동과 아프리카에서 독재정권을 차례로 무너뜨린

Daniel Sandford ✔
@BBCDanielS

⚙ **Follow**

Ironically President Erdogan using Twitter to reach out to his people during the coup

Recep Tayyip Erdoğan @RT_Erdogan
Milletimizi demokrasimize ve milli iradeye sahip çıkmak üzere meydanlara, havalimanlarına davet ediyorum.

RETWEETS   LIKES
297   166

2:46 PM - 15 Jul 2016

↩   ♺ 297   ♥ 166   •••

그림 5 쿠데타 당시 에르도안 대통령이 트위터를 사용하여 시위에 호소한 것을 아이러니하다며
언급한 BBC기자의 트위터.

민주화 운동인 재스민 혁명을 통해서 그 위력이 검증된 바 있다. 하지
만 트위터는 또한 독재정권의 계속적인 집권을 위한 정치적 동원의 목
적으로 사용되기도 했다. 2016년 7월 15일 14년간 철권통치를 펼쳐온
자신에 대한 쿠데타 시도에 대해 터키 레제프 타이이프 에르도안 대통
령은 트위터와 페이스북에 쿠데타 저지를 호소했고, 이에 그를 지지하
는 시민들이 단시간에 결집하여 쿠데타에 저항하면서 쿠데타 시도는
단 6시간 만에 무산되었다. 쿠데타 세력인 군부는 전통 매체인 국영방
송사와 CNN 튀르크 방송국 및 위성통신망, 그리고 공항과 교량을 통
제했지만 소셜미디어를 사용하는 독재자를 이기지 못한 것이다. 블룸
버그 통신은 이 사건을 보도하면서 "군부가 인터넷을 통제할 수 없다

는 사실을 까먹었다"라는 흥미로운 부제를 달았다(El-Erian, 2016). 흥미로운 것은 총리시절부터 소셜미디어를 탄압해온 에르도안 대통령이 트위터를 통해 효과적으로 쿠데타를 진압하고 반대세력 제거에 나서면서 2017년 4월 개헌까지 성공했다는 점이다. 역설적이게도 터키에서는 소셜미디어의 힘으로 '21세기 술탄'이 출현한 셈이고 CNN은 이번 개헌으로 터키가 법치와 독립적인 사법부, 표현의 자유와 평등의 길로 가는 길이 험준해졌다며 "터키의 민주주의는 죽었다"라는 제목의 기고문을 내기도 했다(Ghitis, 2017). 하지만 결국 2017년 6월 에르도안 대통령은 다시 민주주의를 요구하는 시민들의 대규모 시위에 직면했다. 결국 인터넷과 소셜미디어는 긍정적인 방향이든 부정적인 방향이든 목적이 무엇이건 간에 사용자의 전략에 따라 효과적으로 그 목적하는 바를 위해 이용될 수 있는 것이다.

4차 산업혁명 시대의 외교정책 여론은 어떻게 변화하는가?

4차 산업혁명이 가져올 변화 중 가장 중대한 변화 중 하나는 시민들의 사회현상에 대한 정치적 태도가 근본적으로 달라질 수 있다는 점이다. 즉 외교정책을 포함하여 정치사회 이슈에 대한 시민사회의 여론이 정보커뮤니케이션 환경의 변화로 인해 근본적으로 달라질 수 있다. 3차와 4차 산업혁명이 심화시키고 있는 디지털 커뮤니케이션은 다양한 전문정보와 지식에 대한 일반 대중의 접근력을 급속하게 증대시키고 있으며, 그만큼 시민들의 정부 외교정책에 대한 관심과 정치적 관여는 빈번해질 수밖에 없다. 4차 산업혁명 시대의 새로운 디지털 기술과 플랫폼을 통한 정책 관여와 정치적 활동의 증대는 근본적으로 시민들의 정치정보, 정책정보 등에 대한 인식의 변화에 기인한다. 즉, 매스미디어 사회에서는 수동적인 정보소비자에 머물렀던 대중이 3차와 4차 산업혁명이 진행되는 동안 소셜미디어 등을 통해 1인 미디어의 역할도 취할 수 있게 됨에 따라 정보의 생산과 확산에도 참여하게 되면서 정치사회를 바라보는 인식과 태도가 달라지고 있다.

이미 2008년 이후 한국에서는 정부의 주요 외교정책마다 시민들이 관심을 보이며 관련 정보를 학습하고 사안에 대해 토론하며 때로 정부정책에 대해 문제를 제기하고 간섭하는 등 외교정책에 대한 시민의 정치적 관여 행동이 가시적으로 나타나고 있다. 물론 외교정책 사안이 가지는 특징이나 문제점 자체로 인해 시민들의 정치적 관여가 증대한 측면도 있지만, 이러한 현상이 인터넷 사용의 대중화가 이미 포화상태에 달하기 시작한 2008년 이후 증대했다는 사실은 여론의 변화가 정보커뮤니케이션 환경의 변화와 직접적으로 관련이 있음을 말해준다. 다양한 채널을 통해 외교정책 정보가 증대하고 그러한 정보에 대한 시민들의 정치커뮤니케이션이 활성화됨에 따라 국가의 국익은 정부가 규정하는 것이 아니라 시민들이 동의할 수 있는 것이어야 한다는 인식이 증대한 것이다. 즉 시민들은 정부가 추구하는 특정 군사안보, 통상정책 등이 구체적으로 어떤 실제 국익을 가져올 것인지 설명을 요구할 것이며 정부의 외교정책이 일관성을 갖는지, 원래 추구했던 목표를 달성하고 있는지 판단하고 평가하고자 할 것이다.

정부가 추구하는 특정 외교정책에 대한 여론 형성이 더 쉬워지고 빨라진다는 것은 곧 정부의 입장에서는 여론을 이전보다 더 의식하게 만드는 결과를 가져오며 이러한 사회적 분위기는 정부 관료들이 정치적 의사결정을 민주적으로 운영하는가의 여부를 중요한 리더십 능력으로 요구하는 압력으로 작동할 수 있다. 이러한 전망은 클라우스 슈밥(Klaus Schwab)이 2016년 다보스포럼에서 언급한 것이기도 하다. 마찬가지로, 이전에 폐쇄적이고 중앙집권적으로 이루어졌던 외교정책도 국내정책과 차별적으로 인식되지 않고 국내정책과 같은 민주적 의사결정의 요구에 직면하게 될 것으로 예상된다.

그러므로 정부가 당면하는 도전은 어떻게 정부가 선호하는 외교 기조를 여론의 요구를 고려하며 균형을 갖느냐가 될 것이다. 외교정책을 대중의 기대와 요구대로만 수행할 수는 없으며 현실적인 제약도 분명 존재할 것이므로 추구하는 외교정책에 대한 합리적이며 납득이 되는 설명과 설득이 정부의 입장에서는 필요하게 되는 것이다. 이러한 맥락에서 4차 산업혁명이 형성하는 정보커뮤니케이션 환경은 정부가 추구하는 외교정책 이니셔티브를 지지하고 지원하는 비국가 행위자들을 모으는 데 유용할 수 있다. 앞서 언급한 바와 같이 학계, 시민단체, 기업, 연구소, 언론계와 네트워크를 형성하고 이들과 소통할 수 있는 채널을 유지하는 것은 외교분야의 실제적인 지지기반을 형성하게 할 것이다.

4차 산업혁명으로 인해 정부에게 가용한 여론 전략은 공적 공간에서는 잘 드러나지 않는 더 정확한 여론이 온라인 공간에서는 자유롭게 표출되므로 인터넷과 소셜미디어에 나타난 텍스트들에 대한 빅데이터 분석을 통해 특정 외교정책에 대한 국내외 대중 여론과 시민들이 문제 삼는 이슈의 성격을 쉽게 파악할 수 있게 되었다는 점이다. 즉 여론의 정책선호를 파악하는 것이 쉬워진 정부 입장에서는 여론이 압도적으로 반대하는 외교정책을 일방적으로 추구하는 것을 스스로 기피하게 될 것이다. 즉 충분히 준비되지 않은 외교정책을 정부가 섣불리 공론화 대상이 되지 않도록 하는 결과도 가져올 수 있다. 빅데이터 분석을 통한 여론 동향에 대한 선명한 파악이 가능해짐에 따라 정부는 시민사회에 대해 선제적으로 정책홍보 및 설득 노력을 추진할 수도 있으며, 이러한 방법으로 대내적 공공외교가 이전보다 본격적으로 전개되며 더 넓은 지지기반을 확보할 수도 있다. 즉 시민사회에서 여론을 주도하는 지식층, 세력, 집단, 계층을 중심으로 정부가 정책에 대한 지지를 전략적으로 유도해 낼 가능성이 있는 것이다.

4차 산업혁명은 외교영역에 있어서도 다른 분야에서와 같이 개방적이며 투명한 의사결정 방식을 요구하고 있으며, 동시에 아래로부터의 혁신적인 아이디어와 집단지성이 외교활동에 참여하고 협업하는 것을 가능하게 하는 정보커뮤니케이션 환경을 조성할 것으로 보인다. 이러한 외교 분야에서의 변화는 근본적으로 4차 산업혁명이 3차 산업혁명에 이어 심화시키고 있는 디지털 커뮤니케이션의 고도화에 의한 것이며 앞으로 민주주의 국가의 외교정책은 이러한 변화에 적합한 네트워크 외교의 모델로 나아가게 될 것을 예고하고 있다. 지구화의 심화와 함께 복합적 상호의존과 갈등이 함께 상존하는 21세기 세계정치 속에서 이러한 외교모델로의 이행 및 변환은 인공지능과 집단지성의 협업으로 더 정교하고 정확한 정책 판단과 전략적 의사결정을 도출해낼 수도 있다. 즉, 4차 산업혁명으로 인해 이상적으로는 지구적 문제들을 더 합리적이며 조화롭게 풀어나갈 수 방안과 조건이 더 풍부하게 마련될 수도 있다.

한편 아래로부터의 문제제기와 정치적 의사표출의 급증이 외교정책을 둘러싼 정부-시민사회 간의 갈등을 상시화할 가능성도 있다. 하지만 빅데이터 분석과 인공지능의 예측력을 통한 국내외 여론의 흐름에 대한 보다 정확한 분석과 판단은 정부 및 외교정책 결정자들에게 과거에는 가용하지 않았던, 시민사회에 대한 더 나은 설득과 소통의 수단을 제공해주는 측면이 있다. 또한 4차 산업혁명은 다양한 외교주체가 민주적 거버넌스의 협업을 주도하면서 합의된 외교정책 어젠다에 대한 지지기반을 공동으로 마련할 수 있게 한다. 즉 정부 입장에서는 효과적인 외교정책과 전략을 마련하게 하는 환경을 거버넌스 능력을 통해 조성할 수도 있다. 그러므로 4차 산업혁명이 형성하는 정보커 뮤니케이션 환경은 외교영역에 대한 두 가지의 서로 다른 영향을 예고 하고 있다. 외교정책에 대한 시민사회로부터의 문제제기 빈도와 참여 요구가 증가되는 동시에 정부-시민사회 간 접촉과 소통의 빈도와 채 널 또한 증대하고 다양화되므로 장기적으로는 정부와 시민사회 간 정 책선호 불일치로 인한 사회갈등이 점차 줄어들 수도 있는 것이다.

참고문헌

4차 산업혁명과 한국의 미래전략

강하연. 2013. "ICT교역의 글로벌 거버넌스." 서울대학교 국제문제연구소 편.
『커뮤니케이션 세계정치』 기획특집 〈세계정치〉 33(2). 사회평론, pp. 73-109

김상배. 2015. "빅데이터의 국가전략: 21세기 신흥권력 경쟁의 개념적 성찰."
『국가전략』 21(3), pp. 5-35.

김상배. 2016. "한국 정보화의 미래개념사: (국제)정치학적 연구를 위한 시론."
『한국정치연구』 25(2), pp. 229-254

김상배. 2017. "정보·문화 산업과 미중 신흥권력 경쟁: 할리우드의 변환과 중국영화의
도전." 『한국정치학회보』 51(1), pp. 99-127.

장필성. 2016. "4차 산업혁명시대 산업트렌드와 제조업의 대응 전략." 『산업입지』 62,
여름호, pp. 6-12.

최계영. 2016. "4차 산업혁명 시대의 변화상과 정책 시사점." KISDI Premium Report.
16-04. 정보통신정책연구원

하영선·김상배 편. 2006. 『네트워크 지식국가: 21세기 세계정치의 변환』. 을유문화사.

하원규·최남희. 2015. 『제4차 산업혁명』. 콘텐츠하다.

Kim, Sangbae. 2014. "Cyber Security and Middle Power Diplomacy: A Network
Perspective." *Korean Journal of International Studies*, 12(2), pp. 323-352.

Rifkin, Jeremy. 2013. *The Third Industrial Revolution: How Lateral Power Is
Transforming Energy, the Economy, and the World*. St. Martin's Griffin.

Schwab, Klaus. 2016. *The Fourth Industrial Revolution*. World Economic
Forum.

4차 산업혁명과 생산과정의 변환

김승현 외. 2016. 『차세대 생산혁명을 대비한 제조업 혁신정책과 도전과제』.
과학기술정책연구원.

송성수. 2017. "역사에서 배우는 산업혁명론: 제4차 산업혁명과 관련해서." *STEPI Insight* Vol. 207.

현대경제연구원. 2016. "G7국가와 한국의 산업구조 변화와 시사점." 『경제주평』.

BMBF. 2013. "Securing the Future of German Manufacturing Industry: Recommendations for Implementing the Strategic Initiative INDUSTRIE 4.0." http://www.acatech.de/fileadmin/user_upload/ Baumstruktur_nach_Website/Acatech/root/de/Material_fuer_Sonderseiten/ Industrie_4.0/Final_report__Industrie_4.0_accessible.pdf

Capgemini. 2017. "Smart Factories: How can manufacturers realize the potential of digital industrial revolution."

Finkelstein, Joseph. 1989. *Windows on a New World: The Third Industrial Revolution*. Praeger.

Foerstl, Kai, Jon F. Kirchoff, Lydia Bals. 2016. "Reshoring and insourcing: drivers and future research directions", *International Journal of Physical Distribution & Logistics Management*, Vol. 46 Issue: 5, pp. 492-515,

Fratocchi, Luciano et als. 2016. "Motivations of manufacturing reshoring: an interpretative framework." *International Journal of Physical Distribution & Logistics Management*. Vol.46 Issue: 2, pp. 98-127.

Greenwood, Jeremy. 1997. *The Third Industrial Revolution: Technology, Productivity, and Income Inequality*. AEIPress, Washington D.C., USA.

KPMG. 2016. *The Factory of the Future*.

Landes, D. S. 1969. *The Unbound Prometheus: Technological Change and Industrial Development in Western Europe from 1750 to the Present*. Cambridge University Press.

Majumdar, Rumki and Aijaz Hussain. 2016. "Reshoring manufacturing jobs to the United States: Myth or reality?" Deloitte University Press.

Rifkin, J. 2011. *The Third Industrial Revolution; How Lateral Power is Transforming Energy, the Economy, and the World*. St. Martin's Press. 안진환 옮김. 2012. 『3차산업혁명: 수평적 권력은 에너지, 경제, 그리고 세계를 어떻게 바꾸는가』. 민음사.

Rodrik, Dani. 2016. "Premature deindustrialization." *Journal of Economic Growth.* pp. 211－33.

Schwab, Klaus. 2016. *The Fourth Industrial Revolution: What it means, how to respond.* World Economic Forum. 송경진 옮김. 『클라우스 슈밥의 제4차 산업혁명』. 새로운 현재.

UNCTAD. 2016. "Robots and industrialization in developing countries." Policy Brief 50.

Wiesmann, Benedikt, Jochem Ronald Snoei, Per Hilletofth, David Eriksson. 2017. "Drivers and barriers to reshoring: a literature review on offshoring in reverse." *European Business Review,* Vol. 29, Issue: 1.

World Robotics Industrial Robots 2016, International Federation of Robotics.

4차 산업혁명 시대의 세계 무역·금융질서

송경진 역. 클라우스 슈밥 편. 2016. 『클라우스 슈밥의 제4차 산업혁명』 서울: 새로운 현재, pp. 12-381.

이상혁. 2016. "국경간 개인정보 이전 규제에 대한 개선방안 연구: EU사례를 중심으로." 『정보보호학회논문지』 26(4), pp. 10-21.

조화순. 2006a. "정보화시대의 세계무역질서: 전자상거래 네트워크를 중심으로." 『한국정치학회보』 40(5), pp. 371-382.

조화순. 2006b. "사이버공간의 글로벌 거버넌스: 개인정보 국외이전과 관련한 미국-EU의 갈등." 『국제정치논총』 46(1), pp. 176-181.

통계청. 2016. "전자상거래 물품 수입 동향." http://www.index.go.kr/potal/main/EachDtlPageDetail.do?idx_cd=2457 (검색일: 2017. 7. 16.).

한종현. 2013. "국제연합 국제상거래법위원회 실무작업반 III에서 진행 중인 온라인 분쟁해결을 위한 절차규칙 초안의 발전과정과 쟁점 분석 요약." 『ILS Law Review』, pp. 178-179.

eMarketer. 2016. *WORLDWIDE RETAIL ECOMMERCE SALES: EMARKETER'S UPDATED ESTIMATES AND FORECAST THROUGH 2019.* New York: eMarketer.

Union Bank of Switzerland. 2016. *Extreme automation and connectivity: The global, regional, and investment implications of the Fourth Industrial Revolution*. Davos: Union Bank of Switzerland. pp. 10-13.

World Economic Forum. 2017. *The Global Risks Report 2017*. 12th Edition Geneva: World Economic Forum. pp. 4-59.

4차 산업혁명과 군사안보전략

김문섭. 2011. "지향성 에너지 무기 개발 동향 및 발전 전망." 『국방과 기술』(9월호), pp. 74-83.

민병원. 2006. "탈냉전 시대의 안보개념 확대: 코펜하겐 학파, 안보문제화, 그리고 국제정치이론." 『세계정치』 5, pp. 13-61.

민병원. 2015. "사이버공격과 사이버억지의 국제정치: 규제와 새로운 패러다임을 중심으로." 『국가전략』 21(3), pp. 37-61.

Byman, Daniel. 2013. "Why Drones Work: The Case for Washington's Weapon of Choice." *Foreign Affairs* 92(4), pp. 32-43.

Clausewitz, Carl von. 2007. *On War*. Oxford: Oxford University Press.

Ellis, Jason D. 2015. *Directed-Energy Weapons: Promise and Prospects. Center for a New American Security* (April).

Farwell, James P. and Rafal Rohozinski. 2012. "The New Reality of Cyber War." *Survival* 54(4), pp. 107-120.

Galliott, Jai. 2015. *Military Robots: Mapping the Moral Landscape*. Surrey: Ashgate.

Krishnan, Armin. 2009. *Killer Robots: Legality and Ethicality of Autonomous Weapons*. Surrey: Ashgate.

Rid, Thomas. 2012. "Cyber War Will Not Take Place." *Journal of Strategic Studies* 35(1), pp. 5-32.

Schmitt, Michael N. 2013. *Tallinn Manual on the International Law Applicable to Cyber Warfare*. Cambridge: Cambridge University Press.

Schmitt, Michael N. 2017. *Tallinn Manual 2.0 on the International Law*

Applicable to Cyber Operations. Cambridge: Cambridge University Press.

Schwab, Kalus. 2016. *The Fourth Industrial Revolution.* Cologny: World Economic Forum.

Singer, Peter W. 2009. "Wired for War? Robots and Military Doctrine." *JFQ* 52(1), pp. 104-110.

4차 산업혁명과 한국의 에너지안보

강정화. 2016. "2016년 세계신재생 에너지산업전망 및 이슈." 한국수출입은행 해외경제연구소. 2016. 1. 20.

김기현. 2016. "신기후체제 대응을 위한 '2030 에너지 신산업 확산 전략'." 『전기의 세계』 65(1). pp. 31-38.

김연규 엮음. 2017. 『신기후체제하 글로벌 에너지 질서 변동과 한국의 에너지 전략』. 한울.

김정인. 2016. "중국의 2015년 에너지 실적 및 2016년 정책 추진 방향." 『세계 에너지시장 인사이트』 16(2).

대니얼 예긴 지음. 김태유·허은녕 옮김. 2017. 『황금의 샘 1, 2』(원제: *The Prize*). 라의눈.

대니얼 예긴 지음. 이정남 옮김. 2013. 『2030 에너지 전쟁』(원제: *The Quest*). 사피엔스21.

박진주. 2015. "중국의 2014년 에너지실적 및 2015년 에너지정책 방향." 『세계 에너지시장 인사이트』 15(6).

방태웅. 2017. "에너지와 4차 산업기술의 융복합, 에너지 4.0." 융합연구정책센터. 『융합 Weekly TIP』 vol. 59(February).

배종인. 2017. "[기획]신정부 전력에너지 정책 방향 전망." 『신소재경제』(2017. 7. 10).

백서인·장현준. 2015. '동북아 에너지 협력 강화를 위한 한·중·일 슈퍼그리드 구축 전략.' NARI, 『新亞細亞』 22(4)(겨울).

산업연구원. 2017. 『4차 산업혁명 시대의 에너지정책」 발표자료(2017. 2. 6.).

오태규. 2016. "스마트그리드와 슈퍼그리드." 『전기신문』(2016. 5. 23).

윤재영. 2006. "동북아 전력망연계 추진현황 및 각국의 대응방안.", 『에너지협의회보』

76(3).

원동규. 2016. "인공지능과 제4차 산업혁명의 함의." 『ie 매거진』 23(2).

임재규. "신기후체제 도래에 따른 에너지·기후변화정책 방향," 에너지경제연구원
  2015년 연구성과 발표회(에너지경제연구원, 2016. 3. 28.) 발표자료.

정규재. 2017. "세계 주요 슈퍼그리드(전력망) 추진 동향과 시사점." 『세계 에너지시장
  인사이트』 17(16)(2017. 5. 15).

최영철. 2016. "전기차 보급이 국제에너지시장에 미치는 영향." 글로벌에너지전환
  환경포럼. 발표자료. 2016. 8. 31.

허은녕. 2011. "국내외 에너지환경 변화와 우리나라 에너지믹스전략 수립과정에의
  시사점." 『에너지경제연구』 10(2). pp. 187-205.

Asia Pacific Energy Research Center. 2015. *Electric Power Grid Interconnections
  in Northeast Asia*. APERC: 2015. 11.

Bokarev, Dmitry. 2017. "Asian Energy Ring: The Vision is Being Turned into
  Reality." *New Easter Outlook* (2017. 2. 17).

DESERTEC Foundation. 2009. *CLEAN POWER FROM DESERTS: The DESERTEC
  Concept for Energy, Water and Climate Security*. 2009. 2.

Energy Information Administration (EIA). 2016. Growth in domestic natural gas
  production leads to development of LNG export terminals. March 4.

International Energy Agency (IEA). 2015, 2016. The medium-term gas market
  report 2016: Executive summary. Paris, France: OECD/IEA.

Kim, Y. 2016. Rethinking energy security in Northeast Asia under low oil prices:
  A South Korean perspective. 2016 NBR Pacific Energy Summit Brief, June
  21.

Klaus Schwab. 2016. "The Fourth Industrial Revolution: what it means, how to
  respond." Retrieved from http://www.weforum.org.

Shi, X. and Variam, H. M. P. 2016. "Gas and LNG trading hubs, hub indexation
  and destination flexibility in East Asia." *Energy Policy*.

Sivaram, Varun, and Teryn Norris. 2016. "Clean Energy Revolution: Fighting
  Climate Change with Innovation." *Foreign Affairs* 95.

Smil, Vaclav. 2005. *Energy at the Crossroads: Global Perspectives and*

Uncertainties. MIT Press.

World Energy Council (WEC). 2013. *World Energy Scenarios Composing energy futures to 2050*. WEC: 2013.

Wyns, Tomas. 2015. "Lessons from the EU's ETS for a New International Climate Agreement." *The International Spectator*, 50-1 (March).

4차 산업혁명과 사회통합

현대경제연구원. 2016. "4차 산업혁명의 등장과 시사점." 『경제주평』 16-32.

Acemoglu, Daron and David Autor. 2010. "Skills, Tasks, and Technologies: Implications for Employment and Earnings." NBER Working Paper No. 16082.

Acemopglu, Daron, James A. Robinson, Thierry Verdier. 2012. Can't We All be More Like Scandinavians? Asymmetric Growth and Institutions in an Interdependent World. Working Paper 18441. National Bureau of Economic Research.

Arntz, Melanie, Terry Gregory, Ulrich Zierahn. 2016. "The Risk of Automation for Jobs in OECD Countries: A Comparative Analysis." OECD Social, Employment and Migration Working Papers, No. 189, OECD Publishing.

Bloem, Jaap. et. al. 2014. The Fourth Industrial Revolution Things to Tighten the Link Between IT and OT. VINT Research Report 3. Sogeti.

Frey, Carl Benedikt and Michael A. Osborne. 2013. The Future of Employment: How Susceptible Are Jobs to Computerisation?

Herold, Gert. Leadership in the Fourth Industrial Revolution. Global Practice Leader Industrial. Stanton Chase.

Hopkin, Jonathan, Victor Lapuente and Lovisa Moller. 2014. "Lower levels of inequality are linked with greater innovation in economies". LSE US Centre. 〈http://bit.ly/1jpOV6A〉.

McKinsey Global Institute. 2017. "A Future that Works: Automation, Employment, Productivity."

OECD. 2011. *Divided We Stand: Why Inequality Keeps Rising*. OECD.

Polanyi, Karl. 2001. *The Great Transformation: The Political and Economic Origins of Our Time*. 2nd Edition. Beacon Press.

Schwab, Klaus. 2017. Five Leadership Priorities for 2017. https://www.weforum.org/agenda/2017/01/five-leadership-priorities-for-2017.

UBS. 2016. Extreme automation and connectivity: The global, regional, and investment implications of the Fourth Industrial Revolution. UBS White Paper for the World Economic Forum.

World Economic Forum. 2016a. "Values and the Fourth Industrial Revolution Connecting the Dots Between Value, Values, Profit and Purpose." Global Agenda Council on Values (2014-2016).

World Economic Forum. 2016b. "The Future of Jobs: Employment, Skills and Workforce Strategy for the Fourth Industrial Revolution." Global Challenge Insight Report.

4차 산업혁명과 미래 정부의 역할

문명재. 2017. "뉴노멀 시대와 미래 정부: 도전과 기회." 『미래사회와 정부의 역할』. 문우사.

오철호. 2017. "사회변화와 정책학의 새로운 패러다임: 제4차 산업혁명이 정책학에게 묻다." KAPS E-정책 Magazine 46호, 3월호. http://www.kaps.or.kr/src/popup/article.php?no=509

Kettl, Donald F. 2015. *The Transformation of Governance: Public Administration for the Twenty-First Century*. updated edition. Baltimore: Johns Hopkins University Press.

Reich, Robert B. 1992. *The Work of Nations: Preparing Ourselves for 21st Century Capitalism*. New York: Vintage Brooks.

과학기술정책연구원 미래연구센터. 2016.『미래는 더 나아질 것인가: 인공지능, 4차산업혁명 그리고 인간의 미래』, 알에이치코리아.

박영숙· 벤 고르첼. 2016.『인공지능혁명 2030: 제4차 산업혁명과 정치혁명의 부상』, 더블북.

유발 하라리. 김명주 옮김. 2017.『호모데우스: 미래의 역사』, 김영사.

이원태. 2016. "EU의 알고리즘 규제 이슈와 정책적 시사점."『KISDI Premium Report』16-12호, 정보통신정책연구원.

임혁백, 송경재, 장우영. 2016.『빅데이터 기반 헤레라키(융합) 민주주의: 현황과 전망』, 한국정보화진흥원.

조희정. 2017.『시민기술, 네트워크사회의 공유경제와 정치』, 커뮤니케이션북스.

크리스 그레이. 석기용 옮김. 2016.『사이보그 시티즌: 포스트휴먼 시대, 인간이란 무엇인가』,김영사.

황종성. 2017. "인공지능시대의 정부: 인공지능이 어떻게 정부를 변화시킬 것인가?",『IT & Future Strategy』제3호(2017. 6. 26), 한국정보화진흥원

Aminoff, Jukka. 2017. "On The Edge Of The Fourth Industrial Revolution – How Blockchain Will Impact World Politics." Globalo, April 5, 2017, http://www.globalo.com/edge-fourth-industrial-revolution-blockchain-will-impact-world-politics/

Danaher, John. 2014. "Rule by Algorithm? Big Data and the Threat of Algocracy." http://philosophicaldisquisitions.blogspot.kr/2014/01/rule-by-algorithm-big-data-and-threat.html

Datta, Amit et als. 2015. "Automated Experiments on Ad Privacy Settings: A Tale of Opacity, Choice, and Discrimination." *Proceedings on Privacy Enhancing Technologies*. 2015; 2015 (1): pp. 92 – 112. https://www.andrew.cmu.edu/user/danupam/dtd-pets15.pdf

Diakopoulos, Nick. 2015. "Algorithmic Accountability: Journalistic Investigation of Computational Power Structure." *Digital Journalism*. 3(3), pp. 398-415.

Levin, Nick. 2015. "Democratize the Universe." https://www.jacobinmag.

com/2015/03/space-industry-extraction-levine

Hughes, James. 2002. *Citizen Cyborg: Why Democratic Societies must respond to the Redesined Human of the Future*. Basic Books.

Saadia, Manu. 2016. *Trekonomics: The Economics of Star Trek*. Pipertext.

Kaye, Max & Spataro, Nathan. 2017. "Redefining Democracy: On a democratic system designed for the 21st century, and disrupting democracy for good." https://voteflux.org/pdf/Redefining%20Democracy%20-%20Kaye%20&%20 Spataro%201.0.2.pdf

Lye, David. 2017. "The Fourth Industrial Revolution and Challenges for Government." Brinknews, Feb. 2, 2017.

Rainie, Lee & Anderson, Janna. 2017. "Code-Dependent: Pros and Cons of the Algorithm Age, Pew Research Center." http://www.pewinternet. org/2017/02/08/code-dependent-pros-and-cons-of-the-algorithm-age/

4차 산업혁명과 외교의 변환

Berridge, G. R. 심양섭 역. 2016. 『외교: 원리와 실제』, 명인문화사.

Cooper, Andrew F., Heine, Jorge and Ramesh Thakur. 2013. "Introduction: The Challenges of 21st Century Diplomacy." In Cooper, Andrew F., Heine, Jorge and Ramesh Thakur eds. *Oxford Handbook of Modern Diplomacy*. Oxford University Press.

Crawford, Kate. 2013. "Think again: Big data." *Foreign Policy* 9 (May 10). http://foreignpolicy.com/2013/05/10/think-again-big-data/

El-Erian, Mohamed A. 2016. "How social media helped defeat the Turkish coup." *Bloomberg* (July 18). https://www.bloomberg.com/view/ articles/2016-07-18/ how-social-media-helped-defeat-the-turkish-coup.

Ghitis, Frida. 2017. "Turkey's democracy has died." CNN (April 17). http:// edition.cnn.com/2017/04/16/opinions/turkey-election-less-democracy-opinion-ghitis/index.html.

Heine, Jorge. 2013. "From Club to Network Diplomacy." In Cooper, Andrew

F., Heine, Jorge and Ramesh Thakur eds. *Oxford Handbook of Modern Diplomacy*. Oxford University Press.

Himelfarb, Sheldon. 2014. "Can big data can stop wars before they happen?" *Foreign Policy* (April 25). http://foreignpolicy.com/2014/04/25/can-big-data-stop-wars-before-they-happen/

Mayer-Schönberger, Viktor and Kenneth Cukier. 2014. *Big Data: A revolution that will transform how we live, work, and think*. London: John Murray.

Slaughter, Anne-Marie. 2009. "America's Edge." *Foreign Affairs* 88(1): pp. 94–113.

Stuenkel, Oliver. 2016. "Big data: What does it mean for international relations?" *Post-Western World* (March 6). http://www.postwesternworld.com/2016/03/06/mean-international-relations

Swire, Peter. 2015. "The declining half-life of secrets and the future of signals intelligence." *New America Cybersecurity Fellows Paper Series* No.1 (July).

World Economic Forum. 2015. *Deep Shift: Technology Tipping Points and Social Impact*(September). http://www3.weforum.org/docs/WEF_GAC15_Technological_Tipping_Points_report_2015.pdf.

저자 소개

김상배
서울대학교 정치외교학부 교수
서울대학교 외교학과 학사 및 석사, 미국 인디애나대학교 정치학 박사
『아라크네의 국제정치학』. 2014.
『정보혁명과 권력변환』. 2010.

배영자
건국대학교 정치외교학과 교수
서울대학교 외교학과 학사 및 석사, 미국 노스캐롤라이나대학교 정치학 박사
『중견국의 공공외교』. 2013.
"미중 패권경쟁과 과학기술혁신." 2016.

조화순
연세대학교 정치외교학과 교수
연세대학교 정치외교학과 학사 및 석사, 미국 노스웨스턴 정치학 박사
『빅데이터로 보는 한국정치트렌드』. 2016.
『소셜네트워크와 정치변동』. 2012.

민병원
이화여자대학교 정치외교학과 교수
서울대학교 외교학과 학사 및 석사, 미국 오하이오주립대학교 정치학 박사
"사이버억지의 새로운 패러다임." 2015.
"사이버공격과 사이버억지의 국제정치." 2015.
"초국가적 사회운동과 국제정치." 2015

신범식
서울대학교 정치외교학부 교수
서울대학교 외교학과 학사 및 석사, 러시아 국립모스크바국제관계대학 정치학 박사
『에너지 국제정치의 변환과 동북아시아』. 2015.
『신흥안보의 미래전략』. 2016.

이승주

중앙대학교 정치국제학과 교수

연세대학교 정치외교학과 학사 및 석사. 미국 캘리포니아 버클리대학교 정치학 박사

『일대일로: 중국과 아시아』. 2016.

"Institutional Balancing and the Politics of Mega FTAs in East Asia." 2016.

구민교

서울대학교 행정대학원 교수

서울대학교 외교학과 학사. 행정대학원 석사. 미국 존스홉킨스대학교 국제관계학 석사. 미국 UC 버클리 정치학 박사

"Japan and the Identity Politics of East Asian Maritime Disputes." 2017.

"Belling the Chinese Dragon at Sea: Western Theories and Asian Realities." 2017.

이원태

정보통신정책연구원 연구위원

서강대학교 정치외교학과 학사 및 석사, 서강대학교 정치학 박사

『소셜네트워크와 정치변동』. 2012.

"제4차 산업혁명과 지능정보사회의 규범 재정립." 2017.

송태은

서울대학교 국제문제연구소 선임연구원

성균관대학교 정치외교학과 학사, 미국 캘리포니아 대학, 샌디에이고(UCSD) 국제관계학 석사. 서울대학교 외교학 박사

『한국의 중견국 외교』. 2016.

『네트워크로 보는 세계 속의 북한』. 2015.

『소셜미디어 시대를 읽다』. 2014.